CHRISTOPH KOCH

ich bin dann mal offline

Buch

Ein Umzug kann das Leben verändern – vor allem wenn man ohne Internetzugang in der neuen Wohnung sitzt. Wie ein Junkie auf Entzug kommt Christoph Koch sich vor. Die Lösung: der Telefonladen um die Ecke, ein Internet-Stick, ein Zweijahresvertrag und eine horrende Rechnung. Und dann die Frage: Wie abhängig bin ich eigentlich?
In einem Selbstversuch setzt Christoph Koch alles zurück auf null. Er verzichtet auf Internet und Handy – und erzählt von seinen Erfahrungen: Wo fällt der Verzicht besonders schwer? Und wo überraschend leicht? Wie reagiert das Umfeld, wenn man nicht mehr immer und überall erreichbar ist? Was verändert sich mit einem selbst, privat, im Job und in Bezug auf Zeitgefühl und Lebensqualität?

Autor

Christoph Koch, geboren 1974, arbeitete nach seinem Studium der Kommunikationswissenschaft bei *jetzt.de*, dem Jugend-Onlinemagazin der *Süddeutschen Zeitung*, zuletzt als stellvertretender Redaktionsleiter. Inzwischen ist er festes Mitglied der *NEON*-Redaktion. Als freier Autor hat er unter anderem für *Die Zeit, SZ Magazin, brand eins, Monocle* und den *Tagesspiegel* geschrieben – immer wieder auch über Netzthemen. Er betreibt ein Blog und schreibt derzeit an einem neuen Buch für Blanvalet.

Christoph Koch

ich bin dann mal offline

ein selbstversuch
leben ohne internet und handy

blanvalet

MIX
Papier aus verantwortungsvollen Quellen
FSC® C014496

Verlagsgruppe Random House FSC-DEU-0100
Das FSC®-zertifizierte Papier *Holmen Book Cream*
für dieses Buch liefert Holmen Paper, Hallstavik, Schweden

1. Auflage
Erweiterte Taschenbuchausgabe Februar 2012 bei Blanvalet,
einem Unternehmen der Verlagsgruppe Random House GmbH, München

Dieses Werk wurde vermittelt durch
die Literarische Agentur Michael Gaeb.
Umschlaggestaltung: bürosüd°, München
LF · Herstellung: sam
Satz: Uhl + Massopust, Aalen
Druck und Einband: GGP Media GmbH, Pößneck
Printed in Germany
ISBN: 978-3-442-37591-2

www.blanvalet.de

Einleitung

Als ich das Handygeschäft verlasse, glüht mein Gesicht, obwohl mir die abendliche Berliner Luft auf der Schönhauser Allee eisig entgegenbläst. Ich fühle mich wie ein Junkie, der nach langem Leiden, nach einem Cold-Turkey-Entzug mit Blut, Schweiß und Tränen endlich wieder zurück in die Arme seiner Droge flieht. Wie Pete Doherty und Amy Winehouse in einer Person, nachdem sie mal wieder über die Mauer einer Entziehungsklinik geflohen sind, die erste Maschine nach Bangkok bestiegen und sich dort mit frischem, ungestrecktem Stoff eingedeckt haben. Die Zeit des Darbens hat ein Ende! Meine Schritte federn, meine Gesichtszüge entspannen sich, und zum ersten Mal seit Tagen entsteht darauf wie von Geisterhand ein vorfreudiges, buddhagleiches Lächeln. Nur sind der Grund für meine Entrückung keine Drogen, zumindest nicht in der herkömmlichen Form. Und doch trage ich meine Droge gerade nach Hause. In der Papiertüte, die aufgeregt neben meinem Bein flattert, befindet sich: das Internet.

Natürlich weiß jedes Kind, dass man das Internet in keine Tüte stecken kann. Das ist ja das Tolle daran. Es ist nicht greifbar, es ist überall und nirgends. In meinem Fall war es die letzten zwei Wochen leider: nirgends. »Mit unserem neuen Easy-Moving-Service wird ihr Umzug kein Problem«, hatte meine Telefonfirma, die auch meinen Internetanschluss betreute, auf ihrer Webseite vollmundig versprochen. Damals, als meine Welt noch in Ordnung war und ich in meiner alten Wohnung über eine allzeit bereite DSL-Leitung verfügte. Guten Gewissens und frohen Mutes machte ich also alle nötigen Angaben. Der Umzug war ja auch noch wochenweit entfernt. Auch als in den ersten Tagen in der neuen Wohnung das Telefon noch kein Freizeichen gab, wenn man es abhob, machte mir das keine rechten Sorgen. Zu viele Kisten waren noch auszupacken, zu viele Lampen anzuschrauben. Für schnelle Telefonate mit dem Pizzaservice gab es das Handy, und der Computer war eh noch nicht wieder aufgebaut, um damit ins Internet zu gehen.

Onlinesein als Normalzustand

Irgendwann war der durch den Umzug verursachte Ausnahmezustand jedoch vorbei. Die Möbelpacker stapften von dannen. Statt Pizzadienst-Pizza gab es wieder Essen aus dem inzwischen zufrieden brummenden Kühlschrank. Die leeren Umzugskartons verschwanden in den Keller. Kurz: Es kehrte wieder so etwas wie Normalität ein. Jedenfalls beinahe. Denn zur Normalität, so sollte ich schnell herausfinden, gehören für mich wie für die meisten Menschen heutzutage:

- auf Knopfdruck E-Mails empfangen zu können,
- Zugverbindungen und das Kinoprogramm mit einem Klick auf ein Online-Lesezeichen abzurufen,
- mit einem beherzten Drehen am Mausrad jederzeit zu kurzen Onlinevideoclips von wahlweise Britney Spears, niedlichen Koala-Babys oder explodierenden Colaflaschen zu scrollen, in die jemand Mentos-Bonbons geworfen hat.

All dies – und noch viel mehr – blieb mir jedoch verwehrt. Immer noch kein Telefon, immer noch kein Internet. »In ihrem Haus liegt kein Anschluss«, ließ mich eine gelangweilte, Kaugummi kauende Studentin in einem Call-Center wissen, das ich in meiner Wut im dunkelsten Ostdeutschland wähnte. Dass mein Vormieter ebenso fröhlich telefoniert und im Internet gesurft hatte, wie es alle meine derzeitigen Nachbarn taten, beeindruckte die bei jedem Anruf wechselnde Kaugummistudentin ebenso wenig wie die Tatsache, dass ich die von ihr in Frage gestellte Telefonanschlussdose mit meinen eigenen Augen vor mir sehen konnte.

Menschen, die von Gott nicht auf die Probe gestellt werden sollen, finden in solchen Momenten das ungeschützte WLAN-Netz eines Nachbarn, der zu faul oder unwissend war, ein Passwort zu vergeben. Menschen, die von Gott nicht auf die Probe gestellt werden sollen, wählen sich von da an automatisch in dieses Netzwerk ein und verschwenden nie wieder einen Gedanken daran, wo »ihr Internet« eigentlich genau herkommt. Der Strom kommt ja schließlich auch aus der Wand, die Milch aus dem Kühlschrank und das Geld aus dem Automaten. Ich hatte kein solches Glück. Für mich hatte Gott, oder wer auch immer das Internet erfunden hatte, einen anderen Plan vorgesehen. Ein tieferes Tal, durch das er mich führen wollte. Die erste Zeit behalf ich mich noch mit regelmäßigen Besuchen in einem nahegelegenen Internetcafé. Doch erstens roch es dort nach dem Fett der angrenzenden Imbissbude sowie nach ungeduschten Backpackern. Und zweitens liegt der Zauber des Internets ja nicht darin, dass man eine Jacke anziehen, das Haus verlassen und jemand anderem Geld dafür geben muss, damit man nachsehen kann, wer das Lied »A

Walk in the Park« geschrieben hat. Der Zauber des Internets liegt darin, dass man diese Frage genau in dem Moment klären kann, in dem sie einem in den Sinn kommt – oder der Freund sie aufwirft, mit dem man sich gerade auf dem Balkon betrinkt.

Das Internetcafé war keine echte Lösung. Als ich vor etwa zehn Jahren meine ersten Erfahrungen mit dem Internet sammelte, war es noch völlig ausreichend, einmal am Tag in den sogenannten »Informatikraum« der Universität zu gehen, an der ich damals vorgab, zu studieren. Man sah seine E-Mails durch, die zu jener Zeit nur sporadisch eintrudelten. Nachrichten von Menschen, die man beim »Backpacken« auf anderen Kontinenten kennengelernt hatte. Probeweise gab man auch mal »Winona Ryder nude« in die Suchmaschine ein, die damals noch Altavista oder Hotbot statt Google hieß (der Browser nannte sich noch Netscape), und errötete, wenn man tatsächlich in dem Augenblick ein Bild der Schauspielerin zu sehen bekam, in dem jener Streberstudent, der den Informatikraum hütete, hinter einen trat. Dann hatte man für eine Weile genug aufregendes Internet gehabt und ging wieder nach Hause.

24 Stunden am Tag vernetzt

Heute ist das anders. Heute funktioniert Internet im Grunde nur noch, wenn es immer und dauerhaft verfügbar ist. Wir wollen »always on« sein, immer verbunden mit der Welt. Was dazu geführt hat, dass der Begriff »Flatrate«, der in Deutschland ursprünglich für einen zeitlich unbegrenzten Internetzugang zum Festpreis geprägt worden war, inzwischen auch auf Saufpartys und sogar Bordelle angewendet wird. Statt jedes Mal mühsam das Telefon aus- und das Computermodem einzustöpseln, damit es sich unter rhythmischem Kreischen und Pfeifen ins Internet »einwählt«, wie es noch Anfang dieses Jahrtausends üblich war, ist heute zumindest in den Städten eine DSL-Leitung Standard, die nicht nur schnellere Verbindungen ermöglicht, sondern in Kombination mit einer Flatrate auch nicht unterscheidet, ob man fünf Minuten oder 24 Stunden am Tag online ist. Wie immer mehr Menschen lasse auch ich meinen Computer inzwischen tagsüber kontinuierlich eingeschaltet, selbst wenn ich gar nicht davor sitze. Im ständigen Wechsel zwischen Online- und Offlinewelt jedes Mal den Prozess des Hoch- und Runterfahrens des Rechners abzuwarten, würde viel zu lange dauern. Ihn aus dem sogenannten Ruhemodus »aufzuwecken« – in den er sich selbst versetzt, wenn man ihn zum Beispiel fünf Minuten nicht benutzt –, dazu braucht es nur einen Tastendruck und sofort ist er wieder da und online. Und ich bin wieder verbunden mit der Welt.

Um dieses Gefühl endlich wieder erleben zu können laufe ich nun also von meinem Dealer in Gestalt eines neonbeleuchteten E-Plus-Ladens nach Hause. Aber wie bei jedem echten Junkie folgt auf das High der unvermeidliche Kater. Den USB-Stick, das »Internet aus der Tüte«, kann ich zwar tatsächlich sofort in meinen Computer einstöpseln und bin innerhalb weniger Sekunden wieder online – doch zu welchem Preis? 24 Monate habe ich mich vertraglich gebunden, für 25 Euro pro Monat. Als ich die Gesamtsumme kurz überschlage, fällt mir mein Handy mit integriertem Taschenrechner beinahe aus der Hand: 600 Euro – für etwas, das ich eigentlich schon längst haben sollte, wenn es mir die schnippischen Call-Center-Menschen nicht mit absurden Ausflüchten verwehren würden. 600 Euro, nur um nicht noch eine weitere Woche ohne Internet sein zu müssen. Für einen Moment fühle ich mich dumm, nutzlos, verraten und vor allem: abhängig! Von einer Technik, die doch eigentlich dazu da sein sollte, *mir* zu dienen und *mir* das Leben zu erleichtern. Doch meine Scham währt nur so lange, wie das vertraute und so lang vermisste Geräusch auf sich warten lässt: Mit einem Bing – wie wenn man mit einem Löffel an ein leeres Glas klopft – verrät mir mein Computer: Eine neue Mail ist angekommen. Ein »Kyrie Eleison«, gesungen von allen Erzengeln zusammen, könnte nicht schöner klingen.

Ich habe seitdem vielen Menschen von meinen Leiden durch kalten Internet-Entzug erzählt und war wirklich überrascht von der Resonanz. Hatte ich mich anfangs für einen Extremfall gehalten, für einen Computer-Nerd, bei dem Internet-Manie und niedrige Frustrationstoleranz zusammenkamen, so merkte ich schnell: Ich war nur einer von vielen. Fast alle, denen ich meine 600-Euro-Dummheit beichtete, erzählten, schon einmal ähnlich kurz vor dem Nervenzusammenbruch gestanden zu haben. Hotels waren gewechselt worden, weil in dem ursprünglich ausgewählten zwar ein exzellentes Spa, aber eben kein Internetanschluss verfügbar war. Handys waren aus dem Fenster geflogen, nachdem zum wiederholten Male der Akku mitten im Gespräch und lange vor seiner Zeit den Dienst quittiert hatte. Eine Beziehung war (zum Glück nur beinahe) daran zerbrochen, dass einer der Beteiligten zu Zeiten des Einwahlmodems die Telefonbuchse so oft belegte, dass seine Partnerin nicht mehr ihre geliebten und für sie wichtigen Telefonate führen konnte.

Sind die technischen Neuerungen also ein Fluch oder ein Segen? Die meisten würden – vermutlich zu Recht – antworten: beides. Bei einer groß angelegten kanadischen Studie wurden über 31 000 Menschen zu ihren Kommunikationsgewohnheiten und den Auswirkungen neuer Technologien befragt. 70 Prozent gaben dabei an, durch den Einsatz mobiler Kommunikation habe ihre tatsächliche Arbeitsbelastung sowie der dadurch empfundene Stress zugenommen. Gleichzeitig berichtete eine fast ebenso große Mehrheit (68 Prozent), durch den Einsatz genau dieser Technologien sei sie produktiver geworden.

So oder so: Immer mehr Menschen fühlen sich abhängig von den modernen Kommunikationsmitteln wie (Mobil)-Telefon und Internet. Sie können sich nicht mehr vorstellen, ohne sie zu existieren und wollen es auch nicht. Denn das Paradoxe an unserem Verhältnis zu diesen Techniken ist: Einerseits bereichern und vereinfachen sie unser Leben so sehr, dass wir um nichts auf der Welt mehr darauf verzichten wollen und ihren Einfluss geradezu genießen. Andererseits fühlen wir uns gleichzeitig vom klingelnden Handy, dem summenden Blackberry oder der endlosen Weite des Internets auch überfordert, gestresst oder verängstigt. Deutlich wird unser gespaltenes Verhältnis oftmals am Umgang mit dem Gerät selbst: »Gib doch Ruhe«, herrschen wir das verhasste Handy an, das binnen zehn Minuten zum dritten Mal laut piepsend einen Anruf anzeigt. Aber wenn sich dann über einen längeren Zeitraum keiner bei uns meldet, empfinden wir das als zunehmend beunruhigend: »Heute ist aber auch gar nichts los. Wo sind denn alle?« Und fragen uns, ob wir nicht mehr wichtig für die Welt sind. Gleichzeitig legen wir Wert darauf, stets ein neues Modell zu besitzen, stecken es in alberne Schutzhüllen und Gürteltaschen oder bekleben es mit nicht weniger albernen Schmuckaufklebern, um das kostbare Kleinod zu individualisieren – mein Handy und ich!

Gerade bei den Jungen, den sogenannten »digital Natives« (also digitalen Ureinwohnern), die mit Internet und Handy großgeworden sind und das Wählscheibentelefon oder Faxgerät fast nur noch aus Erzählungen kennen, ist die Online-Bindung immens stark. Laut einer Umfrage des Branchenverbandes BITKOM unter 14- bis 29-Jährigen konnten sich 97 Prozent kein Leben ohne Handy mehr vorstellen, ein Leben ohne Internet schien für 84 Prozent ausgeschlossen. Das Interessante: Nur 43 Prozent der (relativ jungen) Zielgruppe sah ein Problem darin, auf ihren derzeitigen Partner zu verzichten. Ohne Auto zu leben, stellten sich 64 Prozent unmöglich vor. Doch es sind keinesfalls nur Teenager, die dem Internet den Vorzug vor der Realität geben. In einer vergleichbaren Umfrage gaben 46 Prozent der erwachsenen Frauen an, eher für zwei Wochen auf Sex verzichten zu wollen, als in diesem Zeitraum ohne Internet zu sein. Die Zahl stieg dabei noch je nach Altersgruppe: So würden sogar bis zu 52 Prozent Frauen im Alter zwischen 35 und 44 Jahren das Internet vorziehen. Und dieses Phänomen beschränkt sich nicht nur auf den weiblichen Teil der Befragten: Auch 30 Prozent der Männer ist ihr Internet-Zugang wichtiger als Sex.

Meine Freundin Jessica lacht mich aus, als ich mit dem absurd teuren Internet-Stick in der Tüte nach Hause komme. »Wenn ich mal ein paar Tage unterwegs bin, kommst du damit deutlich besser klar, als wenn du ein paar Tage aufs Internet verzichten musst – oder seh ich das falsch?«, fragt sie mich spöttisch. »Das siehst du total falsch«, entgegne ich schnell. »Ich vermisse dich ganz anders … also stärker natürlich, viel stärker.« Schon zu spät. »Dann heirat doch dein Büro«, sang Katja Ebstein in den Siebzigern, als MTV noch »ZDF Hitparade« hieß und von Dieter Thomas Heck moderiert wurde. »Dann heirat doch dein Internet« könnte der Youtube-Megahit heißen, mit dem meine Freundin bald weltberühmt wird, wenn ich es nicht bald schaffe, diese Diskussion wieder in ruhigere und mir gewogenere Bahnen zu lenken. »Ich könnte es viel länger ohne Internet aushalten als ohne dich«, säusle ich also. Ohne Erfolg. Immerhin ist Jessica nicht ernsthaft sauer: Sie lacht sich einfach nur kaputt. »Das glaubst du doch selbst nicht«, sagt sie und sieht mich herausfordernd an.

»Eine Woche würde ich bestimmt ohne Internet auskommen«, antworte ich selbstbewusst.

»Eine Woche? So lange hast du es ohne mich doch schon oft ausgehalten. Ein Monat müsste es ohne Internet mindestens sein.«

»Zwei Wochen!«, versuche ich zu feilschen.

»Schon gut, vergiss es. Ich konkurriere doch nicht mit dem Internet um deine Gunst«, lenkt Jessica ein. »Ich will nur, dass du zugibst, dass du es ohne nicht mehr aushältst.«

Natürlich hat sie recht. Und genau das ist der Grund, warum mir unser Gespräch auch in den kommenden Wochen nicht mehr aus dem Kopf geht – und die Idee zu dem Selbstversuch entsteht. Zur freiwilligen Abkehr von Internet und Handy für mindestens einen Monat.

Wie würde es sein, nicht auf das Internet zu verzichten, weil ein unmenschlicher Telekommunikationsriese mich dazu zwingt? Sondern wenn dies aus freien Stücken geschehen würde? Wenn ich mich für eine bestimmte Zeitspanne absichtlich und willentlich ausstöpselte aus der stets weltweit verbundenen Gemeinde der »netizens«, der Bewohner des Internet-Reiches? Würde ich nach einer gewissen Zeit der Entwöhnung das, was ich nach dem Umzug als schier unerträglichen Verlust empfunden hatte, als Gewinn betrachten können? Oder würde ich die selbstverordnete Abstinenz absitzen wie eine Gefängnisstrafe, nur um danach wieder weiterzumachen wie zuvor – jeden Tag, jede wache Stunde online, ständig auf »senden/empfangen« geschaltet, wie es der Knopf in den meisten E-Mail-Programmen verheißt, den ich wie so viele Online-Junkies beständig drücke, wenn einmal längere Zeit keine Mail kommt.

Würde sich dieses Vermissen, dieser Phantomschmerz eventuell im Lauf der Zeit zurückentwickeln? Würden sich die anderen noch verbliebenen Sinne stärken und verbessern, um den Verlust auszugleichen? Man sagt Blinden ja auch nach, besser hören zu können als Sehende. Würde ich also durch das Abschalten meiner Online-Aktivitäten auf einem anderen Sektor etwas dazugewinnen? Mich anders mit der Welt verbinden?

Bei allem Leiden über den nicht vorhandenen Online-Anschluss in der neuen Wohnung: Hatte ich nicht oft genug über das Internet auch – oder gerade dann – geflucht, wenn es funktionierte? Wenn es schlechte Nachrichten brachte in Form von unvorteilhaften Fußballergebnissen, dümmlichen Wortmeldungen fernsehprominenter Schlaumeier, die auf den Nachrichtenseiten wieder und wieder durchgekaut wurden? Mein Plan stand fest: Ich musste es ausprobieren.

Die Zehn Gebote der Internetlosigkeit

Die Regeln sollten klar und einfach, aber auch strikt sein: Ein Monat ohne Internet und ohne Mobiltelefon. Die Benutzung eines Computers für produktive Offline-Tätigkeiten sowie des Festnetztelefons würden erlaubt sein. Letzteres gibt es immerhin schon seit über 100 Jahren, ersteres war notwendig, um zum einen die Aufzeichnungen für dieses Buch anzufertigen, zum anderen, um meiner eigentlichen Tätigkeit als Journalist zumindest noch ansatzweise nachgehen zu können. Eine Aufgabe, die ohne Internet und Handy schon schwierig genug war, wie sich bald herausstellen sollte. Aber Regeln müssen bei einem solchen Unterfangen nun mal sein. Und so legte ich nach und nach die zehn Gebote für meine Internet-Abstinenz fest:

- Du sollst kein Internet haben in deinem Haus und in deiner Hosentasche.
- Du sollst das Internetcafé und alle sonstigen öffentlichen Onlinezugänge meiden.
- Du sollst deinen Computer gebrauchen, um Texte zu schreiben.
- Du sollst nicht Minesweeper spielen.
- Wenn dein Nachbar erzählt, was er »Verrücktes« auf *Spiegel Online* gelesen hat, sollst du dich nicht abwenden.

- Du sollst nicht selbigen Nachbarn beauftragen, etwas für dich zu googeln, eine Bahnfahrt online zu buchen oder eine Mail in deinem Namen zu schreiben.
- Du sollst nicht begehren deines Nachbarn Internetzugang, sein iPhone oder Blackberry.
- Du sollst Zeitung lesen, Fernsehen und Radio benutzen, wenn dir dergleichen beliebt.
- Du sollst nicht auf Papier lesen, was dein Nachbar für dich aus dem Internet ausgedruckt hat.
- Du sollst dir kein Faxgerät anschaffen. Wenn du bereits ein Faxgerät besitzt, so sollst du es benutzen nach deinem freien Willen.[1]

Ich war gespannt, wie die Internetlosigkeit mein ganz normales Leben, meinen Alltag verändern würde. Die Art, wie ich mit Freunden kommunizierte, arbeitete, lebte, liebte, mir Kurzweil bereitete und mich informierte. Mir wurde aber auch schnell klar, dass dieser Monat mehr sein würde als nur ein Monat des Verzichts, in dem alles so normal sein sollte wie möglich – nur eben ohne Internet. Ich wollte Leute treffen, die mir etwas über das analoge Leben erzählen konnten.

Eigenbrötler und Technikfeinde

Im Zuge der Recherchen für dieses Buch besuchte ich eine Siedlung der Amish People im amerikanischen Missouri. Diese christliche Splittergruppe emigrierte vor rund 300 Jah-

[1] Ich hatte tatsächlich noch nie ein Faxgerät besessen und nun extra eines anzuschaffen, nur um mir den Internetverzicht zu erleichtern, hätte ich auch albern gefunden.

ren aus Süddeutschland und der Schweiz vor allem in die US-Bundesstaaten Pennsylvania und Ohio und meidet seither den technischen Fortschritt. Zwar nicht komplett, aber doch in sehr großen Teilen – Computer sind tabu, Telefone nur als unbequeme Gemeinschaftsapparate weit entfernt von den Wohnhäusern draußen auf dem Feld gestattet. Doch selbst bei diesen scheinbar resistenten Eigenbrötlern, die sonst vor allem durch die Depeschen ihrer eigenen Wochenzeitung *The Budget* miteinander in Kontakt bleiben, konnte ich die scheinbar unwiderstehliche Anziehungskraft des Mobiltelefons spüren.

Ebenfalls in den USA besuchte ich den Geräuschesammler und »akustischen Umweltschützer« Gordon Hempton: ein Mann, der für seine Aufnahmen des Sonnenaufgangs mit einem Grammy ausgezeichnet wurde – Tonaufnahmen wohlgemerkt. »Ständig von Geräuschen umgeben zu sein, macht die Menschen krank«, davon ist der 57-Jährige überzeugt. Deshalb hat er sich an einen der stillsten Orte der Welt zurückgezogen – den Olympic National Park im amerikanischen Nordwesten – und kämpft von dort mit politischen Mitteln gegen Fluglinien und dafür, Lärm als Umweltverschmutzung anzuerkennen und zu ächten.

Doch nicht nur in den USA gibt es Menschen, die versuchen, sich dem ewigen Geplapper, den »instant messages« und der ständigen Erreichbarkeit zu entziehen. Ich sprach auch in Deutschland mit Handyverweigerern und Internetskeptikern. Ich interviewte einen Mann, der seine Frau im Internet betrog – und sich dies bis heute nicht verzeihen kann. Ich sprach aber auch mit Deutschlands berühmtester Frisur: Sascha Lobo (Markenzeichen: knallroter Irokesenschnitt) ist einer der wichtigsten Blogger des Landes,

Autor des Buches »Wir nennen es Arbeit« und gleichzeitig Berater des Vodafone-Konzerns. In der Kampagne »Es ist deine Zeit«, in der Lobo auftritt, wendet sich der Mobilfunk- und Onlineanbieter an die sogenannte »Generation Upload«, also jene junge Generation, für die das Internet und immer mehr auch das mobile Online-Sein eine Selbstverständlichkeit ist. Lobo, Besitzer dreier Handynummern und zahlreicher internetfähiger Mobiltelefone, sollte mir erklären, woher das zunehmende Bedürfnis der Menschen kommt, immer erreichbar zu sein. Und warum er selbst keine Angst hat, beinahe jede wache Minute online zu sein.

Die Vorbereitungen für meinen Selbstversuch fielen relativ überschaubar aus. Ein kleiner Kreis von Freunden, Familie und wichtigen Arbeitskontakten wurde eingeweiht. Die anderen würden erst davon erfahren, wenn sie versuchten, mich zu kontaktieren: Ich setzte eine Abwesenheitsnotiz für meine E-Mail-Adressen auf, die automatisch auf jede ankommende Mail antwortete, ich sei für einen Monat nicht digital erreichbar und meine Festnetztelefonnummer und Postadresse bekannt gab. Es sollte ja niemand sagen können, er habe nicht gewusst, wie er mich erreichen könne. Ich deckte mich mit Büchern von Experten ein, die zu Themen wie Hirn- und Stressforschung, Suchtentwicklung, Internet- und Netzwerktheorien publiziert hatten. Ich schaffte es, so viele davon zu bestellen, dass mir die digitale Empfehlungsmaschine des Internet-Buchhändlers Amazon nichts anderes mehr ans Herz legte. Derselbe Logarithmus hatte mir sonst stets eine krude Mischung aus Wollsocken-Angeboten (weil ich letzten Winter welche bestellt hatte) und Sexlexika (weil ich – für die Recherche eines NEON-Magazinartikels, so wahr mir Gott helfe! –

mal eines geordert hatte) beschert. Statt dessen gibt es jetzt nur noch Bücher über unsere menschliche Faszination für das Netz.

Ich fühlte mich also gut gewappnet.

Was Menschen von Google wissen wollen – lustige Suchanfragen

- woher weiß günther jauch immer so viel?
- wofür ist die leber der katze da?
- wie kann ich mietnomaden ärgern?
- muss ein künstler alkoholiker sein?
- wie breche ich mir am einfachsten etwas?
- welche buchstaben gehören zur todes-sms?
- wie kannst du mich reich machen?
- warum hängen schuhe im schanzenviertel?
- wie macht man sich undurchschaubar?
- wieso sieht man morgens so beschissen aus?
- wie kamen die drogen nach westberlin?
- wie kriegt man mamas dazu, was zu erlauben?
- lippenpiercing – was sagt die bibel?
- was tun, wenn eltern mit auf das bewerbungsgespräch wollen?
- was gibt es für berufe mit leichen?
- wo ist daniel brühl im berliner nachtleben?
- wie ist die weihnachtsfeier bei aldi süd?
- wie hebt man geld bei einem geldautomaten ab?
- alkohol und sex – kann man dabei schwanger werden?
- warum ist facebook so reich?
- was zieh ich heute an – was koch ich meinen kindern?
- bei welchem beruf muss man früh aufstehen?
- spart man Geld mit teuren Kochtöpfen?
- was trinken rapper?

(All diese Anfragen – und unzählige andere – führten im vergangenen Jahr Menschen auf mein Blog www.christoph-koch.net)

der selbstversuch

kapitel 1

In dem ich den Stecker ziehe, Phantomvibrationen in meiner Hosentasche und starke Kopfschmerzen verspüre und jemanden kennenlerne, der seine Freundin durch ständige Unerreichbarkeit in den Wahnsinn getrieben hat.

Tag 0 Die Falle schnappt zu

Am Abend vor dem Selbstversuch verspüre ich die unsinnige, aber vielleicht verständliche Versuchung, noch so viel wie möglich im Internet unterwegs zu sein und SMS-Botschaften mit dem Handy zu versenden. So, als könne man auf Vorrat kommunizieren. Oder so, wie ein Raucher am Silvesterabend noch eine komplette Zusatzschachtel wegqualmt – denn am nächsten Tag, so hat er es sich fest vorgenommen, ist schließlich alles vorbei. In dem Versuch, zumindest ansatzweise Würde zu bewahren, beschließe ich jedoch, nicht so lange auf Facebook, Twitter, *Spiegel Online* und all den anderen mit Bookmarks versehenen Internetseiten zu verbringen, bis mir in den frühen Morgenstunden der Kopf auf die Tastatur sinkt und ich – einen Speichelfaden sabbernd – auf selbiger einschlafe.

Optimiert austreten

Nein, ich werde der Herausforderung wie ein Mann entgegentreten. Wie ein Erwachsener. Kurz – ich beschließe, Jessica ins Kino einzuladen und dort den neuesten Pixar-Zeichentrickfilm anzusehen. »Du wirst nicht mal eine Woche durchhalten«, spottet sie, als ich während der Werbung noch einmal mein Telefon zücke, um im Internet auf der Seite *runpee.com* nachzusehen, wann in dem fast zwei Stunden langen Film ein paar dröge Minuten zu erwarten sind, in denen man zur Toilette gehen kann, ohne etwas zu verpassen. Ja, es gibt Menschen, die so etwas nicht nur herausfinden, sondern ihre Erkenntnisse der Menschheit auch auf einer eigenen Webseite zur Verfügung stellen. Ich verstehe wirklich nicht, wie jemand ernsthaft bezweifeln kann, dass das Internet eine der wichtigsten Errungenschaften der Welt ist und unser aller Leben Tag für Tag besser macht …

Als wir nach dem Kino zuhause angekommen sind, schließe ich meine beiden Mobiltelefone sowie das Netzwerkkabel, das meinen Computer mit dem Internet verbindet, in eine Schreibtischschublade und bitte meine Freundin, den Schlüssel zu verstecken. Wenn ich will, finde ich den doch binnen drei Minuten wieder, geht es mir durch den Kopf. Außerdem habe ich natürlich die Möglichkeit, einfach die WLAN-Funktion des Computers zu aktivieren und drahtlos ins Internet zu gehen. Aber nein, beides kommt natürlich nicht in Frage. Hier geht es schließlich ums Prinzip. Und um kleine Hürden gegen die erste Rückfallgefahr. So wie ein Raucher eben auch Feuerzeuge und Aschenbecher wegpackt, wenn er ernsthaft aufhören will.

»Äh, kannst du bitte noch mal die Schublade aufschließen?«, frage ich Jessica, nachdem ich mir die Zähne geputzt habe. Sie denkt, ich mache einen Witz.

»Vergiss es.«

»Bitte! Ich habe vergessen, meine Handymailbox umzustellen. Ich muss den Leuten ja irgendwie sagen, dass es nichts bringt, wenn sie mir eine Nachricht hinterlassen.«

Mit einem spöttischen Seufzen schließt Jessica die Schublade auf, und ich ändere meine Mailboxnachricht. Wer in den nächsten Wochen anruft, kann zwar keine Nachricht hinterlassen, bekommt aber meine Festnetznummer und Postadresse mitgeteilt.

»Und was passiert, wenn eine SMS kommt?«, fragt Jessica, als sie gerade das Licht ausschaltet.

»Verdammt!«

Idiot stirbt in Bärenfalle

Während ich im Dunkeln im Bett liege und darauf warte, dass mich der Schlaf überkommt, rechne ich insgeheim mit wilden Albträumen, die von nichts anderem handeln, als von echten Notfällen, aus denen ich mich nur mittels moderner Telekommunikation retten kann – die mir jedoch ab jetzt durch mein dummes Unterfangen verwehrt bleiben soll. »Ein ausgemachter Idiot (35) starb am Mittwoch nach mehreren Tagen in einer Bärenfalle, da er sich weigerte, sein Mobiltelefon zu benutzen, um Hilfe zu rufen«, schreibt die Fantasiezeitung in meinen Gedanken. Doch entgegen meinen Befürchtungen träume ich nicht von Bärenfallen und anderen Notsituationen, aus denen mich nur die Internetseite »www.wie-man-eine-Boeing-747-landet.de« retten könnte. Sondern von Sex und gutem Essen. Angenehmerweise in zwei separaten Träumen.

Tag 1 Erste Entzugserscheinungen

Der nächste Tag – vielleicht sollte ich ihn A-Day oder Analog-Day nennen – beginnt früh. Jessica bricht im Morgengrauen nach Hamburg auf, wo sie gerade in einer Zeitschriftenredaktion arbeitet. Nur an den Wochenenden ist sie in

Berlin. Während sie im Bad verschwindet, beginnt für mich die große Herausforderung. Denn normalerweise wäre genau jetzt der Moment gekommen, in dem ich mich mit einer dampfenden Tasse Kaffee an den Computer setze und mit der Internet-Routine beginne: Von der *Spiegel-Online*-Startseite aus geht es auf zu anderen Nachrichtenseiten, dann den Posteingang von vier Mailadressen prüfen, die sich im Lauf der Jahre angesammelt haben, und schließlich via RSS-Feed[2] nachschauen, welche der abonnierten Blogs seit gestern neue Beiträge veröffentlicht haben – und am Ende nachsehen, wie sich die Zugriffszahlen auf mein eigenes Blog entwickelt haben. Besonders Letzteres kann zur Obsession werden. Vor allem da Google es inzwischen gestattet, nicht nur herauszufinden, aus welchem Land und mit welchem Browser die Leser auf die eigene Seite gekommen sind, sondern auch, wie lange sie geblieben sind. Und – vielleicht am interessantesten – welche Suchworte sie zu einem geführt haben. Ich kann mich noch an meine Favoriten der letzten Woche erinnern:

- spiele zum 50. geburtstag mit alkohol
- humorvolle mietnomaden
- was sagen millionäre als beruf?

Heute bleibt mir dieses kleine Vergnügen verwehrt – wie so viele andere. Keine aus Styropor gebastelten Schaltknauf-Ersatzkonstruktionen auf *thereifixedit.com* und keine nied-

---

2 RSS steht für Really Simple Syndication und bezeichnet die Technik, mit der man Blogs oder sich häufig ändernde Webseiten abonnieren kann, um automatisch über neue Beiträge informiert zu werden, ohne sie jedes Mal aufs Neue aufsuchen zu müssen. Die neuen Beiträge können entweder in den gängigen E-Mailprogrammen oder eigenen RSS-Readern angezeigt werden.

lichen schlafenden Hunde auf *dreamingofpuppies.com*. Aber leider auch weder eine kritische Medienbeobachtung auf *bildblog.de* noch Analysen zur US-Politik auf *slate.com*. Jessica macht sich auf den Weg zum Bahnhof. »Sei tapfer«, sagt sie zum Abschied. Dann bin ich auch schon allein. Als Informations-Methadon besorge ich mir eine Tageszeitung beim Buchladen nebenan, den ich sonst vor allem betrete, um dort abgegebene Amazon-Pakete abzuholen. Ein Wunder, dass die Buchhändlerin trotzdem stets freundlich zu mir ist.

Die Zeitung hat vor allem einen Nachteil: Sie ist irgendwann zu Ende. Doch ich habe mir vorgenommen, mich nicht über die Dinge zu grämen, die ich durch mein Online-Embargo verpasse, sondern stattdessen diejenigen freudig zu umarmen, die ich dadurch hinzugewinne. Ein großer Vorteil, den ich mir vom Verzicht auf E-Mail und Instant-Messaging, Twitter und Facebook verspreche, ist ein Mehr an persönlicher Kommunikation. Echte Gespräche statt schneller Status-Updates und kurzer Mails voller Tippfehler.

Das erste Dilemma

Ich beschließe, meinen alten Freund Dirk anzurufen. Mal hallo sagen, hören, was der so im Schilde führt, sich endlich mal wieder in Ruhe unterhalten. Macht man ja sonst nie. Der wird staunen. Doch noch bevor ich meinen ersten Triumph in Sachen Kommunikation feiern kann, kommt ein herber Rückschlag: Dirks Nummer ist – wie alle anderen – natürlich in meinem Mobiltelefon gespeichert. Im Kopf habe ich nur noch die Festnetznummer meines

Vaters, und auch das nur, weil es früher meine eigene war. Damals, als man sich Telefonnummern noch merken musste. Ich krame ein altes Adressbuch raus, in das ich früher Telefonnummern von Freunden und Bekannten mit Hand eingetragen habe. Die von Dirk ist dummerweise nicht darunter. Der erste Tag meines Selbstversuchs ist noch nicht einmal zur Hälfte um, und schon stehe ich vor einem ethischen Dilemma: Festnetz ist zwar erlaubt, Mobiltelefon aber verboten. Darf ich das Handy benutzen, um eine Nummer nachzuschauen, die ich dann per Festnetz anrufe? Ich nehme es genau und beschließe, den ethisch wertvollen, aber auch kostspieligen Weg zu wählen und rufe die Auskunft an. Es kommen bestimmt noch genug Momente, in denen ich froh sein werde, ein paar Karmapunkte übrig zu haben und ein bisschen schummeln zu können.

Dirk freut sich, dass ich anrufe, aber ich bemerke auch die Irritation in seiner Stimme, als ich auf seine Frage »Was gibt's?« keine rechte Antwort parat habe. Kein Anliegen, keine Frage, keine wichtigen Neuigkeiten, die einen Anruf erklären oder rechtfertigen würden. Einfach nur der Wunsch nach einem Gespräch zwischen Freunden und – wenn ich ganz ehrlich bin – natürlich auch die entzugsbedingte Langeweile. Nachdem wir eine Weile geplaudert haben, finde ich es unredlich, ihm nicht von meinem Selbstversuch zu erzählen, und gestehe, dass ich ihn vor allem deswegen angerufen habe, weil ich mich nicht wie sonst um diese Zeit einmal quer durchs gesamte Internet klicken kann – und wieder zurück. Er versteht mich zum Glück sehr gut. Für ihn wäre so ein Verzicht unvorstellbar: »Das könnte ich nie« ist seine Einschätzung – nahezu identisch mit der aller anderen Menschen meines Alters, denen ich davon erzählt habe.

Doch auch Dirk erkennt die positiven Seiten meiner selbstgewählten Abstinenz. »Ich merke schon, dass sich beispielsweise durch Facebook die Qualität meiner Freundschaften in der Masse geändert hat«, sagt er. »Bei den ganz engen Freunden am wenigsten, aber bei den loseren Kontakten, den guten Bekannten, hat sich vieles verschoben. Wenn sie auf Facebook aktiv sind, weiß ich über manchen alten Klassenkameraden mehr als über aktuelle Freunde, die sich vielleicht nur selten melden. Es sind zwar meistens nur kleine Infohappen, wie hier ein paar Urlaubsfotos und dort eine kurze Nachricht wie ›Mann, die Erkältung könnte auch mal aufhören‹, aber in der Summe bekommt man doch ein ganz gutes Bild davon, wie es den Leuten so geht und was sie beschäftigt. Das finde ich einerseits schön, andererseits macht es auch einen Anruf wie deinen heute überflüssig, in dem man sich einfach nur nach dem Befinden des anderen erkundigt. Man weiß ja im Grunde alles.«

Wie Banalitäten ein Bild ergeben

Das Phänomen, das Dirk beschreibt, hat der amerikanische Wissenschaftsjournalist Clive Thompson »Ambient Awareness«[3] getauft. Das heißt übersetzt in etwa: »Umgebungswahrnehmung« und bedeutet im Grunde nichts anderes, als dass die vielen kleinen Onlinebotschaften, die wir auf Facebook, StudiVZ, Twitter oder www.wer-kennt-wen.de von unseren Freunden lesen (»Noch fünf Tage bis zum Urlaub – juhu!«/»Suche zuverlässige Tennis-Rückhand im

---

[3] Die britische Online-Designerin Leisa Reichelt spricht vielleicht noch treffender von »Ambient Intimacy« – also zu deutsch ungefähr »Umgebungsintimität«.

Tausch gegen geräumige Altbauwohnung in der Münchner Innenstadt«) nur scheinbar banal sind. Über einen längeren Zeitraum hinweg, ergeben sie nämlich ein zusammenhängendes Bild, addieren sich die vielen winzigen und beiläufigen Informationen zu einem aussagekräftigen Ganzen – und wir bekommen so eine Vorstellung davon, wie es dem anderen gerade ergeht, was ihn beschäftigt, was ihm wichtig ist. Thompson vergleicht dieses Phänomen mit einer Situation, in der sich eine andere Person mit uns im selben Raum befindet: Selbst wenn wir nicht direkt mit ihr kommunizieren, nehmen wir dennoch aus dem Augenwinkel heraus ihre Körpersprache war, können von vermeintlichen Kleinigkeiten wie Gestik, Mimik und Verhalten ablesen, ob diese Person ruhig oder nervös, fröhlich oder traurig, gutgelaunt oder verärgert ist.

Diese Art, über den anderen digital im Bild zu bleiben, ermöglicht es uns beispielsweise, alte Freunde auch nach langer Zeit wiederzutreffen und sofort wieder ein Gefühl der Vertrautheit zu spüren, wohingegen man früher vielleicht erst wieder eine gewisse Anlaufphase gebraucht hätte. Damals musste man sich zwei Biere lang erst mal wieder »auf den aktuellen Stand bringen«. Und nur zu oft wurde einem gerade durch Sätze wie »Ach, ihr seid gar nicht mehr zusammen?« oder »Wie, ich dachte, du wohnst immer noch in Hamburg« schmerzlich bewusst, wie weit man sich voneinander entfernt hatte. Heute bekommt man alle wichtigen und unwichtigen Facts (Umzug nach Bremen, Trennung von Stephanie, hat mit Tennis angefangen, mag die TV-Serie »Californication«) nach und nach ganz nebenbei mit – und wenn man sich einmal im Jahr trifft, hat man das Gefühl, sich erst letzte Woche voneinander verabschiedet zu haben.

»Schon richtig«, unterbricht Dirk meinen schwärmerischen Monolog. »Aber es gibt auch genügend Sachen, die gewaltig nerven. Zum Beispiel wenn Freunde, die früher angerufen haben, wenn sie in deiner Stadt waren, plötzlich nur noch eine Status-Meldung schreiben: *Bin nächste Woche Do-Mo in Berlin – wer hat Zeit, wer hat Bock?* An derart unpersönlicher Massenkommunikation habe ich kein Interesse, da antworte ich nicht. Außerdem: Richtig aufrichtig ist die Kommunikation auf Seiten wie Facebook doch auch nie. Da schreibt doch niemand, dass es ihm wirklich schlecht geht und er sich in Therapie begibt. Oder dass sich gerade er entschieden hat, weiterhin fremdzugehen.«

»Das möchte ich bei den meisten meiner Facebook-Freunde aber auch nicht unbedingt so genau wissen«, halte ich dagegen. »Denn man muss sich schließlich klarmachen, dass es sich bei den 200 bis 300 Leuten[4], die man auf seiner Freundesliste hat, nicht um Freunde im traditionellen Sinne handelt. Sondern allenfalls um Menschen, die man vielleicht einmal getroffen hat und die man nicht völlig bescheuert fand.«

»Stimmt. Oder die man tatsächlich völlig bescheuert fand, aber trotzdem nicht den Mut hatte, ihre Freundschaftsanfrage abzulehnen, die sie einen Tag später geschickt haben.«

Am Ende einigen wir uns darauf, dass sich die Intensität von Online-Freundschaften vielleicht wie folgt zusammen-

---

[4] Eine Studie der Stanford University fand heraus, dass der durchschnittliche Facebook-Nutzer 281 Menschen in seiner Freundesliste hat und beabsichtigt, diese Zahl in der nächsten Zeit auf durchschnittlich 317 zu erhöhen. Die Nutzer des japanischen Äquivalents Mixi hatten im Durchschnitt 58 Freunde – planten jedoch, diese Zahl auf 49 zu reduzieren.

fassen lässt: Fragt man seine virtuelle Freundesschar, wer einem einen guten Zahnarzt oder eine gute Digitalkamera empfehlen kann, bekommt man vermutlich ganz hilfreiche Rückmeldungen. Wer sich aber bei seinem Umzug ausschließlich auf eine Freundeskreis-Rundmail Marke »Wer hilft mir am Samstag beim Umzug? Kaufe danach auch Pizza!« verlässt, wird in der Woche danach mit ziemlicher Sicherheit eine Rundmail schreiben, in der er um Empfehlung eines guten Orthopäden bittet. Wir einigen uns weiterhin darauf, auch nach Ende meines Selbstversuchs mal wieder öfter miteinander zu telefonieren. Einfach so, ohne Anlass, ohne Grund. Zum Spaß.

Phantomvibrationen

Um Mittag zu essen, gehe ich in eine nahegelegene Pizzeria – zum ersten Mal seit Jahren, ohne meine beiden Mobiltelefone mitzunehmen. Zu behaupten, ich würde mich nackt fühlen, wäre eine charmante Untertreibung. Während ich dasitze und auf meine Pizza warte, wird mir klar, was ein ganz entscheidender Faktor zumindest *meiner* Sucht nach Erreichbarkeit und Verbundensein mit den Netzwerken dieser Welt ist: die Angst, etwas zu verpassen. Das Gefühl, die Welt könne sich nicht ohne das eigene Zutun weiterdrehen – und die noch viel größere Angst, sie könne es eben doch! Die schreckliche Gewissheit, dass alle gut zurechtkommen, ohne dass man seinen digitalen Senf dazu gibt. Dass alle einfach weitermachen, ohne mich »cc zu setzen«.

Aber was, wenn nicht? Was, wenn mich jemand erreichen will, der eine wirklich wichtige, wirklich gute Nachricht für mich hätte? Zugegeben, so häufig kommt das nun auch nicht vor – die meisten Anrufe und Mails liegen bei mir wie wohl bei fast allen Menschen innerhalb eines Spektrums, das von belanglos (»Neue Angebote Ihrer bevorzugten eBay-Verkäufer!«) über lästig (»Dürfen wir Sie mit unseren neuen Tarifangeboten vertraut machen?«) bis hochgradig ärgerlich (»Re: AW: Re: AW: Re: AW: RE: AW: Ihre Mahnung vom 13. Juni 2009«).

Nein, darauf kann ich gut verzichten. Und sowohl das Nobelpreiskomitee als auch die Lottogesellschaften werden sich schon schriftlich melden beziehungsweise persönlich jemanden vorbeischicken, wenn es so weit sein sollte, beruhige ich mich. Dennoch ertappe ich mich ungefähr viertelstündlich dabei, wie ich mein iPhone aus der Tasche holen will, um nach neuen Mails zu forschen. Und mehr als einmal verspüre ich sogar das, was ich in Ermangelung eines wissenschaftlichen Terminus als »Phantomvibrieren« bezeichnen muss. Nämlich ein brummendes Gefühl an genau der Stelle meines Beines, an der ich sonst mein Mobiltelefon trage – eben so, als würde der Vibrationsalarm lossurren. Nur dass ich das Telefon gar nicht dabei habe. Selbst meine Muskeln und Nerven spielen mir schon Streiche. Das geht ja gut los.

Tag 2 Einfach unerreicht

Wie schon gestern merke ich am zweiten Morgen meines Selbstversuchs, wie sich starke Kopfschmerzen breitmachen. Ich bin nicht sicher, ob es sich dabei tatsächlich um richtige Entzugserscheinungen handelt – oder nur um die verdienten Nachwirkungen des Whiskys, den ich gestern Abend vor dem Einschlafen getrunken habe. Die Mitarbeiter der Mainzer Ambulanz für Computerspiel- und Internetsucht, die ich im Lauf meines Selbstversuchs noch besuchen werde, wollen das mit dem Whiskey nicht ganz ausschließen. Sie werden mir aber auch erklären, dass es durchaus körperliche Entzugserscheinungen geben kann, wenn Internet-Abhängige nicht ihre tägliche Dosis bekommen. Starke Nervosität, Schlafstörungen und Unruhe seien zwar häufiger, Übelkeit oder Kopfschmerzen träten aber auch immer mal wieder auf. Ich kann mir also aussuchen, ob ich ein Internet- oder ein Alkoholproblem habe – na besten Dank.

Ich gehe zur Bank und fülle zum ersten Mal seit mindestens fünf Jahren einen Überweisungsschein aus. Mit einer Hand, die das Schreiben mit dem Stift in den letzten Jahren immer mehr verlernt hat. Mist, schon wieder verschrieben. Ich zerknülle den orangefarbenen Überweisungsträger – das ist online wirklich deutlich einfacher. In der Schalterhalle stehend fühle ich mich wie ein Zwölfjähriger, der zum ersten Mal mit seinem Jeanssparbuch experimentiert.

»Entschuldigung, können Sie mir bitte sagen, wie viel Geld ich auf dem Konto habe?«, frage ich eine Kundenberaterin.

»Warum gehen Sie nicht da vorn zu einem unserer Infoterminals?«, fragt sie mich und weist auf eines der Geräte, die nicht nur Geld ausspucken, sondern auch Kontostand, Umsätze und viele andere Informationen anzeigen können, von denen ich annehme, dass sie für mich tabu sind.

»Ich darf zurzeit nicht ins Internet… es ist… etwas kompliziert…«, stammle ich. Die Frau sieht mich erst fragend an, dann mitleidig. Wortlos nimmt sie meine Bankkarte, tippt ein paar Zahlen in ihren Computer und dreht ihren Monitor leicht zu mir herüber. Während sie sich unauffällig umsieht, so als suche sie nach der »versteckten Kamera«.

»Bitteschön. Lesen dürfen Sie ja hoffentlich noch…«

Fluch und Segen der Unerreichbarkeit

Um mich für den weiteren Tag sinnvoll zu beschäftigen, gehe ich einer Recherchespur nach, die ich bereits aufgenommen habe, als ich mich noch im Internet herumtrieb – einem Ort, an dem man bekanntlich auf die verrücktesten Geschichten stößt. Ich möchte mit jemandem sprechen, der die fatalen Auswirkungen von modernen Kommunikationstechniken am eigenen Leib erfahren hat – genauer gesagt erfahren hat, welche Katastrophen passieren können, wenn wir nicht per Mail oder Telefon erreichbar sind.

JD ist ein kanadischer Collegestudent, der gerade erst in Ontario aufgestanden ist, als ich ihn anrufe, um mir seine Geschichte erzählen zu lassen. »Durch einen Zufall bekam ich vor zwei Jahren die Gelegenheit, zwei Wochen auf eine einsame Hütte in den Rocky Mountains zum Angeln zu fahren. Ich erzählte meiner damaligen Freundin mehrmals von meinem Vorhaben und verabschiedete mich auch am Abend vor meiner Abreise von ihr«, berichtet der Kanadier mir am Telefon, während er sich nebenher einen Kaffee kocht. »Ich ließ mein Handy zuhause, da ich damals ständig pleite war und keine Lust auf die teuren Roaming-Gebühren in Kanada hatte. Außerdem freute ich mich auch auf ein wenig Ruhe in der Wildnis. Ich weiß nicht, wie es passieren konnte, aber meine Freundin hatte meine Reise scheinbar völlig vergessen und geriet in der ersten Woche, in der sie mich weder per Handy noch per Mail erreichen konnte, so dermaßen außer Fassung, wie ich es nie für möglich gehalten hätte. Ich bekam von all dem natürlich nichts mit – erst als ich wieder zu Hause war und in meiner Mailbox über 20 E-Mails von ihr warteten, begann ich zu ahnen, dass irgendetwas nicht stimmte.« Hatte er ihr denn nicht erzählt, dass er unterwegs sein würde? »Doch, habe ich natürlich«, antwortet JD. »Aber sie war schon immer sehr mit sich selbst beschäftigt.«

Zur Veranschaulichung und mit JDs Erlaubnis hier einige gekürzte Ausschnitte aus den Mails seiner Freundin:

1. Juni, 11:31 Uhr
Hey, ich geh heute Abend mit den Mädels aus. Knutsch, Em

1. Juni, 16:40 Uhr
Ich noch mal, hab Dich heute ein paar Mal versucht, anzurufen. Willst Du nicht mit mir reden? ;)

2. Juni, 9:02 Uhr
Gestern Abend war's super, aber zwei komische Typen wollten uns die ganze Zeit zu Drinks einladen. Gehe jetzt mit Marla zum Brunch, erreiche Dich immer noch nicht. Ist Dein Telefon kaputt, Schätzchen? Heute Abendessen bei Dir, ruf mich an. Bis später, Em

3. Juni, 10:33 Uhr
Was soll das? Warum reagierst Du nicht auf meine Mails und Anrufe? Wo bist Du? Ich hab den ganzen Abend gewartet, dass Du Dich meldest. Das gefällt mir überhaupt nicht. Ruf mich an, SOBALD Du das liest…

4. Juni, 17:50 Uhr
Was zur Hölle!?! Du antwortest nicht auf meine SMS, meine Anrufe, meine Mails? Ich weiß, dass Du da bist. Dein Kumpel Jeremy ist ein schlechter Lügner. Er hat am Telefon gesagt, er hätte Dich das ganze Wochenende nicht gesehen, aber ich habe Deine Stimme im Hintergrund gehört! Letzte Chance … ruf mich heute Abend mit der besten Entschuldigung Deines Lebens an oder ich bin weg, Du Arsch!

5. Juni, 20:11 Uhr
Was hab ich denn getan? War es einfach an der Zeit, mich abzuschießen? Dann hättest Du es mir wenigstens ins Gesicht sagen können, Du &%($%&!

Es ist aus. Ruf mich nicht an, schreib mir keine SMS, keine Mails.

7. Juni, 18:32 Uhr
Ich hasse dich!

10. Juni, 3:44 Uhr
Hey, Arschgesicht! Erinnerst Du Dich an den Kumpel von mir, auf den Du so eifersüchtig warst? Gerade war ich bei ihm und hab mich ausgeheult, und er hat mir gesagt, wie toll ich bin, und ich war mit ihm im Bett, nur damit du es weißt. Hahaha, wer ist jetzt der Blöde? Ich kann jeden haben, den ich will, und Du sitzt zuhause und schaust blöd aus der Wäsche.

12 Juni, 20:11 Uhr
Okay, wenn du mich nicht anrufen willst, hör einfach nur zu: Ich dachte, das zwischen uns wäre was Besonderes gewesen. Und jetzt hast Du es alles weggeworfen? Ich versteh's einfach nicht. Irgendetwas muss passiert sein, aber

wenn Du ehrlich bist, wirst Du zugeben, dass Du immer noch etwas für mich empfindest. Lass uns doch noch einmal in Ruhe über alles sprechen. Vielleicht ändert es nichts, aber dieses eine Gespräch schuldest Du mir.

14. Juni, 7:01 Uhr
Ich habe es wirklich versucht, JD. Aber ich nehme all die netten Sachen zurück, die ich gesagt habe. Du bist kreuzlangweilig. Ich habe Dir immer nur vorgemacht, dass ich die Serien und Filme gut finde, die Du magst, und Deine bescheuerten Freunde. Du bist nicht der Richtige für mich, und es geht mir tausend Mal besser ohne dich. Ich bringe gleich Deine Sachen bei Deiner Mutter vorbei. Ruf mich nie wieder an.

»Ich war zu diesem Zeitpunkt schon wieder so gut wie auf dem Heimweg«, erinnert sich JD. »Mein Handy hatte die ganze Zeit ausgeschaltet zuhause auf meinem Schreibtisch gelegen. Aber meine Mutter wusste natürlich, dass ich unterwegs war…«

14. Juni 8:21 Uhr
Betreff: DIESE MAIL ZUERST ÖFFNEN!!! LÖSCHE ALLE VORIGEN MAILS VON MIR!!!

JD, wenn Du mich liebst, löschst Du alle anderen Mails, die ich Dir seit Deiner Abreise geschickt habe. Wir haben alle Fehler gemacht, während Du weg warst, aber ich kann alles erklären. Ich liebe Dich von ganzem Herzen.

»Natürlich habe ich die anderen E-Mails auch gelesen, als ich wieder zuhause war«, sagt JD, der inzwischen über den ganzen Vorfall lachen kann. »Sagen wir so: Wir sind seitdem nicht mehr zusammen.« Auf meine Frage, was er aus der dramatischen Geschichte gelernt hat, fallen ihm vor allem zwei Sachen ein: »Man muss sich genau überlegen, ob man mit einer so leidenschaftlichen Person zusammen sein will, wie meine damalige Freundin es war. Wenn sie dich lieben, ist alles gut. Aber wehe sie fangen an, dich zu hassen.« Und der zweite Punkt? »Ich gehe nie wieder ohne mein Handy auf Reisen.«

JDs Ex-Freundin ist sicherlich ein extremes Beispiel dafür, wie die automatische Erwartung, allzeit erreichbar zu sein, über kurz oder lang auch zu einer Manie werden kann. Oder zumindest zu einer ungerechtfertigten Erwartung, der andere sei geradezu moralisch dazu verpflichtet, sich zu melden. Wer ein Handy hat, von dem wird einfach erwartet, es immer dabei zu haben. Wer eine Mailbox hat, soll sie bitteschön auch regelmäßig abhören. Wer über eine E-Mail-Adresse verfügt, soll Nachrichten an diese bitte innerhalb von 24 Stunden beantworten. Wer ein Blackberry hat, gefälligst noch schneller. Oft kommt es nicht nur drauf an, über welche Kommunikationsmittel wir verfügen, sondern auch, wer davon weiß. Wer an einem Samstag einen Brief verschickt, konnte bis vor einiger Zeit keine schriftliche Antwort vor Dienstagmittag reklamieren. Bei einer E-Mail hat der Empfänger im Laufe des Montags zu reagieren. Und wenn der Absender weiß, dass er es mit jemandem mit mobilem Mailzugriff zu tun hat (wie eben dem Blackberry, einem iPhone oder einem anderen Smartphone), dann wird er noch im Lauf des Wochenendes eine Antwort erwarten. Und wenn es sich bei diesem Absender um einen cholerischen Chef handelt, der auf Rückmeldung eines Untergebenen wartet, ist davon auszugehen, dass er diese auch bekommen wird.

Andererseits: Je länger ich über das Thema nachdenke, desto unsicherer werde ich, ob es wirklich immer nur die Erwartungen von außen sind, die uns so unter Druck setzen. Ob der Chef wirklich in jedem Fall, in dem er am Wochenende eine E-Mail schickt, von einer sofortigen Antwort ausgeht? Vielleicht sitzt er auch nur gerade gelangweilt in einem Flughafenbus und will die Zeit nutzen, indem er schon mal seine Mails bearbeitet – ohne im Traum daran zu denken, vor Montag eine Antwort zu erhalten? Vielleicht weiß er, dass er zwar so unverschämt gut bezahlt wird, dass man von ihm auch noch am Wochenende Verfügbarkeit erwarten kann, von seinen Untergebenen mit einem Bruchteil des Gehalts jedoch nicht? Vielleicht wendet er auch einfach nur den Trick meines Freundes David an, der bisweilen berufliche Mails zu ganz normalen Arbeitszeiten schreibt, aber dann frühmorgens oder spätnachts verschickt, um bei Vorgesetzten oder Klienten den Eindruck des bienenfleißigen Dauerschaffers zu erwecken?

Sicherlich gibt es auch Chefs, die gefangen sind in ihrem Zwang, alles kontrollieren und mikro-managen zu wollen. Aber ich habe die Vermutung, dass wir die Peitsche des bösen Sklaventreibers weit häufiger selbst in der Hand halten, um uns damit zu geißeln.

Tag 3 Von hier nach Strich und Faden

Auch wenn ich durch meinen selbstgewählten internetfreien Monat nicht mehr so gut erreichbar bin – dem Finanzamt ist das egal. Es sitzt mir trotzdem im Nacken und verlangt nach der Steuererklärung vom letzten Jahr. Dafür muss ich unter anderem herausfinden, wie viele Autokilometer zwischen Berlin und Düsseldorf liegen. Könnte man auch ungefähr aus dem Kopf wissen, klar. Könnte man aber auch einfach im Internet nachsehen – der Routenplaner weiß das auf den Kilometer genau. Da das aber tabu ist, schreite ich meine Bücherregale ab und entdecke nach einer Weile die Rettung: meinen alten Diercke-Weltatlas aus Schulzeiten. Ich blättere durch Karten mit Titeln wie »Mittlere jährliche Vereisung in der Ostsee« oder »Bodennutzung am Kilimandscharo«. Ob so ein Atlas heute wohl noch im Unterricht benutzt wird? Oder bringen die Lehrer ihren Schülern heute als erstes bei, wie man Google Earth benutzt? Mir kommt ein alter Trick in den Sinn, den mir mein Vater beigebracht hat, als ich mit Zwölf meine erste Radtour planen wollte: Mit einem Faden lege ich die krumme Fahrstrecke auf der Karte möglichst präzise nach, anschließend lese ich an dem Maßstab unten auf der Seite mithilfe der Fadenlänge die Entfernung ab. Nicht ganz so präzise wie mit dem Online-Routenplaner – aber wann hat eine Steuererklärung eigentlich das letzte Mal so viel Spaß gemacht?

Tag 4 — Schreib mal wieder

Eigentlich hätte ich die Post als Sponsor für meinen Selbstversuch gewinnen sollen. Denn die profitiert schließlich davon, dass ich so viele Briefe und Postkarten verschicke wie schon seit mindestens zehn Jahren nicht mehr. Ob beruflich (ich schreibe Themenvorschläge an Redaktionen, mit denen ich zusammenarbeite) oder privat (Jessica bekommt täglich eine Postkarte) – vieles, was ich sonst per Mail oder SMS klären würde, stopfe ich nun in den gelben Briefkasten an der Straßenecke.

Das Kuriose: Selbst die Briefmarken für meine Postsendungen habe ich zuletzt nur noch im Internet besorgt. Dort bietet die Post seit einiger Zeit einen praktischen Service an, mit dem man seine Briefmarken in beliebigem Wert und beliebiger Menge selbst gestalten kann (wahlweise mit Bergpanorama, Tennisschläger oder meinem Favoriten: einem müden Koalabären), um sie anschließend auszudrucken.

Verständnisvoll bis neidisch

Stattdessen muss ich mich nun in die ständig überfüllte Postfiliale aufmachen, in der inzwischen nicht mehr nur Päckchen aufgegeben und Briefmarken verkauft werden, sondern auch Handys, Verträge von umweltfreundlichen Stromanbietern und Postsparbücher. Aber warum sollte sich das Postamt auch auf den Briefmarkenverkauf beschränken, wenn immer mehr Menschen so wie ich diese im Internet erstehen – oder sowieso gleich E-Mails schreiben?

Zufällig muss ich für ein Wirtschaftsmagazin, für das ich hin und wieder arbeite, einen Artikel über die Deutsche Post schreiben – genauer gesagt über die Logistiksparte DHL. Als ich wieder zuhause bin, rufe ich bei der Pressestelle an, um einen Gesprächstermin mit dem Manager zu vereinbaren, der für das Innovationsmanagement des Konzerns verantwortlich ist. Nachdem die wichtigsten Details geklärt sind, kommt das Unvermeidliche: »Geben Sie mir doch mal Ihre Mailadresse, dann melde ich mich, sobald ich den genauen Termin weiß, und schicke Ihnen noch ein paar Unterlagen zur Vorbereitung.« Es fühlt sich an wie ein unangenehmes Geständnis, als ich sage, dass ich per Mail und Handy nicht erreichbar bin. Schließlich betrifft dieser Verzicht ja nicht nur mich, sondern verlangt auch jedem etwas ab, der mit mir kommunizieren möchte – oder in diesem Falle muss. Ich stelle mich auf eine Mischung aus genervtem Unverständnis und einem sarkastischen »Na, Sie denken wohl auch, dass ich meine Zeit gestohlen habe« ein. Doch überraschenderweise ernte ich nicht nur Verständnis, sondern sogar freundliche Neugier und Interesse: »Das finde ich ja spannend. Erzählen Sie doch mal!«, fordert mich die Pressesprecherin auf. Das Eis ist schneller gebrochen, als es sonst bei derartigen Berufskontakten der Fall ist.

Die Reaktion ist typisch für die meisten Leute, mit denen ich in meinen internetlosen Wochen beruflich zu tun habe: Niemand findet den Selbstversuch sinnlos oder unverständlich – oder beschwert sich, meinetwegen einen Briefumschlag losschicken zu müssen. Alle sind interessiert an meinen Erlebnissen. Die meisten geben sogar offen zu, ein wenig neidisch zu sein: »Ein Monat ohne E-Mails? Das wäre der Himmel auf Erden«, schwärmt eine Kollegin. »Ich habe heute den ganzen Vormittag nichts anderes gemacht, als Mails zu beantworten. Und als ich aus der Mittagspause kam, war schon wieder ein ganzer Berg da.«

Professor Klaus Moser vom Lehrstuhl für Wirtschafts- und Sozialpsychologie der Universität Nürnberg hat sich eingehend mit unserer Überforderung durch die neuen Informationstechnologien am Arbeitsplatz beschäftigt. Früher, so der Forscher, sei der klassische Büroarbeiter durch räumliche und zeitliche Filter von vielen Informationen abgeschirmt geblieben: Die Post kam morgens und wurde nachmittags wieder abgeholt, Fern- oder Überseegespräche waren teuer und in den meisten Berufen nur selten nötig. In einer Studie von Moser und seinen Kollegen fanden Befragte vor allem die Masse an eingehenden E-Mails belastend. Zu unübersichtlich sei der endlose Strom immer wieder neuer Informationen, der sich gerade nach Abwesenheit durch Urlaub oder Krankheit kaum noch bewältigen ließe. Oft sei die Relevanz der einzelnen Nachricht nicht erkennbar, Ziele würden immer unklarer formuliert, und die Wichtigkeit beziehungsweise Dringlichkeit sei oft nur schlecht einschätzbar. Falls eine schnelle Antwort nötig sei, bliebe keine Zeit zum Abwägen, so ein weiterer häufiger Kritikpunkt. Zu den größten Stressoren gehörte laut der Befragung, mehrfach von unterschiedlichen Stellen dieselbe Information zu bekommen oder auch, dass Informationen häufig voreilig und daher unvollständig übermittelt würden und später permanent wieder geändert werden müssten.

Aber es gibt nicht nur besorgte Stimmen, die fürchten, dass das Internet unsere Arbeitswelt stressiger, fehleranfälliger und immer unmenschlicher macht: Der amerikanische Internet-Forscher und Management-Professor Don Tapscott weist in seinen Büchern »Wikinomics« und »Grown Up Digital« unter anderem darauf hin, dass durch Online-Werkzeuge wie Wikis[5] oder Diskussionsforen in vielen Fällen die

[5] Als ein Wiki (hawaiianisch für »schnell«) bezeichnet man ein System von Webseiten, deren Inhalte vom Benutzer nicht nur gelesen, sondern auch online direkt verändert werden können. Das wohl bekannteste Beispiel ist die nichtkommerzielle Online-Enzyklopädie Wikipedia, die inzwischen in 260 Sprachen existiert und zu der inzwischen über eine Million angemeldeter und unzählige nicht angemeldete Nutzer beigetragen haben.

Zusammenarbeit zwischen einzelnen Angestellten und ganzen Abteilungen verbessert und zu große Hierarchien abgebaut werden können. Ob eine kleine Firma oder eine riesige Organisation wie beispielsweise die amerikanische CIA – für alle, so Tapscott, ist das gesammelte Wissen der Mitarbeiter das wichtigste Kapital geworden. Aber dort, wo nicht mehr Fabrikschornsteine, sondern Köpfe rauchen, muss auch ein Weg gefunden werden, dieses Wissen zu sammeln, zu teilen und aufzubewahren, wenn einzelne Mitarbeiter die Organisation verlassen. Nichts eignet sich dazu besser als Internetplattformen – natürlich je nach Bedarf gegen unbefugte Mitleser von außen abgesichert.

Als ich am frühen Abend wieder einmal zum Briefkasten gehe, um die Postkarte an Jessica und einen Brief an eine Redaktion einzuwerfen, kommt mir ein Mann entgegen, der laut mit sich selbst spricht. Früher ging man in einem solchen Fall von einem Verrückten aus und hielt sicherheitshalber ein wenig Abstand, um nicht mit wirrem Blick und noch wirrerem Haar als Außerirdischer beschimpft zu werden, der dem Schreihals seine Gedanken rauben will. Irgendwann kamen jedoch Freisprecheinrichtungen für Handys in Mode, und wenn einem jemand die Straße entgegenkam, der lautstark mit sich selbst zu sprechen schien, konnte man fast immer einen kleinen Ohrstöpsel mit einem Kabel entdecken. Statt »Uh, der Arme ist auf einem LSD-Trip hängengeblieben«, dachte man also: »Uh, der Arme muss hier auf der Straße öffentlichkeitswirksam seine Sekretärin zur Schnecke machen«. Der Mann, der mir jedoch heute entgegenkommt, hat kein Handy in der Hand, und in seinem Ohr steckt kein Knopf einer Freisprecheinrichtung. Trotzdem zetert er wild vor sich hin. »Kann man doch nicht machen so was… Hosenanzug, dreimal hab ichs gesagt ... Ah, ja in der Mongolei, natürlichnatürlich! Der feine Herr .... Halt! Stop! Alles zurück!« Es gibt sie also noch, die guten alten Verrückten. Ich hoffe, ich werde durch meinen kalten Entzug nicht auch einer von ihnen.

Tag 5 Auf beiden Ohren blind

Jemand wie ich, der regelmäßig das Internet nutzt und sich dann plötzlich aus der Onlinewelt ausklinkt, fühlt sich so, als habe er sich sehr gut abdichtende Ohrstöpsel eingesetzt. Das kenne ich schon von früheren kurzen Offline-Phasen – aus dem Urlaub oder auch von kurzen geschäftlichen Reisen zu Zeiten, als es noch keine iPhones oder andere mobile Internetgeräte gab. Wie mit Ohrstöpseln genießt man einerseits die himmlische Ruhe, die einen umfängt. Andererseits weiß man nie, was man gerade alles Gefahr läuft zu überhören. Im akustischen Alltag sind es der Straßenlärm, das Geplapper der Menschen und der Presslufthammer vor dem Fenster, aber auch die warnende Hupe, ein entferntes Grummeln, das ein Gewitter ankündigt, oder das Telefon eben. In der Onlinewelt findet dieser Lärm seine Entsprechung in den »aufblitzenden« Prominentenbusen bei bild.de, dem Geplapper der Spam-Mails, die einem drei Viertel des gigantischen Erbes eines afrikanischen Diktators versprechen, der angeblich leider keine Nachkommen hinterlassen hat. Oder die im Zehn-Minuten-Takt eingehenden Statusmeldungen von Facebook-Freunden:

- »Fabian hat gerade den Test absolviert: ›Welches Pokemon bist du?‹ – Ergebnis: ›Pikachu‹. Willst du auch am Test teilnehmen?«

- »Manuela hat gerade den Test absolviert: ›Wie lautet dein Gangster-Name?‹ – Ergebnis: ›Eazy Tuff Gun‹. Erfahre, wie dein Gangster-Name lautet!«
- »Harald hat gerade den Test absolviert: ›Wenn du ein Regensburger Stadtteil wärst – welcher wärst du dann?‹ – Ergebnis: ›Auviertel‹. Mache auch du den Test!«

All dieser Lärm verschwindet, wenn man die Ohrstöpsel einsetzt – also die Internetverbindung kappt. Wenn der Gehörsinn schwindet, fühlt man sich aber auch erst mal eigenartig orientierungs- und hilflos. Würde man einen Tag mit Ohrstöpseln durch die Stadt laufen – wovon ich aus Sicherheitsgründen abrate – wäre man ziemlich aufgeschmissen. Man sieht beispielsweise herannahende Autos oft erst viel später, als man sie hört. Wer hören kann, wie die U-Bahn einfährt, wird etwas schneller gehen, um sie zu erwischen. Fahrradklingeln, Kirchturmglocke, Hupe – mit Ohrstöpseln bleiben viele Fragen offen: Hat da jemand etwas zu mir gesagt? Warum gucken mich alle so an? Warum kommt die U-Bahn nicht, gab es etwa eine Durchsage?

Eines Sinnes beraubt

Wer sich aus dem ihm vertraut gewordenen Internet ausklinkt, fühlt sich eines Sinnes beraubt. Es fehlt etwas. Man kann sich des Gefühls nicht erwehren, etwas zu verpassen, die Welt nicht mehr in ihrer Ganzheit zu begreifen.

Es ist gar nicht so einfach, einzelne Dinge zu benennen, die mir besonders fehlen. Einzeln für sich genommen könnte ich sowohl auf die Weltnachrichten auf den einschlägigen News-Seiten verzichten als auch auf die Neuigkeiten aus meinem Freundeskreis, die mir über Facebook zukommen.

Klar, Twitter habe ich bisher als nicht so wichtig eingestuft – auch ohne die Blogs käme ich aus, zumindest eine Zeitlang. Und SMS-Tippen ist ja eh so eine mühsame Angelegenheit. Wenn einem aber all diese Kommunikationskanäle auf einmal zugedreht werden, so wie mir seit ein paar Tagen, macht sich plötzlich tatsächlich Einsamkeit breit.

Natürlich könnte ich pausenlos jemanden anrufen, ständig jemanden treffen. Aber erstens haben nicht alle Leute tagsüber unbegrenzt Zeit für Kaffeekränzchen und Plaudereien, und zweitens sind Jammeranrufe mit dem Tenor »Mir ist soooo langweilig« beinahe noch unbeliebter als die der freundlichen Herren, die einem einen neuen Handytarif aufschwatzen wollen. Und außerdem: Wollte ich mich nicht genau dieser Herausforderung stellen und schauen, was passiert, wenn online nichts passiert? Ich genieße die Mittagessensverabredungen mit Freunden, bei denen ich mich wieder sozial eingebunden fühle, angekoppelt an das Leben, das Palaver. Hast du schon gehört? Was sagt man dazu? Ist das nicht sensationell? Danach kehre ich wieder zurück in meine Wohnung, die mir mit ihrer einzelnen Telefonleitung beinahe wie eine Isolationszelle vorkommt. Na gut, eine renovierte Altbau-Isolationszelle mit Parkett, Balkon, Kaffeemaschine und anderen Annehmlichkeiten.

Trotzdem: Mir fehlt Stimulation von außen, durch Neuigkeiten, Nachrichten, Informationen, die ich vorher noch nicht hatte. Ich schlafe schlecht – und kann mich morgens trotzdem nur schwer motivieren. Sonst war es zumindest zu einem Teil immer die Neugier, die mich aus dem Bett trieb: Was gibt's Neues im Internet? Die Bücher über Hirnforschung und soziale Netzwerke, die sich auf meinem Tisch stapeln, sind zwar interessant, aber sie kommen mir im Vergleich zu den

Texten im Netz[6] statisch vor, unflexibel und starr. Wenn ich in einem Buch nicht finde, was ich suche oder mir von seinem Einband versprochen habe, kann ich es natürlich trotzdem weiterlesen, wenn es mir interessant erscheint – aber meine Frage wird es nicht beantworten, wenn es nun mal das falsche Buch ist. Das Internet bietet die große Chance, dass ein Text, der mit dem gewünschten Thema zu tun hat, aber nicht zu 100 Prozent das trifft, was man sucht, auf einen anderen Text verlinkt, der die Frage schließlich beantwortet. Oder man kann eine verfeinerte Suche mit präziseren (oder einfach anderen) Begriffen starten und kommt auf diese Weise dem Ergebnis näher. Man kann Experten befragen oder die große Masse der Laien, die in ihrer Gesamtheit gesehen oft noch schlauer sind als einzelne Spezialisten.

Der kluge Mob

James Surowiecki, Autor des Buches »Die Weisheit der Vielen« und Wirtschaftskolumnist des Magazins *New Yorker*, erzählte mir vor einiger Zeit in einem Interview, woher diese Intelligenz der Masse kommt. Warum zum Beispiel der Publikumsjoker bei der Quizsendung »Wer wird Millionär«, bei dem 100 Studiozuschauer – also komplette Laien – befragt werden, zuverlässiger ist als der Anrufjoker, bei dem man ja jemanden fragt, der sich angeblich mit einem Thema auskennt. »Meine These mag viele überraschen, aber die Beweise und Studien sind ziemlich überwältigend. Man darf nicht denken, dass jede Person auf der Straße so klug ist wie

---

[6] Wer im Übrigen immer noch glaubt, im Internet gäbe es nur »Seichtgebiete«, dem seien die wissenschaftliche Rechercheseite Google Scholar empfohlen oder Plattformen wie edge.org oder salon.com.

ein Experte. Die Weisheit der Vielen kommt nur zustande, wenn man viele Leute unabhängig befragt. Jeder weiß nur ein kleines bisschen, aber die Fehler, die sie machen, heben sich gegenseitig auf – und das, was übrig bleibt, ist die pure Information.« Das widerspricht natürlich eklatant unserem vorherrschenden Menschenbild: Denn eigentlich glaubt doch jeder von uns, dass Menschen, die in Herden auftreten, dumm sind. Wir selbst natürlich niemals, aber meine Güte, wie blöd die anderen nur sind! Im Extremfall ist die Masse für uns ein tumber und gefährlicher Mob – und selbst wenn wir uns ein bisschen zusammenreißen, können wir sie uns allenfalls als eine verwässerte, auf Durchschnitt ausgerichtete Gruppe vorstellen, der es nur um den kleinsten gemeinsamen Nenner geht. Einzelgenies haben Ideen, Gruppen machen Kompromisse. Surowiecki hat in seinem Buch zahlreiche Beweise zusammengetragen, die zeigen, dass es anders ist: »Das vielleicht einfachste Beispiel ist das mit den Bonbons: Lässt man eine größere Gruppe von Menschen schätzen, wie viele Bonbons in einem Glas sind, ist der Durchschnitt ihrer Einzelschätzungen meist wahnsinnig nah an der wahren Anzahl. Viel näher als die beste Einzelschätzung.«

Auch andere haben sich über die sogenannte »Schwarmintelligenz« des Internets Gedanken gemacht, darunter der amerikanische Online-Pionier Howard Rheingold, der in seinem Buch »Smart Mobs« sogar noch den Schritt weitergeht: Was passiert, fragt er, wenn durch die neuen technischen Möglichkeiten der Kooperation und schnellen, günstigen Vernetzung die Macht wieder stärker in die Hände der Einzelnen, der Massen zurückfällt? Die Beispiele in seinem Buch und seinem Blog reichen dabei von per SMS koordinierten Protesten auf den Philippinen bis zum Widerstand im Iran, der sich über die Internetplattform Twitter formierte und durch die Videoseite YouTube eine weltweite Öffentlichkeit erreichte – trotz Medienzensur durch die Machthaber.

Um all diesen großen Denkern und Theoretikern einmal die Banalität des Alltags zur Seite zu stellen: Das Internet bringt nicht nur Demokratie zu den Unterdrückten und Macht für den kleinen Mann von der Straße – sondern es hilft auch, die ganzen kleinen Tücken des Alltags zu bewältigen. Egal, auf welches Problem man in seinem Leben stößt, wie speziell und wie abseitig es einem zu sein scheint: Man kann nahezu sicher sein, im Internet jemanden zu finden, der sich auch schon damit herumgeschlagen hat. Und in den meisten Fällen gibt es die Lösung obendrein dazu, man muss nur ein wenig nach unten scrollen. Und oft ist die dann auch noch gratis! Als ich Jessica beispielsweise zu ihrem neuen Job nach Hamburg brachte, fanden wir in dem Miniapartment, das sie für die Zeit angemietet hatte, nur eine uralte Gasheizung vor, die den Sommer über außer Betrieb gewesen sein musste. Drei verblichene Plastikknöpfe starrten uns an, ohne Beschriftung – dafür mit der impliziten Drohung, uns in die Luft zu sprengen, falls wir etwas falsch machen würden. Auch der Vermieter wusste keinen Rat, der Hausmeister war nicht zu erreichen. Eine Googlesuche nach »alte Gasheizung in Betrieb nehmen« brachte schließlich binnen zehn Sekunden die Lösung: Jemand hatte in dem Forum namens www.wer-weiss-was.de dieselbe Frage gestellt, die uns plagte – und mehrere hilfsbereite Menschen, darunter ein Heizungsinstallateur hatten geantwortet. An einem Sonntagabend im Winter war uns seine Antwort mehr wert als die eines Telefonjokers bei »Wer wird Millionär?«.

Eine kulturpessimistische Version diese Geschichte zu erzählen, gibt es natürlich auch. Sie geht in freier Anlehnung an diverse Artikel und Reden zum Thema Internet der letzten Jahre ungefähr so: »Wer bei Google den Begriff Gasheizung eintippt, bekommt sieben Fantastilliarden Ergebnisse, die durchzulesen 37 Menschenleben dauern würde und mit denen man unfassbar oft die amerikanische Nationalbibliothek füllen könnte. Wer um alles in der Welt hat uns Menschen bloß eingeredet, wir bräuchten öffentliche Foren, in denen jeder dahergelaufene Kretin, der gerade nichts Besseres zu tun hat, sich über alles und nichts austauschen kann – von Pokemonfiguren über Harry-Potter-Spekulationen bis zur Funktionsweise alter Gasheizungen? Das ist der Informationsoverkill, und wir alle werden daran zugrundegehen, darüber verdummen und verrohen.«

Von Kanus und Kajaks

Der Technik-Historiker und Internet-Philosoph George Dyson hat einen fabelhaften Vergleich dafür gefunden, wie sich die Entstehung wertvollen Wissens durch das Internet verändert hat: in dem Bau von Kajaks und Einbaumkanus – zwei grundverschiedenen Dingen. Kajaks wurden früher im Nordpazifik vor allem von dem Volk der Aleuten konstruiert, die baumlose Inseln bewohnten und mühsam Treibholz und andere Kleinteile sammelten, um daraus Gerüst und Schiffsrumpf zusammenzubauen. Andere Völker, wie die Tlingit, lebten im Gegensatz dazu inmitten von Regenwald und suchten sich für ihre Boote die größten und kräftigsten Bäume aus. Diese höhlten sie so weit wie möglich aus – und nutzten die entstehenden Hohlkörper als Einbaumkanus. »Wir waren lange Zeit Kajakkonstrukteure«, schreibt Dyson, »die alle verfügbaren Informationsfragmente aufsammelten, um ein Gerüst zu bauen, das uns über Wasser hielt. Heute sind wir Kanubauer geworden, die so lange unnötige Information entfernen, bis die Form des Wissens, das darin verborgen liegt, zutage tritt.« Ein eindrucksvoller Vergleich für den Paradigmenwechsel, der gerade vonstatten geht, und in dem es nicht mehr darauf ankommt, ob man an Informationen herankommt. Sondern, wie man aus der endlosen Fülle an Information das herausfiltert, was richtig und wichtig ist – und alles andere schnell und unkompliziert verwirft. Seinen Erkenntnissen fügt Dyson hinzu: »Ich war ein hartgesottener Kajakkonstrukteur, darauf abgerichtet, jeden verfügbaren Stock aufzusammeln. Es fällt mir schwer, mir die neuen Fertigkeiten anzueignen. Aber die, die das nicht tun, sind dazu verdammt, auf Stämmen herumzupaddeln – und nicht in Kanus.«

Und ich? Ich fühle mich zumindest gegen Ende der ersten Woche meines Selbstversuchs wie ein Kanubauer, dem man den gesamten Regenwald abgeholzt und damit seine Bäume weggenommen hat. Und der nun wieder am Strand herumlaufen und Treibholz aufsammeln muss – von dem er nicht mehr so genau weiß, wie man daraus noch mal ein Boot baut.

Tag 6 Liebe in den Zeiten der Chatrooms

Jessica kommt fürs Wochenende nach Hause und erlöst mich aus meiner überraschenden Vereinsamung. Als ich zum Bahnhof fahre, um sie abzuholen, erinnere ich mich, wie wichtig SMS-Nachrichten in der Anfangsphase unserer Beziehung waren. Vor allem in dieser heiklen und wundervoll nervenaufreibenden Phase, in der man noch nicht weiß, ob man das, was da gerade passiert, überhaupt schon Beziehung nennen kann. Wir lernten uns vor etwa drei Jahren nahezu altmodisch auf einem Segelschiff vor der Küste Schottlands kennen. Meine journalistische Mission dort endete fast eine Woche früher als ihre – ich reiste ab, sie blieb an Bord. Nicht nur, dass es durch SMS eine Möglichkeit gab, überhaupt mit der Frau zu kommunizieren, die mir nicht mehr aus dem Kopf ging, aber auf einem Segelboot in weiter Ferne saß. Durch die Unverbindlichkeit dieser Kurznachrichten ergab sich auch eine gute Gelegenheit, die Tiefe unserer Romanze auszuloten, um mal im Seglerjargon zu bleiben. Lohnte es sich, den Kurs zu halten? War das Ganze etwas mit Zukunftspotential? Oder nur ein klassischer Ferienflirt? Ich erinnerte mich an eine junge Kanadierin, die ich mit 18 im Rahmen eines Schüleraustauschs kennengelernt hatte. Nach leidenschaftlichen zwei Wochen und einem anschließenden, etwas mühsamen Briefwechsel investierte ich kurzentschlossen meine kompletten Ersparnisse in ein Flugticket und machte mich auf den Weg in die kanadische Prärie. Wo wir nach anderthalb Tagen merkten, dass sich der Zauber einer Ferienliebe nicht immer in den dauerhaften Alltag übertragen lässt.

Danach war ich ein gebranntes Kind. Was, wenn nur ich mich Hals über Kopf verliebt hatte? Wenn Jessica eher froh war, dass unserer Zweisamkeit durch das Ende der Reise quasi ein automatischer Verfallsstempel aufgedrückt worden war? Wenn ein Anruf nach ihrer Rückkehr eher ein betretenes Schweigen ausgelöst hätte – gefolgt von einem »Ach, äh… hmja, ich bin in nächster Zeit eigentlich sehr beschäftigt…«? Oder ein überraschender Besuch mit einer vor der Nase zugeschlagenen Tür enden würde? Per SMS ließ sich die Vertrautheit, die auf dem Meer zwischen uns geherrscht hatte, auch ein wenig in die Entfernung hinüberretten – und ich konnte vorsichtig testen, ob ein Wiedersehen auch auf dem Festland erwünscht war, ohne mich komplett zum Affen zu machen.

»Du Idiot! Ich hab mich doch genau das gleiche gefragt«, sagt Jessica, als ich ihr auf dem Nachhauseweg von meinen anfänglichen Unsicherheiten erzähle.

»Aber das konnte ich doch nicht ahnen«, versuche ich zu erklären. »Ich war mir ja nicht mal sicher, ob du einen Freund hast!«

»Hey, Don Juan! Wenn ich einen gehabt hätte, hätte ich sicher nicht mit dir rumgeknutscht!« Entrüstet boxt sie mich in die Seite, bis ich ihr von dem reizenden Ehepaar aus Franken erzähle, das die Reise bei einem Preisausschreiben gewonnen und mich – aus welchen Gründen auch immer – auf die falsche Fährte gelockt hatte.

»Die hat aber an Freund«, hatte die Frau beim Frühstück mit rollendem R gewarnt. Verdammt! Und ich hatte gedacht, meine Blicke am Vorabend seien extrem diskret und geheimagentenmäßig gewesen.

»Na und? Heißt doch nix.« Erwiderte daraufhin ihr Gatte mit einer Seelenruhe, wie sie nur ein Mann aufbringen kann, der schon alles gesehen und irgendwann aufgehört hat, sich darüber zu wundern.

Auch der angebliche Freund ließ sich jedoch per SMS unauffällig als Einbildung des Ehepaars enttarnen. Als Jessica knapp eine Woche nach mir das Segelschiff verließ, war ein Wiedersehen längst ausgemachte Sache – und wir beide kurz darauf auch offiziell und offline ein Paar.

Die Zeiten der Ferienliebe, nach der man sich ohne Chance auf ein Wiedersehen verzehrt, weil man nur einen Namen und eine von der ausgelaufenen Sonnenmilch verschmierte Telefonnummer auf einer Strandbarserviette mit nach Hause brachte, sind seit geraumer Zeit vorbei: Noch im Internetcafé des Flughafens bestätigt man die Freundschaftsanfrage auf Facebook – oder, falls diese nicht kommt, findet jeder Sehnende via Google selbst mit lückenhaften Angaben die gesuchte Person schnell wieder (Esmeralda, Cellistin aus Neapel, Studium in Rom und New York, mag Sushi und Jonathan Franzen) – unter Umständen schneller, als dieser lieb ist.

Denn auf jede erfolgreich in den Alltag gerettete Ferienliebe kommen natürlich mehrere, bei denen das – aus unterschiedlichsten Gründen – nicht klappt. Wo früher jedoch einfach zwangsweise Funkstille geherrscht hätte, setzt nun ein verkrampfter Austausch von Mails, SMS- oder Facebook-Nachrichten ein – die im Grunde nur ein und dieselbe Melodie immer und immer neu verschlüsselt wiederholen: »Hey, ich fand's super – wann sehen wir uns wieder?«

»Hey, ich fand dich auch total nett – aber eben nicht super/habe jemand anderen getroffen/würde gerne jemand anderen treffen, dich mir aber warmhalten, falls sonst nix des Weges kommt/außerdem habe ich gerade echt viel um die Ohren …«

Jeder, der schon einmal von einem guten Freund oder einer guten Freundin um »Entschlüsselungshilfe« für solche Nachrichten gebeten wurde, weiß, wovon ich rede. Und ich gebe gerne zu, dass ich schon sowohl derjenige war, der gefragt wurde: »Was denkst du, wie sie das hier meint?« – als auch derjenige, der Haare raufend und mit Augenringen versehen diese Frage gestellt hat. Internet und Handy machen das Kennenlernen unverbindlicher und oft einfacher. Schwieriger wird es oft, sich wirklich fest zu binden. David Buss, Psychologieprofessor im texanischen Austin und Autor des Buches »Evolution des Begehrens – Geheimnisse der Partnerwahl«, weiß, dass es uns das Internet zwar leichter macht, einen passenden Partner aus einer viel größeren Anzahl an Kandidaten auszuwählen, die beispielsweise ein Dorfbewohner vor 20 Jahren hatte. Aber »Menschen hassen es, sich festzulegen, wenn sie theoretisch noch etwas Besseres finden könnten. Der Überfluss an Möglichkeiten kann zu einer lähmenden Unentschlossenheit führen«, sagt er. Denn »eine aufregende Begegnung, ein attraktiver Partner, ein noch passenderer Seelenverwandter könnte ja nur wenige Klicks entfernt sein. Das World Wide Web kann unsere Verpflichtung ›dem einen‹ gegenüber abschwächen, da wir uns mit so einer großen Zahl vielversprechender Möglichkeiten konfrontiert sehen.«

Manchmal, da bin ich mir inzwischen sicher, muss man sich aber auch in der Ära von SMS-Flirts und Skype-Gesprächen einfach blindlings ins Flugzeug setzen. Selbst wenn es sich als Flop erweist. Allein weil solche Erfahrungen einen auch weiterbringen, wie es so schön heißt. Weil man etwas über sich selbst erfährt. Ich habe es damals schließlich überlebt – und das zu jener Zeit, da einen ein Flug über den Atlantik noch zu einem bettelarmen Mann gemacht hat.

Ein anderes Beispiel für das komplizierte Verhalten »paarungsreifer Großstädter« ohne Hitech-Kommunikationsmittel: In der Filmkomödie »Swingers«, die in den neunziger Jahren kurz vor dem endgültigen Durchbruch der Mobiltelefone gedreht wurde, lernt der Protagonist Mike (gespielt von Jon Favreau) nach langer Einsamkeit eine vielversprechende Frau in einer Bar kennen. Nach einem angenehmen Gespräch gibt sie ihm ihre Telefonnummer – natürlich für den Festnetzanschluss und natürlich noch auf einen Zettel gekritzelt. Zuhause angekommen, ruft der liebesverwirrte Held sofort an, mit dem Ziel, den Anrufbeantworter zu erreichen – was ihm auch gelingt. Als er jedoch seine Nummer hinterlassen will – um nicht alleine die Verantwortung für die weitere Kommunikation zu tragen –, verzettelt er sich und wird vom Aufnahmegerät abgewürgt, bevor er die letzte Ziffer seiner Nummer nennen kann. Demütig muss er ein weiteres mal anrufen, gibt sich locker – so locker, dass er es wieder nicht in der vorgegebenen Zeit schafft, freundliches Geplänkel sowie seine gesamte Nummer unterzubringen. Mit jedem weiteren Anruf, der ähnlich verläuft, verliert Mike weiter die Contenance. Bis schließlich sein eigenes Telefon klingelt. »Oh, bist du gerade erst reingekommen oder hast du die ganze Zeit mitgehört?«, fragt er gequält. »Ruf mich nie wieder an«, ist die kurze, aber eindeutige Antwort.

Solche Horrorszenarien gehören in der Zeit der Mobiltelefone zum Glück der Vergangenheit an. Ebenso wie aus dem Schlaf geklingelte Eltern, unwirsche WG-Mitbewohner oder andere Hindernisse, die man nicht am Hörer haben will, wenn man das erste Mal bei seiner potentiellen nächsten großen Liebe anruft. Wirklich unkomplizierter ist die Kommunikation in Sachen Liebe jedoch auch durch die modernste Technik nicht geworden – nur die Spielregeln haben sich verändert. Wie man nicht nur am Beispiel von JD und seiner wutschnaubenden Freundin sehen kann. Sondern auch an im Affärenrausch verkehrt adressierten SMS, die auf den falschen Handys landen – oder an der Tatsache, dass angeblich immer mehr Scheidungen auf das Konto von Facebook gehen.[7]

---

[7] In Großbritannien wird mittlerweile angeblich bei jeder fünften Scheidung Facebook als Grund angegeben (beziehungsweise das Fremdgehen und Flirten des Partners innerhalb dieses oder anderer sozialer Netzwerke) – es handelt sich dabei allerdings um keine wissenschaftliche Studie oder offizielle Erhebung, sondern um die Beobachtung mehrerer Scheidungsanwälte.

Sieben Gesetze, die das Internet hervorgebracht hat

Godwins Gesetz:
Mit zunehmender Länge einer Online-Diskussion nähert sich die Wahrscheinlichkeit für einen Vergleich mit Hitler oder den Nazis dem Wert Eins an.

Gabriels Gesetz:
Normale Person + Anonymität + Publikum = Vollidiot

Regel #34:
Wenn es existiert, gibt es auch eine pornographische Version davon.

Skitts Gesetz:
Jeder Beitrag, der einen Fehler in einem anderen Beitrag korrigieren möchte, enthält selbst mindestens einen Fehler.

Parkers Gesetz:
Wer sich selbst als Sieger eines Internet-Streits ausruft, hat höchstwahrscheinlich dramatisch verloren.

Poes Gesetz:
Ohne einen Zwinkersmiley oder andere deutliche Hinweise ist es unmöglich, religiösen Fundamentalismus so zu parodieren, dass sich niemand findet, der die Parodie fälschlicherweise für real hält.

Robertsons Gesetz:
Je mehr Ausrufezeichen und Großschreibung ein Beitrag oder eine E-Mail enthält, umso höher ist die Wahrscheinlichkeit, dass es sich um eine Lüge handelt.

kapitel 2

In dem ich viel zu oft bei der Telefonauskunft anrufe, konzentriert, aber unwichtig bin und merke, dass nicht nur mein Gehirn faul geworden, sondern auch auf Manufactum kein Verlass mehr ist.

Tag 8 Internet-Demenz

Ich wusste schon länger, dass ich faul bin. Durch den Selbstversuch fällt mir aber auch auf, wie faul mein Gehirn geworden ist – langsam, aber beständig. Es merkt sich nur noch Dinge, die absolut notwendig sind. Und das ist im Zeitalter des Internets: fast gar nichts mehr. Ich weiß keine einzige Telefonnummer auswendig. Und selbst wenn ich in Zeiten, in denen es mir nicht verboten ist, mein Handytelefonbuch durchblättere, stoße ich immer wieder auf Namen, bei denen ich keine Ahnung habe, um wen es sich handelt. Und damit sind nicht Einträge wie »Maria Schnapsibar« gemeint, sondern ganz seriöse Menschen mit Vor- und Zunamen. Was mich beruhigt: Eine Schnellumfrage im Freundeskreis ergibt, dass es allen so geht und fast jeder schon einmal bei Google nach einem Namen aus seinem Telefonbuch gesucht hat, um herauszufinden, um wen es sich dabei noch mal handelt.

Aber es gibt auch unzählige andere blinde Flecken in meinem Gedächtnis. Was mir bisher nichts ausgemacht hat, da ich sofort nachsehen konnte: Wie schreibt man »Idiosynkrasie«? Und was ist »Idiosynkrasie« eigentlich genau? Wie hieß noch mal der Film dieses kubanischen Regisseurs über den Ballett-Wettbewerb im Weltall? Und wie schreibt man »Idiosynkrasie« gleich wieder? Ich merke, dass ich mir nichts mehr merke. Alles ist nur noch einen Google-Tastendruck entfernt. Genau genommen zwei, die Funktion »Auf gut Glück«, mit der man ja sofort auf der ersten Seite der Ergebnisliste landet, nutzt meines Wissens kein Mensch auf der Welt.[8]

Zurück zur Faulheit meines Gehirns, die sich in einer Vergesslichkeit äußert, die ich mir früher nie hätte vorstellen können: In meinem Kalender steht, dass ich morgen Vormittag einen Interviewtermin mit Professor Mundle vereinbart habe. Wenn ich nur wüsste, wer das gleich wieder war?! Ich ahne natürlich, dass er etwas mit meinem Buch und moderner Kommunikation zu tun hat – aber was nun genau? War er der Experte für Hirnforschung oder für die Behandlung von Suchterkrankungen? Der Soziologe oder der Internetforscher? Normalerweise hätte ich diese nicht ganz unwichtige Information mithilfe von Google innerhalb von fünf Sekunden gefunden. So muss ich mich durch einen Stapel Papiere wühlen, bis ich endlich den Artikel finde, in dem ich auf ihn gestoßen bin: Er leitet ein Klinikum, in dem schwerpunktmäßig Erkrankungen wie Burn-Out, Suchtkrankheiten und Depressionen behandelt werden, und warnt eindringlich vor ständigem Online-Sein. Ich schäme mich ein wenig, dass ich mir nicht mal etwas merken kann, das so offensichtlich relevant ist, und beschließe, in Zukunft ein wenig Gedächtnistraining und Gehirn-Jogging-Spiele zu absolvieren. Mein erster Gedanke dazu: Da lässt sich bestimmt etwas im Internet finden …

8 Die meisten wissen nicht einmal, dass dieser Knopf, der auf der englischen Google-Version »I feel lucky!« heißt, überhaupt existiert – obwohl er mitten auf der Webseite steht, die sie am Tag Dutzende Male besuchen.

Eigentlich wollte ich Professor Mundle von meiner gestrigen Erinnerungslücke erzählen, aber dann traue ich mich doch nicht. Es ist ja fast unmöglich, so etwas nicht persönlich zu nehmen. Unser Gespräch hat aber auch so keinen allzu guten Start: Als ich ihn zur verabredeten Zeit in seinem Büro anrufe, richtet mir seine Sekretärin aus, ich soll ihn Zuhause auf seinem Handy anrufen. Am Dröhnen und Rauschen merke ich jedoch, dass er sein Haus bereits verlassen hat und im Auto sitzt. Vielleicht ist es nur Selbstüberschätzung, die aus meinem handylosen Eremitendasein entspringt, aber ich spüre so etwas wie Mitleid mit dem getriebenen Mobilmenschen, der irgendwo über die Autobahn hetzt, das Handy zwischen Ohr und Schulter geklemmt – zumindest wenn er so ist, wie ich bis vor gut einer Woche war, und vergessen hat, die Freisprechanlage einzustöpseln. Da sein Schreibtisch und die damit verbundene Ruhe aber nur noch eine Viertelstunde entfernt sind, verschieben wir unser Gespräch ein wenig – und sind beide froh darüber.

Als ich eine halbe Stunde später mit Götz Mundle telefoniere, ist er deutlich entspannter, gesprächsbereiter – und auch viel besser zu verstehen. Er erzählt mir von den Menschen, die zu ihm in die Klinik kommen, die über »digitale Erschöpfung« klagen, ausgebrannt sind: »Das sind einerseits Führungskräfte, Leistungsträger, die häufig sehr begeistert sind vom Internet. Aber irgendwann auch merken, dass sie überfordert sind mit 500 Mails am Tag und ihrem Laptop, das sie selbst bei der kleinsten Wartezeit am Flughafen sofort aufklappen, um zu arbeiten. Die erst zu spät registrieren, dass ihr Arbeitsspeicher zu voll ist.« Die zweite große Gruppe, so Mundle, stammt aus allen Altersgruppen und sozialen Schichten und hat sich in den vielfältigen digitalen Welten »verloren«. Also in den Chaträumen, in Rollenspielen wie »World of Warcraft« oder endlosen Partien Online-Poker. »Das kann prinzipiell jeden erwischen«, erzählt der ärztliche Geschäftsführer der Oberbergkliniken. Er schildert den Fall einer Lehrerin, die über ihren Sohn das Fantasy-Rollenspiel »World of Warcraft« kennenlernte. Über einen langen Zeitraum spielte sie in völlig normalem Maße, so wie Millionen andere Menschen weltweit auch. »Durch eine sehr schmerzhafte Trennung kam es aber zu einer depressiven Situation, und in der Pseudokommunikation der Spielwelt fühlte sie sich geborgen«, erklärt der Psychiater und Psychotherapeut Mundle. »Auf einmal spielte sie zwölf Stunden am Tag. Im Beruf war sie nicht mehr leistungsfähig, und sie verlor fast komplett den Bezug zu Familie und Freunden.«

Unser eigenes Google

Wer sich in die Oberbergkliniken begibt – wie diese Lehrerin, nachdem sie sich ihre Spielsucht eingestanden hatte –, muss erst mal einen harten digitalen Entzug meistern. In den ansonsten komfortablen Zimmern gibt es kein Internet. Nur ein einziges öffentliches Terminal steht zur Verfügung. Handys und mobile Internetgeräte müssen abgegeben werden. »Das schafft fast niemand ohne Probleme«, berichtet Mundle von den Neuankömmlingen. »Da hört man dann: Ich muss aber noch das und das und das. Aber nach einer Weile merken sie, dass es auch ganz gut ohne geht. Ich sage immer: Jeder hat sein eigenes, inneres Web, sein eigenes Google, seine eigenen inneren Bilder. Im Rahmen unserer intensiven Psychotherapie leiten wir die Leute an, wieder die eigenen Potenziale zu entdecken, um sich so von der Welt des Internet unabhängig zu machen. Wie das vor sich geht, will ich wissen. Gemeinsames Briefeschreiben per Hand? Stundenlanges Benutzen von Telefonen mit langsam ratternder Wählscheibe, ohne verrückt zu werden? »Es ist ein bisschen wie mit dem Fitnessboom in den Siebzigern. Da mussten wir Menschen auch erst lernen, dass wir unseren Körper in Form halten müssen, wenn wir den ganzen Tag am Schreibtisch sitzen. Unsere geistig-seelische Potenziale können wir mit regelmäßigen Übungen der Stille und einer aktiven Innenschau entfalten. Wer möchte, kann auch Yoga machen oder autogenes Training – die Erfahrung der Stille in uns ermöglicht die eigene Präsenz und Lebendigkeit zu entdecken und eben nicht von den Bildern des Internet abhängig zu sein.«

Als ich von meinem Selbstversuch erzähle, ist der Psychotherapeut begeistert: »Nur derjenige hat einen gesunden Umgang mit den neuen Technologien, der es auch für eine Weile lassen kann. Ihren Selbstversuch haben die Menschen vor 20 Jahren automatisch gemacht – wenn auch in verkürzter Form: Wer in den Urlaub fuhr, war nicht zu erreichen und wirklich abgekoppelt von der Jobhetze zuhause. Im Alltag ist das natürlich schwieriger. Ich weiß von mir selbst, wie schnell man in Abhängigkeiten geraten kann«, verrät er mit verschwörerischer Stimme. »Als ich zum ersten Mal ein Blackberry hatte und am Wochenende Mails ankamen, habe ich die sofort beantwortet. Erst nach und nach habe ich mich wieder auf meine innere Autonomie besonnen und gemerkt, dass es an mir selbst liegt, wie frei ich bin.«

Zum Abschied gibt er mir ein Zitat von Kierkegaard mit auf den Weg: »Wenn die Stille einkehrt, passiert am meisten.« Normalerweise würde ich das Zitat zur Überprüfung googeln. So muss ich Professor Mundle einfach glauben.

Zuhause ist es mir zu still, deshalb gehe ich in ein Café in meiner Straße, in dem die Touristen über Stadtpläne und Reiseführer gebeugt durcheinander plappern. Beim Kaffee lese ich in einem Buch der Kommunikationswissenschaftlerin Miriam Meckel eine interessante Passage über das Reisen in asiatischen oder arabischen Ländern, die ich in ähnlicher Form auch schon erlebt habe: In dem Augenblick, in dem wir uns in einem Land bewegen, dessen Schriftzeichen wir nicht mehr verstehen, entsteht zuerst ein Gefühl der Verlorenheit. Denn wir können nicht mal mehr ansatzweise erahnen, was die Schilder, Wegweiser, Werbetafeln bedeuten sollen. Was »Polícia« bedeutet, erahnen wir noch, selbst wenn wir kein Portugiesisch sprechen. Bei arabischen oder asiatischen Schriftzeichen jedoch, sofern sie uns tatsächlich fremd sind, kehrt durch das völlige Nichtverstehen und die damit ausbleibende Kommunikation nach einer ersten Verunsicherung überraschend Ruhe und Entspannung ein. Statt uns durch ständiges Lesen ablenken zu lassen, können wir uns plötzlich viel besser auf die Umgebung, die Natur, die Menschen um uns herum und uns selbst konzentrieren. Erst wenn wir mitten in einer Stadt voller kryptischer Schilder schnell den Weg zum Bahnhof finden wollen, wird es wieder schwierig.

Sternstunden der Bedeutungslosigkeit

Nach dem Mittagessen bin ich zu einer Besprechung in einer Werbeagentur verabredet, für die ich ein paar Texte schreiben soll. Meine Gesprächspartner verspäten sich um eine halbe Stunde – da ich nicht erreichbar bin, schaffen sie es jedoch auch nicht mehr, mir rechtzeitig Bescheid zu sagen, und ich muss warten. Selbst schuld, denke ich mir. Du hast es so gewollt. In der Besprechung selbst bin ich dafür angenehm konzentriert. Kein iPhone, das mich ablenkt. Kein Notebook, das aufgeklappt vor mir steht und ständig neue Mails anzeigt – wie bei meinem Gegenüber. Kein Anruf (»Tschuldigung, das muss ich kurz annehmen«), der mich aus dem Gespräch reißt. Ich genieße das einerseits – andererseits muss ich feststellen, dass ich mich ohne diese Insignien des Gefragtseins auch gleich viel unbedeutender fühle. Denn wer angerufen oder angemailt wird, so meine Logik, ist gefragt. Wer gefragt ist, muss seinen Job gut machen, also etwas wert sein. Das ist natürlich zu kurz gedacht, denn jemand, der Pfusch abliefert oder ständig unklare Anweisungen gibt, wird viel öfter angerufen.

Vom übereifrigen Chef aus der 50er-Jahre-Filmkomödie, der seiner Sekretärin minutiös mitteilt, auf welchem Apparat er die nächste halbe Stunde erreichbar sein wird, über die ersten Brotlaib-großen Mobiltelefone in den 80ern bis zum Blackberry: Ständige Erreichbarkeit und ihre jeweils neuen technischen Darreichungsformen sind stets zuerst ein Privileg der Chefetage. Langsam sickern sie dann nach unten durch – schon beim iPhone dauerte der »Werteverfall« vom begehrten Gadget für übermoderne Info-Manager zum allgegenwärtigen Standardtelefon für die ganze Familie nur noch weniger als ein Jahr. Dennoch, ein Teil des Nimbus bleibt: Wer von seiner Firma ein iPhone oder ein Blackberry gestellt bekommt, fühlt sich geschmeichelt. Status eben. Ein in Plastik gegossener Beweis der eigenen Unersetzbarkeit, die insgesamt immer weiter schwindet. Denn in der heutigen globalisierten und immer effizienteren Welt ist natürlich so gut wie jeder über kurz oder lang ersetzbar – aber ein ständiger Nachrichtenstrom direkt in unsere Hosentasche lässt uns das zumindest zeitweilig vergessen. Vielleicht setzen wir uns ihm deshalb so bereitwillig aus und empfinden es nicht als Fußfessel, wenn wir zusammen mit einer kleinen Beförderung ein Firmen-Blackberry bekommen – sondern als Vertrauensbeweis und Zeugnis unserer Bedeutsamkeit für den Lauf der Dinge.

Erfolgsrezept der Brombeere

Begonnen hat der Siegeszug der »Brombeere« bereits 1999, als sie der damals 38-jährige Kanadier Mike Lazaridis angeblich im Schlaf ersann und mit seiner Firma Research In Motion (RIM) zu produzieren begann. Anfangs war niemand so recht begeistert, aber als der Informatik-Abbrecher Lazaridis anfing, die handlichen Geräte an befreundete Manager zu verschenken und die kleinen Apparate nicht nur Mails abrufen, sondern auch telefonieren konnten, begann die Berry-Welle Fahrt aufzunehmen. Inzwischen hat RIM über 50 Millionen Geräte verkauft, im Oktober 2009 gab es weltweit 40 Millionen Blackberry-Nutzer, Tendenz steigend. Das 1984 gegründete Unternehmen mit über 12000 Mitarbeitern wurde 2009 vom Wirtschaftsmagazin *Fortune* zum am schnellsten wachsenden Unternehmen der Welt gekürt – noch vor der Konkurrenzfirma Apple. 84 Prozent Umsatzwachstum von rund sechs auf rund 11 Milliarden US-Dollar hatte der kanadische Blackberry-Hersteller geschafft – und das trotz Wirtschaftskrise.

»Das Blackberry löst das Paradoxon des modernen Lebens«, verspricht sein Erfinder, RIM-Chef Mike Lazaridis. »Und bevor man nicht eines benutzt hat, kapiert man es einfach nicht. Man ist verbunden – sowohl mit der Krise als auch mit der Gelegenheit.« Weitaus häufiger als die eine Mail, die unser Leben verändert, kommt jedoch die schiere Masse an Kleinkram reingeflattert: Eine Studie, für die 2007 im Auftrag der Herstellerfirma RIM 1335 Blackberry-Nutzer befragt wurden, ergab, dass durch das Gerät im Durchschnitt pro Person 60 Minuten »downtime« – also ungenutzte Zeit – in produktive umgewandelt wurde. Ein typischer Nutzer, so die Studie weiter, bearbeite rund 2500 »zeitkritische« Mails pro Jahr mit dem Gerät – ohne dass der Begriff »zeitkritisch« jedoch genauer definiert worden wäre.

Auch ich besaß für eine kurze Weile ein Blackberry. Die Gerüchte über »BerryBlisters« genannte Blasen oder den »Blackberry-Daumen«, den man bei zu intensiver Benutzung bekommen sollte, also sozusagen der Tennisarm der Kommunikationsjunkies, kann ich nicht bestätigen. Auch benutzte ich das Gerät nicht wie das jähzornige Model Naomi Campbell, um damit meine Assistentin zu schlagen – was vielleicht vor allem daran liegen könnte, dass ich keine Assistentin habe. Dass es nahezu unmöglich ist, ein Blackberry bei sich zu tragen und nicht ständig darauf zu gucken, kann ich jedoch absolut bestätigen.

Als im Sommer 2007 das allererste iPhone auf den (zuerst nur amerikanischen) Markt kam, war ich in San Francisco zur Stelle, um mir als einer der ersten ein solches Wundergerät zu kaufen. Da es folglich nicht mit einem deutschen Vertrag versehen war, sondern ich mithilfe einer Internetanleitung meine alte Handykarte in das Gerät fummeln musste, belief sich die erste Monatsrechnung auf über 300 Euro. Doch der Vorsprung einiger Monate gegenüber anderen Nutzern, bevor das Gerät auch in Deutschland startete, war jeden einzelnen Cent davon wert – Statusgewinn durch Distinktionsgewinn. Zumindest behaupte ich das heute. Damals verfluchte ich Gott, seinen Propheten Steve Jobs, meine eigene Unbeherrschtheit und die Datentarife von E-Plus – zur Sicherheit mehrfach.

Doch egal ob wir unsere Mails von unterwegs nun mit dem Blackberry, dem iPhone oder dem Google-Handy Nexus One abrufen – wer einmal damit angefangen hat, kann nur noch schwer davon lassen. »Das Wichtigste, was ich tun musste, war, ihm das Blackberry zu entreißen«, sagte der Assistent des New Yorker Gouverneurs George Pataki der New York Times, als sein Boss wegen einer Blinddarmentzündung im Krankenhaus lag, »denn er braucht jetzt Ruhe«. Von Arianna Huffington, Mitgründerin und Chefredakteurin des Online-Magazins »Huffington Post«, geht schon seit einiger Zeit das Gerücht, ihre Tochter Christina habe sich beklagt, ihre Mutter würde, statt mit ihr zu reden, nur noch auf ihrem Blackberry herumdrücken. Selbst beim Yoga würde sie es so auf die Matte legen, dass sie während der nach unten gerichteten Position des »Down Dog« für wenige Sekunden draufblicken kann. Arianna Huffington nahm sich die Kritik offenbar zu Herzen – und schenkte ihrer Tochter schließlich zur Verbesserung der familieninternen Kommunikation selbst ein Blackberry.

Es gibt ungezählte Beichten von Prominenten, Managern und ganz normalen E-Mail-Junkies, sie würden ihr Empfangsgerät auf der Toilette deponieren, um während des Familienabends schnell und heimlich einen Blick darauf werfen zu können. »Trinken Sie manchmal heimlich?«, »Lügen Sie gegenüber

Freunden und Familienmitgliedern darüber, wie viel Sie trinken?« – mit solchen Fragen klärt man normalerweise, ob jemand Alkoholiker ist. Die Mechanismen ähneln allerdings unserem Drang, »nur mal schnell« in die Mails zu gucken.

Als die Besprechung in der Werbeagentur zu Ende ist und ich draußen auf das bestellte Taxi warte, fällt mir auf, dass ich mit der Anschaffung des ersten Handys auch die Langeweile abgeschafft habe. Selbst in diesen kurzen Momenten, in denen man auf die U-Bahn, den langsamen Hochhausaufzug oder eben ein Taxi wartet, in denen man keinen Gesprächspartner und nichts zu lesen dabei hat, hat man den Zeittotschläger Handy in der Hosentasche. Es gibt immer noch eine Mail (oder eine SMS) zu beantworten. Und immer jemanden, bei dem man sich lange nicht gemeldet hat. Auch jetzt greife ich reflexartig in meine Hosentasche, wie schon so oft in den letzten Tagen. Aber da ist nichts. Wie lang drei Minuten sein können. Vielleicht sollte ich, statt zu überlegen, wem ich schreiben würde, wenn ich könnte, lieber meine Umgebung etwas intensiver wahrnehmen, die Natur genießen? Aber alles, was ich in der grauen Straße in Berlin-Wedding sehen kann, ist eine Krähe, die an einer Plastiktüte zerrt. Realität und Natur werden ganz offensichtlich überschätzt.

Tag 11 Wenn das Handy keinmal klingelt

Ich rufe inzwischen so oft bei der Auskunft an, dass ich manchmal das Gefühl habe, einzelne Stimmen wiederzuerkennen. Hatte ich den euphorischen jungen Franken mit dem leichten S-Fehler nicht gestern schon einmal dran? Die professionelle Strenge von »Martinaschmidtwaskannichfürsietun?« kommt mir ebenfalls bekannt vor. Ich überlege kurz, eine Namensliste zu machen und mich nach einer Woche nur noch mit der Person verbinden zu lassen, die sich am sympathischsten und kompetentesten erwiesen hat. Dann lasse ich den Gedanken wegen offensichtlicher Verschrobenheit schnell wieder fallen. Aber so viele Menschen können doch wirklich nicht mehr bei der Telefonauskunft arbeiten. Wer ruft denn dort in Zeiten des Internets noch an außer mir und bezahlt 1,79 Euro und mehr für eine Information, die er mit einer auf den Rücken gebundenen Hand trotzdem in fünf Sekunden selbst gegoogelt hat?

Nachforschungen ergeben, dass bei der Firma Telegate zum Beispiel noch gut 3000 Mitarbeiter beschäftigt sind. Mit einem Marktanteil von rund 38 Prozent ist die Firma die Nummer Zwei nach der Auskunft der Deutschen Telekom. Telegate – die Firma hinter der 11880 und »Hier werden Sie geholfen!« – machte 2008 zwar noch 178,8 Millionen Euro Umsatz, der Anteil der klassischen Auskunft daran sinkt jedoch beständig. Andere Geschäftsfelder werden immer wichtiger, darunter das Betreiben von Call Centern für Geschäftskunden – oder Suchmaschinenmarketing im Internet. So wie ich das »Fräulein vom Amt«, das man früher um eine Verbindung bitten musste, nur noch aus Schwarz-Weiß-Filmen kenne, werden meine Enkel vermutlich nicht mehr wissen, wie es sich anfühlt, der Telefonauskunft umständlich einen komplizierten Nachnamen zu buchstabieren: »Zeppelin … Anton … Nordpol, Nordpol … Otto … äh, was sagt man noch mal für C?«.

Vielleicht liegen meine häufigen Anrufe bei der Auskunft aber auch daran, dass ich mich immer noch ein wenig einsam und abgeschnitten von der Welt fühle. Natürlich habe ich nicht erwartet, dass mich jeder, der mir eine Mail schreibt und von meinem Selbstversuch liest, sofort anruft, um mit mir darüber zu sprechen. Oder dass mich jeder, der mich auf Facebook in die Gruppe »Kann diese Brezel mehr Fans haben als Tokio Hotel?« einlädt, auch bereit ist, mir eine schriftliche Beitrittserklärung zu Fuß und persönlich vorbeizubringen. Genauer gesagt würde ich es mir sogar verbitten, wegen jedem Quatsch, der im Internet gerade noch als lustig durchgeht, persönlich und unmittelbar behelligt zu werden. Aber so wenig von meinen Freunden und Bekannten zu hören, wie ich es momentan tue, ist mir definitiv zu wenig.

Hausbesuche und Türnotizen

Zu allem Überfluss ist auch noch die Klingel unserer Haustür kaputt. Als ich einen Freund anrufe, der schon kurz nach der Wiedervereinigung nach Ostberlin gezogen war, berichtet er mir von jener kuriosen Zeit Anfang der Neunziger, als viele der Wohnungen nicht über einen Telefonanschluss verfügten. »Damals hat man sich einfach noch unangekündigt besucht«, erinnert er sich. »Was heutzutage ja selbst bei sehr guten Freunden schon an einen Affront grenzt.« Ebenfalls üblich, so erzählt er weiter, war es damals, kleine Notizblöcke oder Papierrollen an der Wohnungstür aufzuhängen, neben denen ein Bleistift an einer Schnur baumelte. So konnte jeder Besucher eine Nachricht hinterlassen, falls er niemanden angetroffen hatte. Ein schriftlicher Anrufbeantworter gewissermaßen. Ich überlege kurz, ebenfalls eine solche Rolle zu installieren, aber im Gegensatz zu damals, als die Eingangstüren der Häuser angeblich noch allesamt offen waren, kommt heutzutage ja niemand mehr bis an die Wohnungstür.

Ein anderer Freund, mit dem ich direkt im Anschluss telefoniere, kann meine Trübsal nicht so recht verstehen: »Ich bin immer froh, wenn das Handy nicht klingelt«, sagt er nach kurzem Überlegen. »Denn abgesehen von ein paar Freunden, die ich dann ja aber an ihrer Nummer erkenne, bedeutet es doch eigentlich immer eine schlechte Nachricht: Stress, Arbeit, Nerverei.« Vor zwei Wochen hätte ich ihm noch beigepflichtet. Inzwischen sehne ich mich nach dem Klingeln – wenn schon nicht meines Handys, dann wenigstens dem des Festnetztelefons.

Trotzdem geht es mir nach unserem Gespräch schon ein wenig besser. Mir ist klar geworden: Ich muss mich selbst darum bemühen, mit meiner Umwelt in Kontakt zu bleiben, wenn ich mich aus einem Großteil der üblichen Verbindungen ausklinke. Auch wenn ich mir an Tagen, an denen beide Telefone nicht aufhören zu klingeln, an denen Mails und SMS einprasseln, insgeheim wünsche, alleine auf der Welt zu sein und meine Ruhe zu haben. Auch wenn ich mir manchmal im Auge des Stressorkans wünsche, alle mögen sich zum Teufel scheren – wenn es schließlich so weit ist, merke ich: Gar keine Kommunikation ist auch keine Lösung.

Denn kommunikative Vernetzung, das Verbundensein mit anderen Menschen, bestimmt unser Selbstwertgefühl. Ob es ein kurzes, aber freundliches Gespräch mit dem Nachbarn ist oder ein Jugendlicher, der seine Beliebtheit an den SMS abzählt, die er zum Valentinstag bekommt, ist zweitrangig. Entscheidend ist, dass wir alle soziale und kommunikative Wesen sind. Kein Zweifel: Wenn zu viel Kommunikation von uns erwartet wird, wenn wir keinen einzigen Moment der Ruhe und Selbstvergewisserung mehr finden, kann uns das unter Stress setzen und schwer zu schaffen machen. Aber wenn andersherum die Verbindungen zu anderen Menschen zu wenig werden, wenn gar kein Austausch mehr stattfindet, dann macht uns das in den allermeisten Fällen auf lange Sicht ebenso unglücklich.

Einer der traurigsten Sätze, die ich in meinem ganzen Leben gehört habe, war der eines Arbeitskollegen, dessen Einsamkeit ich ahnte – aber erst in vollem Umfang ermessen konnte, als er einmal sagte: »Die Wochenenden sind so endlos lang.«

Tag 12 Überall Verräter

Hätte ich so nun auch nicht unbedingt gedacht: Aber mir fehlt sogar das Onlineshopping. Unter den Angeboten meiner Lieblingsverkäufer bei eBay meine Lieblingsjeans zu einem fairen Preis zu finden – noch dazu in der richtigen Größe. Oder die Liste »Empfehlungen für Sie« bei Amazon durchzuklicken, um festzustellen, dass der Computer-Algorithmus, der sie aus meinen bisherigen Einkäufen automatisch zusammenstellt, manchmal sehr falsch – aber überraschend oft auch sehr richtig liegt. Kleine Freuden, die einen verregneten Arbeitstag auflockern können. Wie es sich für einen guten Offliner gehört, gehe ich stattdessen zum ersten Mal in meinem Leben zu Fuß zu dem Berliner Ladengeschäft von Manufactum im vornehmen Charlottenburg. Doch selbst dort, im mehrstöckigen Hort des gutbürgerlichen Edelhandwerks, wo das Papier noch handgeschöpft ist und das Geschirrtuch noch »dicht und fest in Gerstenkornbindung jacquardgewebt«, hat die Digitalisierung Einzug gehalten: Ich weiß nicht, ob ich es angesichts der Flurschränkchen-Designer, die dieses »zugleich als Ladestation für elektronische Geräte konzipiert« haben, mit Brüdern im Geiste oder mit Verrätern zu tun habe – und kaufe, um ein analoges Zeichen zu setzen, einen schönen, wenngleich teuren Schreibblock und mal wieder einen »Parker Jotter«, den besten Kugelschreiber der Welt. Lediglich zu dem seit 60 Jahren »aus echtem Gummi arabicum« hergestellten Gummierkleber in der Glasflasche kann ich mich nicht so recht durchringen.

Tag 13 Per SMS auf die Gästeliste

Jessica kommt für das Wochenende wieder nach Berlin und will wissen, was auf unserem Programm steht. Gute Frage. Denn die Möglichkeiten, die sich an so einem Wochenende bieten, kommen seit einiger Zeit auch immer häufiger per Internet zu mir. Ob es die E-Mail-Newsletter von Clubs oder anderen Veranstaltern sind oder Facebook-Einladungen zu »Events« von Freunden. Ob es Ausgehtipps via Twitter sind oder Konzertempfehlungen der Musikplattform last.fm, die mich automatisch darauf aufmerksam macht, wenn ein Künstler, dessen Musik ich oft höre, ein Konzert in meiner Stadt gibt. Nicht zu vergessen die SMS-Einladungen eines DJs, der regelmäßig mitteilt: »Lege im Dings auf, meld' dich wegen Gästeliste«, und dem ich anfangs noch jedes Mal verlegen zurückschrieb, dass ich leider schon verabredet sei – bis ich merkte, dass er diese Einladungen jede Woche an über 100 Leute verschickte.

Aus all diesen Online-Quellen entsteht für gewöhnlich die bunte Mischung an Angeboten und Möglichkeiten, aus der am Ende ermittelt wird, wie wir das Wochenende verbringen. Ohne das Internet jedoch: Totenstille. Selbst Einladungen zu Geburtstagsessen oder gemütlichen Filmabenden im Freundeskreis kommen inzwischen per E-Mail. Die letzte Bastion scheinen bislang Hochzeiten und Beerdigungen zu sein, zu denen man derzeit meist noch per Post eingeladen wird – was sich sicher bald auch noch ändern wird. Nicht, dass ich das als Weltuntergang empfände. Ich gehe davon aus, auf einer Hochzeit, zu der ich per Mail eingeladen wurde, ebenso ausgelassen tanzen und trinken zu können und auf einer per Mail verkündeten Beerdigung des Verstorbenen ebenso würdig gedenken zu können. Dazu muss ich nicht auf Büttenpapier von den Terminen in Kenntnis gesetzt worden sein.[9] Ich bin da normalerweise unkompliziert.

Normalerweise. Durch meinen Selbstversuch bin ich nicht nur kompliziert, sondern auch absolut ratlos, was das Wochenende bringt. Bis mein Blick auf das Stadtmagazin fällt, das ich bereits in die Kiste mit dem Altpapier geworfen habe. Wo es eigentlich immer landet, wenn ich das erste Viertel aus Stadtreportagen, Interviews und Musikkritiken durchgelesen habe. Als ich durch den hinteren Teil mit den in kleiner Schrift aufgelisteten Veranstaltungen blättere, erinnere ich mich, wie ich vor zehn Jahren zum ersten Mal nach Berlin zog und im Stadtmagazin – dicker als das Te-

[9] Interessanterweise geht ja selbst den schriftlichen Einladungen inzwischen immer häufiger eine Mail mit der Bitte voraus: »Schick mir doch bitte mal deine Postadresse.«

lefonbuch meines bisherigen Wohnortes und das alle zwei Wochen! – die getackerte Verheißung eines besseren Lebens sah. Doch als ich nun die Liste mit den Konzerten, DJs, Lesungen durchgehe, möchte ich ständig auf einen Link klicken, der »mehr« oder »weiter« verspricht. Möchte hören, wie die Musik klingt, die der DJ auflegt, dessen Name mir nichts sagt. Möchte sehen, wie es in der Bar aussieht, die zum »besten Northern Soul Allnighter aller Zeiten« einlädt. Im Internet ist jede Information mit weiteren Informationen verknüpft, die sie einordnen, erklären und somit wertvoller machen können. »Das Internet«, so fasst es Dave Morin, der Miterfinder von Facebook zusammen, »schafft Kontext.« Kontext, den analoge Medien auch bieten – aber nur, wenn sie wollen. Nämlich dann, wenn sie sich entscheiden, ein Bild abzudrucken oder einen ausführlicheren Bericht – was in der Regel auch immer eine Kosten- und Platzfrage ist. Im Internet kann sich jeder selbst auf die Suche begeben und den Kontext nach eigenem Bedarf und Interesse herstellen.

Dass wir am Ende, statt die Nacht in einem illegalen Kellerclub durchzutanzen, einfach nur ins Kino gehen, ist aber nun weder die Schuld des Internets noch des Stadtmagazins. Sondern liegt einzig und allein daran, dass ich ein morscher alter Mann bin, der gerne im gemütlichen Sessel eines Multiplexkinos mit Beinfreiheit und Becherhalter sitzt. Wir sehen »Sherlock Holmes« von Madonnas Ex-Mann Guy Ritchie, und zum ersten Mal seit Langem sitze ich wieder in einem Kinofilm, ohne vorher bei der Internet Movie Database IMDB nachgelesen zu haben, wer ursprünglich für die Hauptrolle vorgesehen war oder mir unter metacritic.com eine Übersicht über alle veröffentlichten Zeitungskritiken verschafft zu haben. Ich frage mich, wie Sherlock Holmes wohl zu unserer modernen Online-Welt stünde – schließlich ist er einerseits ein so altmodischer Charakter (der Jagdhut, die Pfeife, das Morphium), andererseits für die damaligen Verhältnisse oft unfassbar modern (der aufklärerische Glaube an Wissenschaft und Logik). Würde sich Sherlock Holmes nicht freuen über Internetcookies[10] und Online-Ortungssysteme, über Bundestrojaner und Vorratsdatenspeicherung[11] und all die anderen modernen Ermittlungsmöglichkeiten? Nein, Holmes muss weiterhin staubige Bücher lesen, im stillen Kämmerlein brüten und scharf geschliffene Intelligenz und trockenen Humor versprühen. Sonst könnte er ja gleich bei den Labor-Technokraten von »C.S.I.« anfangen.

---

[10] Ein Internetcookie ist eine kleine Datei, die beim Besuch einer Webseite auf dem lokalen Rechner gespeichert wird, der sie besucht. So ist die Webseite unter anderem in der Lage, den Besucher wiederzuerkennen, wenn er zurückkehrt, oder sich Einstellungen und Ähnliches zu merken.

[11] Vorratsdatenspeicherung bezeichnet die umstrittene Praxis von Telefongesellschaften und Internetanbietern, individuelle Verbindungsdaten jedes Nutzers sechs Monate lang aufzubewahren. Im März 2010 erklärte das Bundesverfassungsgericht, dass die Vorratsdatenspeicherung in ihrer bisherigen Form verfassungswidrig sei. Unter geänderten Sicherheitsbedingungen und mit höherer Transparenz ausgestattet könnte eine solche Datenspeicherung jedoch wieder erlaubt werden.

Die neun lustigsten Twitter-Beiträge aller Zeiten

»Ich tanze nicht, ich fange nur seit einer halben Stunde meinen Sturz ab.« (vergraemer)

»Keiner der Schnapsläden in meiner Umgebung bietet Lieferservice. Muss ich heute also leider doch Hosen anziehen.« (tony_d)

»Ich liebe den Geruch von überstrapazierten Filmzitaten am Morgen.« (badbanana)

»Jeden Tag passiert so viel, wie in die Zeitung hineinpasst. Praktisch, oder?« (bosch)

»Stehe in der Küche und mache mir Tee. ›Ah. Du machst dir einen Tee.‹ Bei Vollmond verwandelt sich Kollege X in Unnütze-Statements-Man.« (the_maki)

»Hab übrigens seit gestern mit dem twittern aufgehört. klappt so lala bisher.« (mspro)

»Zahnpastareste sind der Lippenstift der Gehetzten.« (furukama)

»Würde man die Fruchtfliegen in meiner Küche mit Glühwürmchen kreuzen, könnte ich jede Menge Strom sparen.« (mikrotexte)

»OK, flipp jetzt nicht aus – aber irgendjemand ist in unser Haus eingebrochen, hat das ganze Eis gegessen, das Bild von deiner Mutter zertrümmert und den Abwasch nicht gemacht.« (fireland)

kapitel 3

In dem ich einem Rabbi nachstelle, einen Fremden in einem Café anstupse und feststelle, dass meine Konzentration auch ohne Internet und Handy nicht grenzenlos ist – und wieso das trotzdem nicht unbedingt ein Grund zur Sorge ist.

Tag 15 Aber ich kann länger …

Die ersten zwei Wochen sind geschafft. Ich bin ein wenig stolz, denn ich habe schon fünf Mal so lange durchgehalten wie der amerikanische Elektronik-Musiker Moby, der sich vor einigen Jahren ebenfalls aus dem Internet ausklinken wollte. »Es mag seltsam klingen, aber bis zum 1. Januar 2007 werde ich nicht online sein«, schrieb er am 15. September 2006 unter dem Titel »Eine Art Pause« in sein Blog. »Ich bekomme zwischen 200 und 400 Mails am Tag und verbringe viel zu viel Zeit damit, online zu sein, Nachrichten zu lesen und so weiter. Deshalb werde ich für die nächsten drei Monate eine Internet- und E-Mail-Pause einlegen. Ich werde weiterhin auf meinem Blog Tagebuch führen, aber die Einträge werde ich per Post an mein Management schicken. Ich werde also immer noch da sein. Nur langsamer, denke ich. Ich verspreche, dass ich am 1. Januar 2007 – auch wenn ich verkatert bin – wieder online sein werde, um zu berichten, wie es war, drei Monate ohne Internet zu leben. Lasst es Euch gut gehen. (…) Moby.«

Der nächste Eintrag folgte jedoch nicht drei Monate, sondern bereits drei Tage später: »Ich bin schon ein paar Mal rückfällig geworden – meistens, um zu arbeiten. Ich bin ein Apostat, was ganz schön schwierig auszusprechen ist. Aber es kann nicht gesund sein, vier Stunden am Tag online zu sein, oder? Macht es nicht komische Dinge mit unserem Gehirn? Bringt es nicht ein seltsames und grundloses Gefühl des Gehetztseins? Bringt es nicht das natürliche und glückliche chemische Gleichgewicht durcheinander, nach dem sich unser Gehirn sehnt? Vielleicht macht es aber auch einfach nur Spaß, online zu sein. Ich weiß es nicht. Ich werde Euch wissen lassen, wie das Experiment vorangeht.«

Das englische Wort »apostate« muss ich selbst nachschlagen. Mein Wörterbuch ist etwas verstaubt, da ich es seit Jahren nicht mehr aus dem Regal hole und nur noch das immer umfangreicher werdende Online-Wörterbuch leo.org benutze. Ein Apostat, so lerne ich, ist jemand, der vom Glauben abfällt, ein Abtrünniger. Doch zurück zu Moby: Bereits beim nächsten Eintrag wird klar, dass es mit der Internet-Abstinenz nicht geklappt hat. »Meine Fastenzeit ist zu einer Diät geworden. Ich versuche, mich zurückzuhalten. Meine ursprüngliche Idee war, ganz auf Telefon, E-Mail, Internet und alles das zu verzichten – und einfach nur auf der Treppe vor meinem Haus zu sitzen. Jeden Tag eine Stunde. Es schien mir so eine zivilisierte Idee zu sein. Jeder, der mich sprechen will, kann zu mir kommen und mich auf meiner Treppe treffen. Am Ende erwies es sich als ein wenig zu unpraktisch.«

Oh süßer, köstlicher Triumph! Moby mag zwar rund 20 Millionen mehr Alben verkauft haben und mindestens genauso viele Millionen Dollar mehr besitzen als ich. Er mag Schauspielerinnen wie Natalie Portman rumgekriegt haben – aber ich kann es länger ohne Internet aushalten als er!

Um herauszufinden, wie es ist, dauerhaft ohne Mobiltelefon zu leben, habe ich mich für heute mit Sven verabredet, einem Bekannten, der freiwillig seit jeher auf ein Handy verzichtet. Als ich seine Nummer über einen gemeinsamen Freund erfragte, war das ein bisschen, als würde ich eine Zeitreise zurück in die achtziger Jahre unternehmen: »Tagsüber erreichst du ihn im Büro unter folgender Nummer… Und seine Privatnummer lautet… – da erwischst du ihn abends.« Die Vorstellung, je nach Tageszeit auf unterschiedliche Art erreichbar zu sein, wirkt in Zeiten von Mobiltelefonen und E-Mails seltsam antiquiert. Ein wenig so wie die günstigen Call-by-Call-Vorwahlen, die Pfennigfuchser zu Zeiten der Telekom-Privatisierung um die Jahrtausendwende für bislang teure Auslands- oder Ferngespräche benutzten, um einen günstigeren Tarif zu ergattern. Da sich die Tarife der jeweiligen Vorwahlen ständig änderten, bedeutete das vor allem, dass man vor jedem Gespräch umständlich in einer vor allem in Boulevardzeitungen veröffentlichten Tabelle nachsehen musste.

Fingerkrampf durch Call-by-Call

Je nach Uhrzeit und Ziel des Anrufs musste man dann 01024 oder 01013 oder eine andere der ständig wechselnden Call-by-Call-Vorwahlen wählen und dann erst die normale Nummer. Spätestens gegen Ende vertippte man sich aber regelmäßig und musste wieder von vorne anfangen. Wer sich damals von Manfred Krug zum Kauf von Telekom-Aktien hatte überreden lassen, mag es anders sehen, aber ich bin der festen Überzeugung, diese Call-by-Call-Vorwahlen waren die schlimmste Auswirkung der ansonsten nicht unsinnigen Aufhebung des Postmonopols. Wie die Dinosaurier sind sie inzwischen zu Recht beinahe ausgestorben. Allerdings sind dafür Hunderte von Mobilfunktarifen und Zusatzoptionen an ihre Stelle getreten, die niemand ohne ein mehrjähriges Studium wirklich verstehen, geschweige denn miteinander vergleichen kann.

Ich kann es mir erlauben, in meinen Gedanken derart abzuschweifen, weil ich viel zu früh zum verabredeten Treffpunkt mit Sven erschienen bin. Der Verzicht aufs Handy diszipliniert mich. Denn sonst bin ich leider eher einer dieser Menschen, die die Kurznachricht »Tut mir leid, bei mir wird es zehn bis 15 Minuten später« als wiederverwendbare SMS-Vorlage in ihrem Mobiltelefon gespeichert haben. Und an dieser Stelle ein kurzes Geständnis an alle, die diese Nachricht schon einmal von mir bekommen haben: Nein, die S-, U- und Trambahnen sind jeweils ganz regulär gefahren – ich hatte mich nur nicht vom Internet losreißen können.

Endlich kommt Sven um die Ecke gebogen. Wobei »endlich« etwas gemein ist – schließlich ist er pünktlich, nur ich war 20 Minuten zu früh. »Geht es allen deinen Verabredungen so?«, frage ich ihn als Erstes, da ja bei ihm die üblichen Entschuldigungs-SMS nicht funktionieren. »Viele sind vor allem davon genervt, dass ich auf verbindlichen Verabredungen bestehe«, sagt Sven. »Im Grunde sollte es ja kein Problem sein, in dem Augenblick, in dem man sich verabredet, die genaue Zeit und den Ort festzulegen. Trotzdem haben sich viele Handybesitzer angewöhnt, zu sagen ›Mittwochabend ist okay, wann und wo genau, können wir ja später noch mal besprechen‹ ... Ich finde das eher unnötig und anstrengend.«

Ich schaue beschämt auf meine Schuhspitzen. Denn natürlich habe ich letzten Monat auch noch haargenau so geredet. Habe Verabredungen vage gelassen – teils aus einem diffusen Wunsch nach Flexibilität – teils, weil ich in dem Moment einfach zu faul war, mir darüber Gedanken zu machen, wo genau das Feierabendbier am besten zu trinken sei. Kommen mehrere solcher festlegungsscheuen Handybesitzer zusammen, kann es gerade am Wochenende passieren, dass man sich den ganzen Abend über mit Sätzen wie »Wir funken dann einfach später noch mal« vertröstet. Dann rennt man den ganzen Abend mit unterschiedlichen Leuten durch unterschiedliche Bars und Kneipen, um am Ende aus dem Taxi nach Hause eine SMS zu schicken, in der man es bedauert, dass es mit dem Treffen doch nicht geklappt hat.

Der Handyverweigerer

Sven ist groß und schlaksig und gehört trotz seines Handyverzichts zu den geselligsten Menschen, die ich kenne. Er hat Geschichte studiert und hilft heute Museen dabei, festzustellen, wem die Werke gehören, die sie ausstellen. Anfangs sperrte er sich eher aus einer Protesthaltung heraus gegen ein Mobiltelefon: »In den späten Neunzigern begann der Boom: Da wurden sie langsam kleiner und für jedermann erschwinglich«, erinnert er sich. »Ich hatte damals aber keine Lust auf ein solches Statussymbol und ehrlich gesagt auch ein wenig Angst, davon überrollt zu werden. Angst vor der ständigen Erreichbarkeit und davor, immer kontrollierbar zu sein.« Diese strikte und ideologische Abneigung sei inzwischen jedoch einer entspannteren Haltung gewichen. »Ich bin absolut kein Technikfeind«, sagt der Mittdreißiger. »Ich liebe das Internet, und wenn ich irgendwann an dem Punkt bin, an dem ich fünf Mal im Monat denke: ›Jetzt wäre ein Handy wichtig gewesen‹ – dann werde ich mir auch eines kaufen.«

Bisher ist dieser Punkt allerdings noch nicht gekommen. Am stärksten vermisst er ein Handy, wenn er auf Reisen ist: »In Hotels muss man das Zimmertelefon oft erst umständlich freischalten lassen, wenn es überhaupt noch eines gibt. Und dann zahlt man sich dumm und dämlich«. In seinem Berliner Alltag ist er, wie ich selbst absolut bestätigen kann, im Büro und Zuhause über das Festnetz sehr gut zu erreichen. »Wenn ich in der U-Bahn sitze oder gerade im Supermarkt an der Kasse stehe, erwischt man mich natürlich nicht«, sagt er. »Aber dann will ich offen gestanden auch gar nicht unbedingt mit jemandem sprechen. Mich stresst es selbst jedes Mal, wenn ich jemanden anrufe und der ist gerade im Einkaufszentrum oder auf der Autobahn unterwegs. Meist kommt bei solchen Gesprächen sowieso nichts heraus, außer einem Pseudogespräch wie ›Ich bin gerade da und da, ich kann dich kaum verstehen, ich ruf dich nachher noch mal an‹.« Und er ist sich sicher: »Seit alle Leute Flatrates haben, ist der Anteil an Quatsch, der geredet wird, nur noch gestiegen.«

Seine Mitmenschen – ob Eltern, Freundin, Kollegen oder Fußballmannschaft – haben sich im Grunde allesamt mit Svens Verzicht abgefunden. Manchmal gibt es einen blöden Spruch, tatsächliche negative Konsequenzen hatte sein Handyboykott bisher allerdings weder beruflich noch privat.

Als wir uns verabschieden und ich ihm nachsehe, wie er als langer schmaler Strich die Straße hinuntergeht, habe ich das Gefühl, dass ihm wirklich nichts fehlt. Dass sein Verzicht für ihn viel weniger dramatisch ist, als sich Handybesitzer das vorstellen können. Ich merke ja schon bei mir selbst, wie mir nach zwei Wochen der Verzicht so unendlich viel leichter fällt als in den ersten Tagen. Das Phantomvibrieren ist verschwunden. Wenn ich die Wohnung verlasse, klopfe ich nur noch ganz selten auf die rechte Hosentasche, wo das Telefon seinen Stammplatz hatte. Und der Impuls, es zu zücken, sobald ich länger als zehn Sekunden auf irgendwas warten muss, hat auch spürbar abgenommen.

Tag 17 Lassen Sie sich ruhig ablenken

Auch sonst fühle ich mich mittlerweile in meiner Offline-Existenz deutlich wohler als zu Beginn meiner digitalen Fastenzeit. Das Gefühl der Einsamkeit ist verschwunden, seit ich mich wieder verstärkt mit Leuten verabrede, sie spontan anrufe oder dem Gespräch mit einem Fremden in der Bäckereischlange nicht mehr wie bisher augenrollend aus dem Weg gehe, sondern ihm freundlich antworte, dass das Wetter auch nicht nach meinem Geschmack sei.

Ich stelle außerdem fest, dass die Tatsache, dass man ständig mit seinen Freunden digital vernetzt ist, ein reales Treffen nicht unbedingt wahrscheinlicher macht. Ein gutes Beispiel ist mein alter Freund Armin: Er verbringt seine Zeit zur einen Hälfte in Berlin und zur anderen in München, es ist also kein Kinderspiel, sich mit ihm zu verabreden – aber auch alles andere als unmöglich. Wir hatten es inzwischen aber bestimmt schon seit einem halben Jahr versucht, was eigentlich beschämend ist. Alle paar Wochen schickten wir uns SMS-Nachrichten oder E-Mails hin und her, die sich ungefähr so lasen:

»Gehen wir mal wieder zusammen essen?«

»Klar, gerne. Wann?«

»Nächste Woche?«

»Oh, da geht es leider nicht. Da bin ich in München/ Hamburg/schon ausgebucht/im Urlaub/etc.«

Darin, wer von uns beiden nicht konnte, wechselten wir uns in schöner Regelmäßigkeit ab – aber sehen wollten wir uns auf jeden Fall.

»Okay. Dann die Woche drauf.«

»Ja, ist besser. Schließen wir uns doch dann einfach noch mal kurz!«

Dieses »sich einfach noch mal kurzschließen« dauerte jedoch wieder mindestens drei Wochen, und der digitale Dialog vollzog sich von Neuem. Als ich vor Monaten einmal einen Cartoon mit folgender Textzeile las »Mittagessen am Donnerstag? Donnerstag ist schlecht bei mir. Niemals könnte klappen – wie ist niemals bei Dir?«, dachte ich kurz daran, ihn Armin zu schicken. Als Mahnung, dass es uns nicht auch so ergehen möge. Aber natürlich vergaß ich es schon wenige Sekunden später, als ein Youtube-Video mit dem Titel »Gefängnisinsassen tanzen zu ›Radio Gaga‹!« meine gesamte Aufmerksamkeit beanspruchte.

Vielleicht war es auch nur Zufall und die Zeit einfach reif dafür, aber als ich Armin am Festnetztelefon fragte, ob wir uns mal wieder treffen wollten, fiel der Dialog deutlich unkomplizierter aus:

»Gehen wir mal wieder zusammen essen?«

»Klar, gerne. Morgen Abend?«

»Acht Uhr, im Paparazzi?«
»Super, bis dann!«
Toll, wie einfach manche Dinge plötzlich sein können.

Drei Prozent Talent

Weil wir schon bei YouTube-Videos von tanzenden Sträflingen sind – ich merke, wie sich nach und nach meine Konzentrationsfähigkeit immer weiter verbessert. Die ersten zwei Wochen saß ich noch vor meinem Computer – den ich offline nach wie vor zum Schreiben benutze – und ertappte mich dabei, wie ich immer wieder, ohne nachzudenken, die Tastenkombination CTRL-TAB[12] drückte. Mit dieser Kombination springt man zwischen verschiedenen geöffneten Programmen hin und her. Bei mir war im Lauf der Jahre ein Automatismus entstanden: Sobald ich beim Schreiben eines Textes länger als zehn Sekunden nicht weiterkam, drückte ich reflexartig die beiden Tasten, um in mein Mailprogramm hinüberzuspringen und nachzusehen, ob dort eventuell eine Nachricht eingegangen war, die mich ablenken könnte. Von dort weiter in den Browser, um nachzusehen, ob *Spiegel Online* inzwischen den Weltuntergang vermeldet hätte. Und nach dem kurzen Überfliegen der »Eilmeldung! Opposition nicht einverstanden mit Regierungskurs« hüpfte ich wieder zurück ins Textverarbeitungsprogramm, in dem der Cursor immer noch geduldig blinkte und auf den nächsten Satz wartete.

---

12 CTRL-TAB ist die Tastenkombination bei Windows – für Benutzer eines Mac lautet die Kombination CMD-TAB. TAB ist die Tabulatortaste ⇥ oben links neben dem Q.

In den ersten zwei Wochen meines Selbstversuchs hatte ich in guter alter Angewohnheit immer noch ständig CTRL-TAB gedrückt – reflexhaft, ohne nachzudenken. Wie ein Ex-Raucher sich auf die Hemdtasche klopft, in der er früher seine Zigarettenschachtel trug. Nur blieb das E-Mail-Postfach jetzt plötzlich leer, und der Internetbrowser zeigte die triste Fehlermeldung »Seite nicht gefunden«. Beides kein Anblick, der einem wirklich Kurzweil bereitet. Mit der Zeit wurden meine Tastensprünge seltener, und ich rief mir einen wahren Satz des Technik-Journalisten Cyrus Farivar ins Gedächtnis, den er einmal als Leitsatz über sein Blog geschrieben hatte: »Ein guter Autor zu sein ist zu drei Prozent Talent – und zu 97 Prozent die Fähigkeit, sich nicht vom Internet ablenken zu lassen.«

Ich merke deutlich, wie ich mit jedem Tag der Internet-Abstinenz ruhiger werde. Wie sich das Gefühl legt, etwas zu verpassen. Wie ich tiefer in einzelne Tätigkeiten eintauche, weil kein Handyklingeln und kein »Ping« einer neuen E-Mail mich aus den Gedanken reißt. Wenn ich schreibe, dann schreibe ich – und wenn ich ein Buch lese, dann lese ich. Doch auch diese neu gewonnene Konzentration hat ihre Grenzen: Es ist nicht so, dass ich morgens ein Buch aufschlage und es – weil ich so schön ungestört bin – erst mittags zuklappe, weil mich mein Magenknurren daran erinnert, dass es Zeit ist, etwas zu essen. Nein, selbst wenn es einem gelingt, äußere Ablenkungen wie Anrufe oder E-Mails abzuschalten, bleibt das, was ich die »innere Ablenkung« nenne, stets vorhanden. Die innere Ablenkung ist der Gedanke an die nächste Urlaubsreise, deren Planung man so langsam mal beginnen könnte. Der Name des Restaurants, der einem gestern nicht einfallen wollte, aber einem heute plötzlich in den Sinn kommt. Aber auch der Blick, der so lange umherschweift, bis er etwas findet, an dem er sich festbeißen kann – und wenn es nur die Nährwertangaben auf der Orangensaftflasche sind, die vor einem auf dem Tisch steht.

Konzentration ist – so scheint es mir – ein Paradoxon: Die Ablenkung ist stets schon eingebaut. Jeder, der schon einmal versucht hat, die Augen zu schließen und wirklich nur an eine einzige Sache zu denken, hat gemerkt, wie sich die Gedanken verselbständigen, wie sie wandern, sich in Sekundenbruchteilen verzweigen, im Idealfall wieder zum Thema zurückfinden – ein dissonanter Chor ständigen Geplappers. Also im Grunde dasselbe, was Kritiker stets Twitter oder dem Internet ganz allgemein vorwerfen. Falls das nicht der Fall ist, ist man höchstwahrscheinlich eingeschlafen.

Aber es ist meiner Meinung nach überhaupt nicht schlimm, dass die dauerhafte, die hundertprozentige Konzentration nicht existiert. Wir brauchen den Wechsel von geistiger An- und Entspannung, von Konzentration und Ablenkung. Nicht umsonst fällt einem die entscheidende Lösung oft genau dann ein, wenn man sich gar nicht direkt mit einem Problem zu beschäftigen scheint, nicht darauf konzentriert ist. Einstein hat dazu sehr treffend gesagt: »No problem can be solved from the same level of consciousness that created it.« – Kein Problem kann auf derselben Bewusstseinsebene gelöst werden, auf der es geschaffen wurde. Mit anderen Worten: Wir können ein Problem erst lösen, wenn wir uns von dem Problem gelöst haben. So kommen mir zum Beispiel oft abends in den letzten Augenblicken vor dem Einschlafen zündende Ideen – obwohl ich mir vorher stundenlang und erfolglos den Kopf zerbrochen habe. Zum Beispiel, wie ich vielleicht doch noch an das versprochene Erbe des afrikanischen Diktators kommen könnte, das man mir per E-Mail versprochen hat. Oder ich komme beim Joggen auf die ideale Überschrift für einen Text, die sich mir den ganzen Tag über entzogen hatte, und zwar genau in dem Moment, in dem ich eigentlich gerade über etwas ganz anderes nachdenke, nämlich über mein knirschendes Knie oder meine rasselnde Lunge.

Die Weltgeschichte ist voll von Beispielen für wichtige Entdeckungen und brillante Einfälle, die nicht durch hochkonzentriertes Nachdenken entstanden: Dem Schweizer Ingenieur Georges de Mistral kam die Idee für den Klettverschluss, als er nach einem Jagdausflug die igelartigen Früchte der Klette sowohl von seiner Hose als auch aus dem Fell seines Hundes zu entfernen suchte. Das Teflon wurde entdeckt, als ein Chemiker nach einem neuen Kältemittel für Kühlschränke suchte. Und von Kolumbus, der Amerika entdeckte, als er eigentlich gerade nach etwas ganz anderem suchte, gar nicht zu reden.

Auch Don Ambrose, der an der amerikanischen Rider University zum Thema Kreative Intelligenz forscht, ist sich sicher, dass die Chance auf neue Ideen größer ist, »wenn man sich neuen und von dem Problem gänzlich losgelösten Informationen aussetzt, anstatt einfach nur abzuschalten«. Nur durch das Vermischen scheinbar unzusammenhängender Konzepte könne »kreative Assoziation« stattfinden.

Auf der Suche nach der verlorenen Zeit

Der amerikanische Autor Sam Anderson hat ein hervorragendes Beispiel dafür gefunden, wie wichtig eine gelegentliche innere Ablenkung für uns sein kann: Als Marcel Prousts Protagonist in seinem Roman »Auf der Suche nach der Verlorenen Zeit« seine legendär gewordene Madeleine in den Tee tunkt, versetzt ihn der Geschmack des Gebäcks gedanklich in seine Kindheit zurück. Die Süßigkeit funktioniert also als eine Art Hyperlink in eine andere Gedankenwelt. Wenn ich mich richtig erinnere, wäre Prousts Buch ein ganzes Stück kürzer und unbedeutender, wenn sein Protagonist beim Kauen der Madeleine hochkonzentriert geblieben wäre und sich nur über die Konsistenz des Teigs Gedanken gemacht hätte.

Ist unser Leben also nicht reicher, gerade weil wir uns ab und zu ablenken lassen? Und verlören wir nicht das, was seinen eigentlichen Kern ausmacht, wenn wir uns dazu zwingen würden, wie Maschinen bloß stur und ohne nach links oder rechts zu schauen, unser Pensum abzuarbeiten? Vor allem unter Studenten werden Medikamente wie Ritalin oder Concerta immer beliebter. Medikamente, die normalerweise Kindern mit Aufmerksamkeitsstörung (ADS) verschrieben werden. Auch »gesunde« Menschen können sie dabei unterstützen, konzentrierter zu arbeiten und sich weniger schnell ablenken zu lassen. Was gerade in Prüfungsphasen oder anderen arbeitsintensiven Momenten verführerisch klingt. »Ich war plötzlich total konzentriert und konnte wieder klar denken, während vorher in meinem Kopf nur noch Kabelsalat geherrscht hatte«, berichtete mir einmal eine Bekannte, die in der Schlussphase ihrer Magisterarbeit Ritalin nahm und sich plötzlich »überbordend voller präziser Gedanken« fühlte. Andere berichten jedoch vom »Denken mit Scheuklappen«, einem Gefühl, »wie ein Roboter« nur noch »wegzuarbeiten«. Oder wie ein Freund mir sein Ritalin-Experiment schilderte: »Anfangs hat es wirklich phänomenal geholfen. Aber irgendwann habe ich ohne großes Nachdenken dazu gegriffen«, sagt er. »Immer wenn ich müde war, unkonzentriert oder lustlos. Aber eigentlich wurde ich insgesamt immer müder und erschöpfter, weil ich mich pausenlos auf Leistung getrimmt habe. Am Ende war ich tatsächlich zum ersten Mal in meinem Leben ausgebrannt.«

Ablenkung kann also (wie bei Prousts Madeleine oder der Idee, die uns beim Betrachten einer Wolke in den Schoß fällt) ein wichtiges Mittel sein, um kreativ in die Gänge zu kommen, neue Lösungen zu finden, weiterzukommen. Doch dazu müssen wir selbst Herr über die Ablenkung sein, sie darf nicht unreflektiert und permanent erfolgen. Immer mehr Menschen klagen jedoch darüber, dass Ablenkung für sie nicht mehr die erholsame Auszeit, das gelegentliche Abschweifen darstellt – sondern den Normalzustand, aus dem sie sich nicht mehr befreien können. Konzentration – immer auch als Synonym für Effizienz und Erfolg – ist für uns ein hohes Gut geworden. Alle wollen sie, keiner hat sie. Zumindest nicht in dem Maße, wie wir sie früher angeblich besaßen oder wie man es heute für erstrebenswert hält. Eine ganze Industrie hat sich um die Kunst des »Getting Things Done« entwickelt, also darum, Dinge zu erledigen, sein Pensum zu erfüllen. Bücher wie »Simplify Your Life« oder »The Power of Less« raten, sich auf wenige wichtige Dinge zu fokussieren – und auf Blogs wie lifehacker.com werden Tipps ausgetauscht, wie man sich möglichst gut von Ablenkungen abschirmt oder wie man seine Postablage so optimiert, dass man sich im wahrsten Sinne des Wortes nicht verzettelt.

Auch Merlin Mann profitiert von dem Boom um Aufmerksamkeit und Ablenkung. Er ist der Erfinder von »43 Folders«, einem System, das helfen soll, den Alltag besser zu organisieren, Dinge besser geregelt zu kriegen. »43 Folders«, benannt nach einem speziellen Ablagesystem, hat weltweit zahllose Fans. In einem Interview gibt sich sein Erfinder jedoch überraschend kritisch gegenüber der Trickkiste, in die seine Kollegen Konzentrationsverbesserer greifen: »Konzentrationsschwierigkeiten sind fast immer Symptome eines größeren Problems. Das kann ein neurologisches Problem wie ADS oder eine Depression sein – oder aber einfach mangelnde Motivation und Zufriedenheit«, stellt Merlin Mann nüchtern fest. »Es gibt kein Programm und keine Browsererweiterung, die Ihnen helfen können herauszufinden, warum zum Teufel Sie auf Erden wandeln. Es ist Ihre Aufgabe, das rauszubekommen.«

Suche nach Ablenkung

Ich genieße es, von einem Großteil der äußerlichen Ablenkungen verschont zu bleiben – ganz ohne geht es aber scheinbar auch nicht. Früher habe ich mich nach zwei Stunden anstrengender, aber getaner Arbeit beispielsweise mit einer vielleicht völlig ergebnislosen, dafür jedoch höchst entspannenden Stöberei bei eBay belohnt oder mit einer Handvoll Artikel auf dem großartigen Blog riesenmaschine.de. Jetzt ertappe ich mich dabei, wie ich im Lauf des Selbstversuchs plötzlich wieder häufiger den Fernseher einschalte – ein Medium, das ich in den letzten Jahren nur noch so wenig genutzt habe, dass eigentlich ich Geld von der GEZ bekommen müsste, statt umgekehrt. Aber so ist es wohl: Wenn das Internet als Zerstreuungsmaschine nicht verfügbar ist, müssen eben die guten alten Simpsons mal wieder herhalten.

Tag 18 — Ohne Filter

Es ist schon richtig: Ohne Internet dauern viele Dinge, die sonst in wenigen Sekunden erledigt wären, irrsinnig lange. Als ich zum Beispiel eine Halogenlampe mit einer relativ ungewöhnlichen Watt-Zahl (exakt 35!) brauche, um mir nicht mehr im Dunkeln die Zähne putzen zu müssen, muss ich dafür vier Drogeriemärkte abklappern und am Ende zum Kaufhof am Alexanderplatz fahren. Um eine schnöde Konzertkarte zu kaufen, muss ich eine halbe Stunde in einer Telefonwarteschleife verbringen, und um herauszufinden, wie weit es von Berlin nach Düsseldorf ist, wie bereits beschrieben mit Atlas und Bindfaden hantieren.

Trotzdem habe ich insgesamt mehr Zeit. Denn natürlich spart das Internet nicht nur Zeit – es frisst auch genauso viel, wenn nicht noch mehr. Das ist nichts Neues und schon oft genug beklagt worden. Interessanter ist, dass es mit fast allen technischen Neuerungen so ist, die uns eigentlich dabei helfen sollen, Zeit zu sparen. Der amerikanische Psychologieprofessor Robert Levine von der California State University in Fresno berichtet in seinem Buch »Eine Landkarte der Zeit« darüber, wie man dasselbe Phänomen auch bei Haushaltsgeräten beobachten kann: »Neuere Forschungen zeigen, dass Bauersfrauen, die in den zwanziger Jahren ohne

Elektrizität auskommen mussten, deutlich weniger Zeit auf die Hausarbeit verwendeten als die Hausfrauen (…) in der zweiten Hälfte des Jahrhunderts mit ihrem ganzen Maschinenpark.« Ein Grund dafür ist, so Levine, dass sich mit jedem technischen Fortschritt auch die Erwartungen erhöhen: Wer einen Staubsauger hat, saugt öfter, als er früher gefegt hat. Und wer eine Waschmaschine hat, wäscht seine Hemden häufiger, als wenn er dafür jedes Mal zum Fluss gehen müsste.

Uhrzeit und Gummizeit

Robert Levine, der großen Wert darauf legt, keine Armbanduhr zu tragen, hat jahrelang die jeweiligen »Lebensgeschwindigkeiten« verschiedener Kulturen und Nationalitäten studiert und gemessen. Als ich den freundlichen 65-Jährigen mit weißem Kinnbart und ruhiger, aber jugendlicher Stimme vor einiger Zeit interviewte, erklärte er mir, wie es dazu kam, dass die Menschen umso weniger freie Zeit zur Verfügung haben, je weiter entwickelt ihre Gesellschaft ist: »In Deutschland und fast allen anderen westlichen Ländern leben wir in einer Uhrzeitkultur, die sich nach klaren Terminen und Zeitplänen richtet. Ganz anders in Mexiko, Indonesien oder Brasilien: Diese Länder leben nach ›amanha‹, der Gummizeit. Wenn man Brasilianer fragt, wie lange sie auf jemanden warten würden, mit dem sie zum Mittagessen verabredet sind, kommt man im Durchschnitt auf 62 Minuten. In Ländern wie Deutschland oder den USA haben die Menschen oft nur eine halbe Stunde für ihre Mittagspause und würden niemals so lange warten.«

Egal wie sehr wir uns als Bewohner einer Industrienation vornähmen, die entspannte Laissez-Faire-Haltung, die wir zum Beispiel im Urlaub in Südamerika beobachten, mit zurück in den Alltag zu nehmen – tatsächlich passiert exakt das Gegenteil: Wir exportieren unsere hektische Terminkalenderkultur nach und nach auch in die sogenannten Entwicklungs- und Schwellenländer, davon ist der Zeitforscher überzeugt. »Wir sind süchtig nach der Geschwindigkeit. Sie stimuliert und treibt uns an – und wir werden von der existenziellen Angst geplagt, dass, wenn wir langsamer leben oder einmal innehalten, sich dann plötzlich eine riesige Leere vor uns auftut. Der Terror der Langeweile ist einer der größten Schrecken unserer gehetzten Welt.«

Die Langeweile und Leere, die ich am Anfang meines Selbstversuchs gespürt habe, gibt dem Psychologen diesbezüglich auf jeden Fall Recht. Doch auch in der Art zu arbeiten unterscheiden sich westliche »Uhrzeitkulturen« ganz wesentlich von denen, die nach »Gummizeit« leben: Während hier nach wie vor der Satz »eins nach dem anderen« gilt, es also angestrebt wird, erst eine Aufgabe zu erledigen und dann zu der nächsten geplanten Tätigkeit überzugehen, ist es dort viel üblicher, an mehreren Dingen gleichzeitig zu arbeiten. Und sich nicht so lange einer Aufgabe zu widmen, bis sie erledigt ist, sondern nur so lange, bis eine Neigung oder Anregung verspürt wird, sich einer anderen zuzuwenden. Levine nennt diese Art zu arbeiten, in der viele verschiedene Arbeiten nach und nach kleine Fortschritte machen, statt am Stück fertiggestellt zu werden, »polychron«. Auf die Frage, ob er sie für besser hält als die »monochrone« Arbeitsethik der Industrieländer, plädiert er für einen freien Wechsel zwischen beiden Modellen: »Die wichtigste Erkenntnis ist die, dass es keine Entweder-Oder-Entscheidung ist«, sagt er im

Interview. »Wir müssen Wege finden, zwischen schnellem und langsamem Tempo zu wechseln. Denn nur eines von beiden ist auf Dauer nicht gut für die meisten von uns. Wir müssen also akzeptieren, dass wir oft gehetzt und auf dem Sprung sind. Aber ebenso müssen wir uns ab und zu zwingen, nichts zu tun, müssen unsere Angst vor der Langeweile überwinden. Denn wenn wir uns nicht ab und zu die Zeit nehmen, uns zu langweilen, können wir uns irgendwann auch nicht mehr über die aufregenden Momente freuen.«

Besonders gut ist mir Robert Levines Antwort am Ende unseres Gesprächs in Erinnerung geblieben: Auf die Frage, ob es Zufall sei, dass er ausgerechnet in Fresno lebe, also der Stadt, in der das Leben laut seinen Studien langsamer vonstatten geht, als irgendwo sonst in den USA, antwortete er nur mit einem fröhlichen, heiseren Lachen: »Zufall? Nein, ganz sicher nicht!«

Geheimnis Festnetznummer

Mein Magen knurrt lauter als jeder Vibrationsalarm, als ich das Restaurant betrete, in dem ich mit Armin zum Abendessen verabredet bin. Ich sitze noch keine zwei Minuten, da tritt der Kellner mit leicht verwirrtem Blick an meinen Tisch. »Scusi, Sie müsse sein Christoph?«, stellt er fragend und in bestem Pizzeriadeutsch fest. Noch bevor ich antworten kann, wird klar, woher er das weiß. »Ihr Freund gerade angerufe. Verspätet sich um fumfe oder zehn Minute.« Und tatsächlich: Zehn Minuten später sehe ich Armin über die Straße eilen. »Scheiß Straßenbahn!«, schimpft er. Aber ich beruhige ihn, dass mich seine Nachricht erreicht hat und ich mich in den letzten Tagen außerdem daran gewöhnt habe, dass niemand mehr pünktlich ist. »Das früher so pünktliche Deutschland rutscht langsam völlig in die Gummizeit ab«, doziere ich altklug über den Begriff von Robert Levine. Armin sieht mich nur verständnislos an und bestellt ein Mineralwasser. »Du verzichtest aufs Internet, ich auf den Alkohol«, sagt er und beeilt sich hinzuzufügen: »Aber nur für heute.«

Während wir auf unser Essen warten, erzähle ich ihm von meinem Selbstversuch. Wie ich langsam anfange, die Ungestörtheit zu genießen, während mir am Anfang noch die ständige Kommunikation auf diversen Kanälen fehlte. »Aber eigentlich schummelst du doch«, wendet Armin ein. »Deine Abwesenheitsmail, die jeder automatisch bekommt, der Dir schreibt – das ist doch auch Kommunikation.« Im Grunde hat er Recht. Aber ohne dieses kleine Hilfsmittel, in dem automatisch meine Festnetznummer und Postadresse mitgeteilt werden, könnte mich fast überhaupt niemand mehr erreichen. Denn meine Festnetznummer kannten vor dem Selbstversuch gerade mal eine Handvoll Verwandter und enger Freunde. »Das ist auch wieder richtig«, lenkt Armin ein. »So geht es inzwischen fast allen. Ich habe sogar die Erfahrung gemacht, dass es Menschen – selbst wenn es Freunde sind und man ihre private Festnetznummer besitzt – zunehmend als unhöflich empfinden, wenn man sie zuhause anruft.«

Mir ist in der letzten Zeit auch aufgefallen, dass der private Festnetzanschluss, der früher der einzige und dank Telefonbuch der öffentlichste war, mittlerweile so etwas wie ein reservierter Kanal für Privatangelegenheiten wie den Wochenendanruf der Eltern oder die abendlichen Gutenachtgespräche von Liebenden ist, die noch nicht dieselbe Wohnung teilen. »Woher hast du denn meine Festnetznummer?«

kommt oft als erste Frage, wenn man jemanden auf dem heimischen Apparat statt auf dem Handy anruft. So als sei der Angerufene in seinen eigenen vier Wänden ein Prominenter, dessen Geheimnummer nur einem ausgewählten Kreis von Insidern bekannt sein dürfte.

»Früher war das umgekehrt«, erinnert sich Armin, als unsere Pasta endlich kommt. »Als sich vor zehn Jahren jeder ein Handy zulegte, hat man sich eher noch gescheut, jemandem seine Mobilnummer zu geben. Heute kriegt jeder unsere Handynummer – aber zuhause, da wollen wir bitte nicht belästigt werden.« Der Trend weg vom »Festnetz«, das ja auch erst so heißen muss, seit es nicht mehr einfach »das Telefon« ist, hin zum Handy ist eindeutig. Er zeigt sich auch daran, dass laut Statistischem Bundesamt inzwischen schon jeder zehnte Haushalt über gar keinen klassischen Telefonanschluss mehr verfügt, sondern nur noch per Handy kommuniziert. In den untersten Einkommensschichten sollen sogar 25 Prozent ganz auf den Festnetzanschluss verzichten. Am höchsten ist die Mobilfunkquote bei Menschen unter 25: Sie verzichten zu 35 Prozent auf den einst »normalen« Telefonanschluss. Das spürt vor allem die Deutsche Telekom: Nahm sie vor zehn Jahren noch 16 Milliarden Euro durch Gesprächsgebühren im Festnetz ein, sind es gegenwärtig nur noch 1,7 Milliarden pro Jahr. Kein Wunder, dass allein in den letzten drei Jahren 30000 Arbeitsplätze gestrichen wurden. »Vielleicht sollte jeder einen Monat im Jahr auf sein Handy verzichten und nur noch per Festnetz telefonieren«, schlage ich vor. »Der Solidaritätsmonat für Telekom-Mitarbeiter nach dem Motto: Subventionen von unten.« Armin sieht kurz von der Nachtisch-Sektion der Speisekarte auf: »Kannst ja eine entsprechende Facebook-Gruppe gründen«, sagt er.

Wir sitzen noch eine Weile zusammen und erinnern uns daran, wie Computer und Internet in den letzten 15 Jahren unseren gemeinsamen Beruf, den Journalismus, verändert haben. Wie zwei alte Männer, die vom Krieg erzählen, hören wir uns an. Ich erinnere mich an die Schreibmaschine, auf der ich meine ersten Artikel für die Lokalzeitung auf spezielles Papier mit der eingezeichneten Spaltenbreite tippte, die Seiten anschließend in die Redaktion brachte, wo sie von zwei fülligen Damen in der »Erfassung« in das dortige Computersystem getippt wurden. Armin kontert damit, dass er sich Mitte der Neunziger von seinem heimtückischen Cousin einen Computer andrehen ließ, der als Speichermedien nur über die großen, biegsamen Floppydisks verfügte, die bereits seit Jahren überholt waren. Da er keinen Drucker besaß, musste er jeden Text, den er in diesen Jahren verfasste, mit dem Fahrrad zu dem türkischen Copyshop im Münchner Bahnhofsviertel bringen, dem einzigen weit und breit, der den Inhalt der etwa 15 Zentimeter großen Floppydisks noch ausdrucken konnte. Und wir erinnern uns gemeinsam an »den Oeckl«, jenen kleinen Buchquader, der in jeder ernstzunehmenden Redaktion auf den Schreibtischen stand und in dem alle offiziellen Telefon- und Faxnummern verzeichnet waren – vom Forstwirtschaftsamt Sektion Spessart bis zum Bundesverteidigungsministerium.

Wer uns zuhört, könnte meinen, dass da zwei frisch pensionierte Greise sitzen, die ihr gesamtes Leben Revue passieren lassen. In Wirklichkeit haben sich all diese Dinge so radikal schnell gewandelt, während wir noch nicht einmal die Hälfte unseres Berufslebens hinter uns gebracht haben. Wenn aber heute in unserem Beruf fast nichts so ist, wie es vor 15 Jahren war – wie gering ist dann die Wahrscheinlichkeit, dass in weiteren 15 Jahren alles noch ungefähr so ist wie heute? Mit Sicherheit wird es noch Journalisten geben – aber die Chance, dass sie noch genau so arbeiten werden wie heute, ist in etwa so groß wie die, dass wir alle wieder mit einem speckigen Oeckl in der Hand Telefonnummern nachblättern werden. Es sei denn, wir befinden uns in einem Offline-Selbstversuch – da ist bekanntlich jedes analoge Hilfsmittel recht.

Schon heute kann ein Prominenter wie Ashton Kutcher mit seinen Tweets auf einen Schlag mehr Menschen erreichen als eine Ausgabe der *FAZ*, und ein erfolgreicher Blogger hat inzwischen eine größere Reichweite als manche Radio- oder Fernsehsendung. Immer weniger Menschen verlassen sich ausschließlich auf Redaktionen, die ihnen aus der endlosen Menge an Informationen und Ereignissen das Relevante herausfiltern sollen, sondern lassen sich durch Empfehlungen ihrer Netzwerk-Freunde und Twitter-Kontakte eine individuelle Mischung aus Artikeln, Filmen, Links und anderen Informationshappen zusammenstellen.

»Mass Amateurization« nennt der Autor Clay Shirky, der an der New York University zum Thema »Neue Medien« forscht, dieses Phänomen: Massen von Amateuren lösen plötzlich ein Problem, für das es vorher wenige ausgebildete und teure Spezialisten brauchte. So wie die Schreiber durch den Buchdruck ihre Stellung einbüßten, weil es plötzlich bessere und billigere Wege gab, Schriften zu vervielfältigen, so büßen derzeit Verlage ihre Vormachtstellung ein. Denn durch das Internet ist es für jedermann möglich und bezahlbar geworden, Dinge zu veröffentlichen. Dadurch habe sich, so Shirky, aber auch der Prozess des Filterns nach hinten verlagert: Früher, als Veröffentlichungen und Sendezeit teuer waren, wurde im Vorfeld genau ausgesiebt, welches Buch und welcher Artikel gedruckt, welche Idee verfilmt und welche Nachricht im Radio übermittelt wurde. Heute wird alles veröffentlicht, was auch nur eine einzige Person für interessant hält – weil es für diese Person nur wenige Augenblicke und noch weniger Cent kostet, das zu tun. Die Auswahl jedoch, das Filtern, verlagert sich auf einen späteren Zeitpunkt. Zum einen auf die »Schwarmintelligenz«, die durch Empfehlungen, Retweets, Verlinkungen und andere Mechanismen Interessantes und/oder Nützliches hervorhebt, sichtbarer macht und damit weiterverbreitet. Zum anderen durch den Empfänger selbst – der nicht mehr aus einer Handvoll Fernsehsender oder Tageszeitungen auswählen muss, sondern aus einer endlosen und beständig wachsenden Anzahl von Möglichkeiten. Dass sich viele Menschen davon überfordert fühlen, weiß Shirky, aber er will es nicht gelten lassen: »Es gibt keine ›Informationsüberflutung‹«, sagt der glatzköpfige 46-Jährige, wenn man ihn mit diesem Begriff konfrontiert. »Es gibt nur schlechte Filter.« Auch für Verleger, Journalisten und die anderen Berufsgruppen, die wie einst die Schreiber dafür bezahlt wurden, ein Problem zu lösen, das plötzlich viel einfacher geworden ist, hat er einen knackigen Satz parat: »Es ist keine Revolution, wenn niemand dabei verliert.«

Wahrscheinlich hat Shirky Recht – aber Armin und ich stellen zum Abschied fest, dass wir trotzdem nicht dabei sein wollen, wenn er diesen Satz auf einer Versammlung von Telekom-Angestellten, Mitarbeitern der Auskunft oder in einer Verlagskantine in ein Megafon spricht. Könnte böse enden.

Es ist wie verhext. Schon seit Tagen versuche ich, den ehrenwerten Rabbiner Ehrenberg zu erreichen, um mit ihm über den Sabbat zu sprechen. Am Sabbat darf ein gläubiger Jude nämlich weder Telefon noch Computer benutzen. Ich habe vor meinem Selbstversuch im Internet seine Telefonnummer recherchiert, die ich seitdem beinahe jeden Tag zu unterschiedlichen Zeiten anrufe. Doch egal ob morgens um neun oder nachmittags um drei – es ist immer belegt. Einmal erdreiste ich mich sogar, mitten in der Nacht anzurufen, in dem Vorsatz, beim ersten Klingeln sofort aufzulegen. Doch selbst um Mitternacht bleibt die Leitung besetzt. Als ich mal wieder bei meinen alten Freunden von der Auskunft anrufe, geben sie mir eine andere Nummer, doch auch auf dieser scheint ein Fluch zu liegen: Dort geht nie jemand ran, egal wie oft und wann ich anrufe. Heute ist deshalb der Tag gekommen, an dem ich zu dem radikalen Mittel greife, das im alten Ostberlin eine Selbstverständlichkeit war und das heute in den meisten Kreisen so verpönt ist wie ein Furzkissen oder Minipli: der unangekündigte Hausbesuch!

Die Adresse, die mir die Auskunft gegeben hat, ist die des Jüdischen Gemeindezentrums in Charlottenburg. Als ich mich dem Gebäude nähere, erkenne ich die obligatorischen Polizisten, die öffentliche jüdische Einrichtungen bewachen, und sehe aus der Ferne, wie sie einen Touristen ansprechen, der ein Foto machen will. Dadurch etwas verunsichert frage ich, als ich mich dem Zaun nähere, der das Grundstück umgibt, einen der Polizisten: »Kann ich wohl einfach reingehen?« Er guckt mich einen Moment lang von oben bis unten an. »Sie können auch warten«, antwortet er mit todernstem

Gesicht und macht eine bedeutungsvolle Pause, »ob Sie jemanden finden, der Sie reinträgt.«

Ganz so einfach, wie es der Harald Schmidt unter den Ordnungshütern dargestellt hat, ist es dann aber doch nicht. Als ich das kurze Rasenstück überquert habe und vor der Haustür stehe, ist diese verschlossen. »Wohin möchten Sie?«, schnarrt eine Stimme aus der Gegensprechanlage, die weniger nach jüdischer Gemeinde als nach privatem Sicherheitsdienst mit Stiernacken klingt. »Ich möchte zu Rabbiner Ehrenberg«, antworte ich wahrheitsgemäß und versuche, gewinnend in das gewölbte Auge der Überwachungskamera zu lächeln. »Den finden Sie hier nicht«, bekomme ich umgehend Bescheid. Ich warte, ob noch ein hilfreicherer Zusatz folgt, aber es bleibt still. »Wo kann ich den Rabbiner denn erreichen?«, frage ich, während mein Kameralächeln langsam zu einer Grimasse wird. »Haben Sie was zu schreiben?« Ich fürchte, eine der beiden Nummern genannt zu bekommen, die ich seit Tagen erfolglos anrufe – doch welch Glück! Es ist eine andere. Und sie funktioniert! Denn als ich wieder zuhause bin, muss ich mir zwar eingestehen, dass mein erster unangekündigter Hausbesuch seit Jahren ein Fiasko war, habe aber immerhin die Sekretärin des Rabbiners am Telefon. Sie verspricht, dem Rabbiner von meinem etwas ungewöhnlichen Anliegen zu erzählen und sich wieder zu melden.

Pferdekutsche statt Mausklick

Ich selbst bin nicht religiös – von einer leicht kultischen Verehrung für die Produkte der Firma Apple einmal abgesehen. Aber ich finde es stets faszinierend, wenn traditionelle Religionen und moderne Technik aufeinandertreffen. So wie bei den orthodoxen Juden und ihren strengen Regeln für den Sabbat – aber auch bei den Amish People, die ich vor gut einem halben Jahr in den USA besucht habe, als ich mit den Recherchen für dieses Buch begann. Die Religionsgemeinschaft mit den auffälligen Hüten und Pferdekutschen kannte ich vorher nur aus dem Film »Der einzige Zeuge« mit Harrison Ford. In dem Krimi beobachtet ein kleiner Amish-Junge einen Mord in der Großstadt. Der von Harrison Ford gespielte Polizist begleitet ihn daraufhin zurück auf die abgelegene Farm seiner Familie und lernt dort das wundersame Leben der Amish kennen, die auf die meiste moderne Technik verzichten. Die ohne feste Stromversorgung und Autos, dafür in Demut und Bescheidenheit leben. Wer heute wissen will, wie es sich in einer ansonsten modernen und wohlhabenden Umgebung dauerhaft ohne Internet und Handy lebt, muss in den amerikanischen Bundesstaat Pennsylvania fahren – oder, wie ich es damals getan habe, ins nahegelegene Missouri. Seit die Amish um 1700 aus religiösen Beweggründen, die im weitesten Sinne in den Folgen der Reformationsbestrebungen zu suchen sind, aus der Schweiz und Süddeutschland flüchteten, haben sie sich in dieser Region immer weiter ausgebreitet. Inzwischen leben rund 227 000 von ihnen in den USA. Tendenz, dank rund acht Kindern pro Familie und normaler Lebenserwartung, stark steigend.

Der erste, mit dem ich damals sprach, ist der 54-jährige Jacob Graber, ein Schreiner. Ein großes, aus massiven Holzplanken gezimmertes Schiff steht vor seinem von Stallungen und Äckern umgebenen Bauernhaus. Daneben ein stattliches Holzfort und eine Dampfwalze zum Reinklettern. Spielzeug, das Graber in seiner Werkstatt ebenso herstellt wie Gartenmöbel, Pavillons oder Schulbänke. »Unsere Farm versorgt inzwischen einer meiner Söhne, ich arbeite fast nur noch in der Werkstatt«, sagt der bärtige Mann mit schwieligen Händen und schiebt sich den breitkrempigen Hut in den Nacken. Während eines Rundgangs über sein Anwesen, erklärt Graber die wichtigsten der manchmal verwirrenden Regeln der Amish in Bezug auf Technik und Neuerungen. »Es ist nicht so, dass wir grundsätzlich jeden Fortschritt ablehnen«, erklärt er. »Wir machen einfach nur nicht jede neue Entwicklung automatisch mit.« Wenn also etwas Neues erfunden wird, sei es das Automobil, das Telefon oder das Internet, warten die Amish erst einmal ab. Beobachten, wie diese neue Technik das Leben der Menschen verändert, welche Vor- und welche Nachteile sie mit sich bringt. Mutige und neugierige Amish probieren manches vielleicht sogar aus. Erst nach einer Weile entscheiden dann aber die obersten Bischöfe, ob die Neuerung zugelassen wird oder nicht. »Dabei wägen sie vor allem nach einem Gesichtspunkt ab«, sagt Graber. »Hält es unsere Glaubensgemeinschaft zusammen? Oder bringt es uns auseinander?« Oft werden Kompromisse gefunden, um die Vorteile möglichst gut nutzen zu können, während man die Nachteile vermeidet – was mitunter zu kuriosen Regelungen führt. So ist Fahrradfahren beispielsweise verboten, Inline-Skaten erlaubt.[13] Kein Amish

[13] Die für viele Außenstehende unverständliche Unterscheidung ist ein gutes Beispiel, wie streng die Amish ihre Grenzen ziehen: Inline-Skates gelten als moderne Verwandte von Roll- und Schlittschuhen, die ebenfalls erlaubt sind. »Rollerblading ist ein Mittelding zwischen Zu-Fuß-Gehen und Fahrradfahren«, erklärt der Amish-Experte Donald Kraybill in der New York Times. »Es ist ein ausgehandelter kultureller Kompromiss, es zu erlauben.« Bei den nach wie vor verbotenen Fahrrädern überwiegt dagegen die Angst, sie könnten den Radius ihrer Besitzer zu sehr vergrößern, so dass sich diese zu weit und zu oft von der Familie und der heimischen Kirchengemeinde entfernten.

darf selbst ein Auto fahren – sich von einem Taxi chauffieren zu lassen, ist wiederum gestattet. Und dann ist da noch die Sache mit den Telefonen…

»Das hier ist unser Telefonanschluss«, sagt Graber und öffnet einen kleinen weißen Holzschuppen, der rund hundert Meter vom Wohnhaus entfernt auf dem Feld steht. Drinnen stehen ein Klapptisch, ein Stuhl und ein Telefonapparat samt Anrufbeantworter. Die Wände sind voll mit Post-It-Zetteln und an die Holzwand gekritzelten Telefonnummern. »Ganz auf das Telefon zu verzichten, hätte zu viele Nachteile bedeutet«, sagt der Schreiner und spuckt auf den Acker. »Wir müssen den Tierarzt rufen können und für Kunden unserer Schreinerei erreichbar sein. Aber Telefone im Haus wollten die Bischöfe nicht erlauben, weil sie Angst hatten, es würde zu eitlem Geplauder, zu Lästereien und Müßiggang führen. Statt mit Menschen in der Ferne zu sprechen, sollen wir uns lieber mit unserer Familie und unseren Nachbarn beschäftigen.« So entstanden vor fast 100 Jahren die unbequemen »Telefonzellen« fernab der Wohnhäuser, von denen sich oft mehrere einen Anschluss teilen.[14] Andere trickreiche Kompromisse der Amish umfassen Kühlschränke, die mit Gas betrieben werden, sowie Arbeitsmaschinen, die ein Dieselgenerator über ein Druckluftsystem antreibt.

Wenig später sitzen wir am Esstisch der Grabers, und Jacob holt etwas aus der Tasche seiner bollerigen Jeans, die eine

---

[14] Tatsächlich führen solche Entscheidungen der Bischöfe über den Gebrauch von Technologien immer wieder zu Spaltungen der Kirche: Um 1920 löste sich rund ein Fünftel der Gemeinschaft als »New Order Amish« und erlaubte den Gebrauch von Haustelefonen, etwas später spalteten sich die »Beachy Amish« ab, die Automobile zur Benutzung freigaben.

seiner Töchter für ihn genäht hat. Er legt den kleinen Gegenstand unter ein quadratisches Stofftuch auf den Tisch. »Entschuldigung, aber… ist das ein Handy?«, kann ich mir nicht verkneifen, zu fragen. »Jawohl«, gibt Jacob zu. »Aber sagen Sie bloß meinem Bischof nichts davon!« Dann lacht er kurz und laut. So wie Graber geben sich immer mehr Amish der Versuchung hin: Früher verrieten ganz banal die Kabel der Telefonleitung, wenn sich jemand verbotenerweise einen Anschluss ins Haus legen ließ. Der Bischof ermahnte – und wer nicht gehorchte, wurde aus der Gemeinschaft ausgeschlossen. Heute genügt eine Kutschfahrt in die nächstgelegene Stadt und ein wenig Bargeld – und man kommt mit einem Telefon in der Tasche nach Hause. Und kein frommer Nachbar und kein Bischof muss davon erfahren. »Ich benutze es nur beruflich«, rechtfertigt sich Graber, »aber in der heutigen Welt kann man als Geschäftsmann ohne Telefon nicht mehr konkurrenzfähig sein. Es ist schon schwierig genug, auf Fax und Computer zu verzichten – aber ohne Telefon ist man verloren!«

Ich komme mir albern vor, jemandem wie Jacob Graber, der so viel maßvoller und bescheidener lebt als ich, Vorhaltungen zu machen. Ich sei nicht die spanische Inquisition, versuche ich ihn deshalb zu beschwichtigen, unsicher, ob der Vergleich an dieser Stelle religionsgeschichtlich passend ist. Aber schon springt ihm seine Frau bei: »Unser Ziel ist es, so weit wie irgend möglich Selbstversorger zu sein«, sagt Mary Graber und lacht verlegen. »Aber ich gebe zu, dass wir auch manchmal zum Supermarkt fahren und fertiges Tomatenketchup kaufen. Es ist einfach bequemer, als alles selbst zu machen.« Ihre Töchter, die allesamt weiße Hauben und Schürzen tragen, tuscheln und kichern in der Küche. Ich frage mich, wie es für die jungen Amish sein muss, von morgens bis abends im Betrieb der Eltern helfen zu müssen, in der Werkstatt, der Scheune oder der Küche zu arbeiten, während eine Reitminute die Straße runter nicht-amishe Teenager ihre MySpace-Seite pflegen, per Instant Messenger erste Flirtversuche starten oder ihren Freunden ein neues MP3-Musikstück empfehlen?

Elliot Graber kommt zur Tür herein und bringt einen Truthahn mit, den er zusammen mit einem Freund gejagt hat und den er an den Füßen gepackt kopfüber vor sich herträgt. Er ist Jacobs jüngster Sohn: groß, mit lockigen Haaren, Sommersprossen und leicht abstehenden Ohren. Er arbeitet wie viele junge Amish-Männer, die noch nicht geheiratet haben und sich keinen eigenen Hof leisten können, in einer Kolonne von Zimmermännern. »Die meisten von meinen Kollegen sind auch Amish«, sagt der 22-Jährige. »Aber es sind auch ein paar Englische dabei«. Englisch, so nennen die Amish diejenigen, die um sie herum leben, aber keine Amish sind. »Die nehmen mich manchmal mit dem Auto mit und haben mir auch schon das Internet gezeigt. Es ist interessant, aber ich brauche es nicht. Es kann mir nicht die Zufriedenheit geben, die ich durch mein Leben hier bekomme.«

Austoben beim Rumspringa

Natürlich klingt so etwas schnell nach einem Lippenbekenntnis. Aber das Faszinierende ist: Die Zahlen geben Elliot recht – und beweisen, dass das, was er sagt, für einen Großteil seiner Altersgenossen gilt. Denn ein weiteres kurioses Phänomen der Amish ist das sogenannte »Rumspringa«: In dieser Phase haben junge Mitglieder der Gemeinschaft noch einmal die Möglichkeit, sich so richtig auszutoben, bevor sie endgültig getauft werden: Erst durch diese Taufe werden sie vollwertige Mitglieder der Gemeinde, die sich komplett der »Ordnung« und den Bischöfen unterwerfen müssen, wenn sie nicht ausgeschlossen und gemieden werden wollen. In dieser Zeit des »Rumspringa«, die meist irgendwann um den 19. Geburtstag herum stattfindet, können die Jugendlichen theoretisch alles tun, was ihre »normalen« Altersgenossen auch dürfen: In der Stadt wohnen, Alkohol trinken, den Führerschein machen, sich ein Handy kaufen und Klingeltöne herunterladen – oder sich beim Facebook-Spiel »Farmville« eine eigene virtuelle Computerfarm zulegen. Trotzdem kehren nur rund zehn Prozent dauerhaft ihrer Gemeinde den Rücken, die allermeisten der Jugendlichen kehren nach dieser »Probezeit« zurück in die reglementierte Welt ihrer Gemeinde und geben die getesteten Freiheiten und Technologien aus eigenem Antrieb wieder auf.[15]

Wer die Amish als sturköpfige und hinterwäldlerische Technikfeinde geißelt, tut ihnen also mehr als unrecht. Sie nehmen sich nur die Freiheit, über jede neue Möglichkeit, die eine technische Erfindung bietet, erst einmal nachzudenken, bevor sie sie flächendeckend implementieren. Wenn der Staat es verlangt – wie zum Beispiel bei den Reflektoren an ihren Kutschen oder der Kühlung ihrer kommerziellen Milchlieferungen – nehmen sie technische Neuerungen an. Genauso, wenn die Veränderungen ihrem wirtschaftlichen

[15] Die »Abbrecherquote« variiert stark nach den unterschiedlichen Amish-Gruppierungen und einzelnen Gemeinden. Es ist anzumerken, dass längst nicht alle jungen Amish von der Möglichkeit, durch das »Rumspringa« eine Weile auszubrechen, überhaupt Gebrauch machen – und dass der Genuss von Alkohol in den USA bis zum Alter von 21 Jahren generell gesetzlich verboten ist.

Überleben oder dem Zusammenhalt ihrer Gemeinde dienen. Letzteres ist gerade bei Telefonen eine schwierige Entscheidung: In ihrem Buch »Holding The Line« schreibt die Amish-stämmige Autorin Diane Zimmerman Umble: »Einige Old Order Amish befürchten, dass die Lockerung der Telefonregeln Zeichen eines ›unkontrollierbaren Abrutschens‹ sind, dem man Einhalt gebieten muss. Andere sehen die schrittweise Entwicklung als eine pragmatische Entscheidung, die wichtig ist, um der Gemeinschaft ein wirtschaftliches Überleben zu sichern. Das Paradoxe an der Situation der Old Order Amish ist, dass das Telefon beides kann: Es kann die Menschen zusammenhalten (…) und es kann sie voneinander trennen. Das Telefon ist gut und böse zugleich.« Ebenso wie sich Mobiltelefone leichter heimlich benutzen lassen, bieten auch Laptop-Computer eine Möglichkeit, die Verbote der Bischöfe heimlich zu umgehen. Der Soziologe und Amish-Experte Donald B. Kraybill schreibt in seinem Standardwerk »The Riddle of Amish Culture«: »Das Verbot der Elektrizität half den Amish lange Zeit, die Computer in Schach zu halten. Aber die alten Grenzen werden zunehmend durch akkubetriebene Laptops verwischt, die überallhin mitgenommen oder ganz leicht unter dem Bett oder in einem Schrank versteckt werden können. Noch schlimmer: Sie können über ihren Internetzugang abstoßende Bilder und schlüpfrige Musik in die Scheunen und Schlafzimmer der Amish bringen. (…) Kurz: Die alten Regeln der ›Ordnung‹, die auf Kabelleitungen und mechanischen Grenzen beruhten, werden durch das Netz der weltweiten Telekommunikation in Frage gestellt, in dem sich alles miteinander mischt.«

Aber wie kommuniziert die sich immer weiter ausbreitende Gemeinschaft der Amish miteinander, wenn E-Mail-Newsletter und Online-Foren verboten und Telefonate nur in einer zugigen Holzkammer draußen auf dem Acker möglich sind? Die Antwort fällt mir einen Tag später in die Hände, als ich mich mit dem örtlichen Kutschenmacher David Yoder unterhalte. Er zeigt mir ein Exemplar von *The Budget*, der Wochenzeitung der Amish, die seit 1890 erscheint und von einem 16-köpfigen Team in Sugarcreek im Bundesstaat Ohio produziert wird. Mittwoch, der Tag, an dem *The Budget* im Briefkasten liegt, ist für die Amish also der Tag, an dem sie hinausblicken über die Grenzen ihrer eigenen Gemeinde. »Meine Frau könnte ohne *The Budget* nicht leben«, sagt David Yoder und lacht in seinen langen grauen Bart. »Und wenn ich ehrlich bin: Ich auch nicht. Man erfährt, wie es den Verwandten in der Ferne geht und wie die Ernte in anderen Landstrichen ausgefallen ist.«

David Yoder legt die aktuelle *Budget*-Ausgabe vor sich auf die Werkbank. In seiner Werkstatt riecht es nach Sägespänen und Schmieröl. Kein einziges Foto gibt es auf den rund 50 Zeitungsseiten – von ein paar kleinen Anzeigen für Rasenmäher oder Pfannen abgesehen. Keine Infografiken, keine Farbe, nur Spalte um Spalte Text. Auf der Titelseite findet man nicht die vermeintlich wichtigsten Neuigkeiten, sondern ein schlichtes Inhaltsverzeichnis. Streng alphabetisch wird Bundesstaat nach Bundesstaat, Ortschaft nach Ortschaft behandelt. »Hier steht etwas über uns«, sagt Yoder und schlägt die Seite mit den Neuigkeiten aus Jamesport, Missouri auf. Aber wie schafft es die kleine Zeitung aus jeder noch so kleinen Amish-Gemeinde im hintersten Winkel der USA ständig aktuell zu berichten? »Wir schreiben unsere Zeitung selbst voll«, erklärt David Yoder verschmitzt und zieht seine Hosenträger straff. Jede Gemeinde hat einen Beauftragten, einen sogenannten »Scribe«, der über Todesfälle, Hochzeiten und ähnliche wichtige Vorkommnisse berichtet. Aber auch scheinbar Triviales wie »Die Stoltzfus-Schwestern kamen ihre Tante Ida besuchen und bleiben bis Dienstag« oder »Am Freitag letzter Woche konnten wir hier die ersten Blaumeisen in diesem Jahr beobachten« findet seinen Platz.

Obwohl die Zeitung so altmodisch wirkt wie die Umgebung, in der sie gelesen wird, erinnert sie mich in diesem Moment in der Yoderschen Werkstatt trotzdem an ein sehr modernes Medium: das Internet. Dass die Leser aus ihrer passiven Rolle aussteigen und selbst zu Autoren werden, nennt man in Zeiten des Web 2.0 »user-generated content«, nutzergenerierter Inhalt. Kein Chefredakteur entscheidet, was seine Leser zu interessieren hat und was nicht – jeder Schreiber wählt selbst aus, was ihm berichtenswert erscheint. »Wir haben insgesamt rund 750 *Scribes*«, wird mir die Chefredakteurin Fannie Erb-Miller später am Telefon erzählen, als ich sie in der Redaktion in Ohio anrufe. »Es ist eine verantwortungsvolle Aufgabe, und die Schreiber sind über ihre Heimatgemeinde hinaus bekannt.« Ebenso wie der gesamte Lebensstil der Amish mag ein Wochenblatt wie *The Budget* auf den ersten Blick antiquiert wirken und dem Untergang geweiht. Und doch könnte es die Zeitung sein, die noch gedruckt werden wird, wenn alle anderen längst auf das iPad oder andere sogenannte Tablet-PCs verlagert wurden, mit Digitaltechnik auf die Netzhaut der Leser projiziert oder direkt in unsere Gehirnströme eingespeist werden. »Ich gehe davon aus, dass es *The Budget* noch auf Papier geben wird, wenn Zeitungen wie die *New York Times* vielleicht nur noch online erscheinen«, sagt auch Fannie Erb-Miller zuversichtlich. Und fügt nach einer kurzen Pause hinzu: »Ich hoffe nur, dass es dann auch noch Druckerpressen geben wird, damit wir sie weiterhin drucken können.«

Als ich – ungefähr bei der Hälfte meines Selbstversuchs angelangt – in Berlin an meinen Besuch bei den Amish zurückdenke, fühle ich mich ihnen plötzlich verbundener als damals. Während mir viele der Regeln befremdlich und willkürlich erschienen, kann ich heute besser verstehen, warum sie mir schon damals trotzdem so zufrieden und mit sich im Reinen vorkamen. Ich erinnere mich, wie ich über die Angst schmunzelte, die David Yoder und Jacob und Elliot Graber vor der modernen Welt und ihren Anforderungen zu haben schienen. Aber hatte ich nicht eine ähnlich starke Angst gehabt, als mein Selbstversuch näher rückte und es darum ging, auf all meine digitale Kommunikation zu verzichten? Es ist immer das Fremde, Unvertraute, das uns schreckt. Dabei klappt meine Abstinenz inzwischen, nach fast drei Wochen, eigentlich sehr gut. Wenn mich die Grabers sehen könnten!

Tag 20 Freunde und Freundesfreunde

Mein Freund Jörg, ein Architekt, der eigentlich in Köln wohnt, ist für ein Projekt in der Stadt, und wir haben uns auf ein Bier verabredet. Als ich tagsüber am Telefon Jessica davon erzähle, fragt sie: »Jörg? Ist das ein guter Freund von Dir? Von dem hast du noch nie erzählt.« Sie hat recht. In den drei Jahren, die wir zusammen sind, habe ich ihn höchstens einmal gesehen, dazu ein oder zwei Telefonate, eine Handvoll Mails. »Gute Frage«, antworte ich. »Er ist jedenfalls ein alter Freund. Eigentlich auch ein guter, auf alle Fälle mehr als ein guter Bekannter. Wir waren sogar mal zusammen eine Woche im Urlaub. Aber in letzter Zeit hatten wir nicht so viel miteinander zu tun.« – »So wie bei mir und Tanja?«, fragt Jessica. »Ziemlich genau so«, antworte ich – und bin froh darüber, dass wir beide wissen, wovon wir reden, auch wenn es schwierig ist, hundertprozentig korrekte Begriffe dafür zu finden.

Wollen wir Freunde sein?

Über wenig gibt es in Bezug auf das Internet so viele Missverständnisse wie über das Thema Freundschaft. »Da haben die Leute dann 200 oder 500 Freunde – wer soll das denn glauben?«, empören sich die Kritiker von Facebook oder MySpace. Das Internet zerstöre die wahre Freundschaft, behaupten Pessimisten wie der Kulturkritiker William Deresiewicz. »Wir haben so viele Freunde im Internet, dass wir ein neues Wort für die echten brauchen«, fordert die Werbekampagne einer Tageszeitung. »To unfriend« – also jemandem die (virtuelle) Freundschaft kündigen – wurde 2009 vom Oxford Dictionary zum Wort des Jahres gekürt.[16]

Ich bin der Ansicht, dass der allergrößte Teil der Debatte über »Internetfreundschaft« versus »echte Freundschaft« komplett überflüssig ist. Nicht, weil eines davon wichtiger, richtiger oder überlebensfähiger wäre als das andere – oder weil sie sich gegenseitig ausschließen. Sondern weil die

[16] Ein Jahr zuvor hatte die Konkurrenz, das Webster's New World Dictionary, den Begriff »overshare« zum Wort des Jahres gemacht, jenes unschöne und vor allem im Internet häufig anzutreffende Verhalten, sein Umfeld mit zu vielen und zu intimen Details zu behelligen.

meisten Menschen intuitiv zwischen den beiden Arten unterscheiden können und es Dutzende Male am Tag tun – oft bewusst, meistens aber auch ganz automatisch. Wer glaubt, dass seine Mitmenschen ihren besten Freund nicht von einem Online-Profil unterscheiden können, ist so behämmert, wie er es diesen Mitmenschen zu sein unterstellt. Jedem klar denkenden Menschen ist völlig klar, dass die Tatsache, ob man jemanden um Hilfe bitten würde oder im Krankenhaus besucht, nicht im geringsten davon abhängt, ob man auf Facebook befreundet ist oder nicht. Die Liste der Menschen, an die ich mich wenden würde, wenn morgen mein Haus bis auf die Grundmauern abbrennt, ist natürlich eine vollkommen andere als meine Facebook-Freundesliste. Manche Menschen sind auf beiden von diesen Listen, manche nur auf einer davon, manche auch auf keiner der beiden – und ich nehme mir trotzdem das Recht heraus, sie meine Freunde zu nennen. Die ganze angebliche Verwirrung um den Freundesbegriff, die durch die sozialen Netzwerke entstanden ist, ist nur eine scheinbare. Denn die Nuancen der unterschiedlichsten Freundschaftsmodelle waren schon immer feiner, als die Sprache sie vermitteln konnte. »Freund« konnte schon immer viel bedeuten – vom Kindergartenfreund, den man seit Ewigkeiten kennt, aber mit dem man nicht mehr allzu viel zu tun hat, über den besten Freund, den man vielleicht noch gar nicht so lange kennt, aber dafür sehr gut, bis zu dem Kollegen, der eben mehr ist als nur das, weil man auch privat gerne Zeit miteinander verbringt.

Diejenige tiefe Freundschaft, die man »im echten Leben« meist nur für eine Handvoll Menschen empfindet – meist die, bei denen man ohne zu zögern morgens um vier klingeln würde, wenn einen der Partner rausgeworfen hat – entsteht aus miteinander verbrachter Zeit, gewachsener Loyalität und Ehrlichkeit, aus Liebe, regelmäßigem Austausch, gemeinsamer Freude und gemeinsamem Frust. Doch diese Form der Freundschaft ist nur eine von vielen – eine, die völlig unabhängig von Facebook existiert und vom Internet weder gefördert noch bedroht wird.

Trotzdem haben Netzwerke wie Facebook natürlich im Bereich der Freundschaft etwas bewegt und verändert: Sie haben den »sozialen Graphen«, also das Netzwerk unserer verschiedenen Beziehungen, zum ersten Mal in der Geschichte der Menschheit sichtbar gemacht – für uns selbst, aber auch für andere. Sicherlich gab es früher auch schon Adressbücher, aber erstens veralteten deren Einträge nach und nach – und man konnte nicht binnen Sekunden eine Liste aller Freunde, Bekannter und Kollegen erstellen, die in derselben Stadt wohnen wie man selbst. Im Internet geht das. Der zweite, viel wichtigere Unterschied ist jedoch: Als die Freundeslisten noch in handgeschriebener Form in ledergebundenen Büchern standen, wäre man nie auf die Idee gekommen, darin zu stöbern. Auf den meisten sozialen Netzwerken lässt sich (je nach individuellen Einstellungen der Privatsphäre) relativ schnell und einfach sehen, mit wem unsere Freunde befreundet sind, welche Freunde wir gemeinsam haben und so weiter. Früher hatten wir das teilweise im Kopf, teilweise aber eben auch nicht – weil man es gar nicht immer wissen konnte. Das führte früher bisweilen zu lustigharmlosen Situationen, dass man zwei Personen, mit denen man auf völlig unterschiedlichem Weg befreundet war, einander vorstellen wollte – und diese plötzlich sagten: »Wir kennen uns doch schon ewig, wir haben doch fünf Jahre lang miteinander studiert.«

Als der französische Soziologe Pierre Bourdieu in den achtziger Jahren vom »sozialen Kapital« sprach, hatte er vermutlich nicht unseren »Friend Feed« bei Facebook im Sinn, der uns jeden Tag darüber auf dem Laufenden hält, wie sehr unsere Freunde von ihrer Arbeit oder dem Wetter genervt sind. Dennoch sind unsere Freundschaften – oder »Bekanntschaften« oder »Menschen, die wir kennen«, wenn Freundschafts-Hardlinern diese Begriffe lieber sind – auch Teil unseres sozialen Kapitals.

Der amerikanische Soziologe Robert D. Putnam hat versucht, dieses soziale Kapital in zwei verschiedene Arten aufzuteilen: in das sogenannte *Bonding Capital* (also etwa »verbindendes Kapital«) und das *Bridging Capital* (sozusagen »überbrückendes Kapital«). Während das *Bridging Capital* etwas darüber aussagt, mit wie vielen unterschiedlichen Menschen wir verbunden sind, aus welchen unterschiedlichen Sphären und Schichten diese stammen, wie groß also gewissermaßen unsere »Reichweite« ist, sagt das *Bonding Capital* mehr darüber aus, wie eng unsere Bindungen sind, wie groß unser gegenseitiges Vertrauen und unsere Wertschätzung – also vielleicht wie viel »guter Freund« in einer Freundschaftsbeziehung steckt. Anders formuliert: *Bridging Capital* fragt danach, wie viele Menschen man kennt, denen man Geld leihen würde. *Bonding Capital* hingegen stellt die Frage, *wie viel* man jedem einzelnen von ihnen leihen würde.

Abends treffe ich mich mit Jörg, den ich meinen Freund nenne, obwohl wir nicht auf Facebook befreundet sind. Dem ich relativ schnell zumindest einen dreistelligen Betrag leihen würde, obwohl wir uns nur selten sehen. Klingt kompliziert und ist umständlich zu beschreiben, ist aber in Wirklichkeit absolut einfach.

Wir sind im Café St. Oberholz verabredet, jenem dreistöckigen Eckhaus am Rosenthaler Platz in Berlin-Mitte, das seit einigen Jahren als »Tummelplatz der Digitalen Bohème« gilt. Also jener Menschen, die den ganzen Tag vor ihren aufgeklappten Apple-Notebooks und einem Milchschaumgetränk sitzen. Natürlich tun sie das mittlerweile fast in der ganzen Stadt, aber aus irgendwelchen Gründen ist die Computerquote im »St. Oberholz« immer noch exorbitant hoch – obwohl es das kostenlose WLAN, das einst die Netznomaden hierher lockte, heute an jedem Eckkiosk und Bierbüdchen gibt.

Auch heute bin ich beinahe der einzige, der keinen Computer bei sich hat. Wie immer in diesen Tagen bin ich deutlich zu früh. Ich setze mich auf eine der Bänke an der Wand, die zu hoch angebracht sind, um wirklich bequem zu sein. Neben mir sitzt ein hagerer Mittzwanziger mit einer dicken Hornbrille. Ich nicke ihm freundlich zu, als ich meine mitgebrachte Zeitung aus der Jackentasche hole, aber er guckt unbeeindruckt weiter auf seinen Bildschirm. Aus den Augenwinkeln heraus versuche ich zu erkennen, was er gerade tut. Schreibt er einen Roman? Ein Konzept für ein neues Internet-Startup, das er in zwei Jahren für mehrere Millionen an Rupert Murdoch verkaufen wird? Oder eine E-Mail an seine Eltern, dass sie ihm bitte noch mal etwas Geld schicken sollen? Ich drehe den Kopf unauffällig etwas weiter und erkenne das vertraute blau-weiße Layout der Facebook-Seite. Was als nächstes passiert, kann ich nicht genau begründen und vielleicht bestenfalls mit dem Begriff »Übersprungshandlung« erklären. Ich nehme jedenfalls zwei Finger und tippe meinem Nachbarn damit an die Schulter. Nicht aggressiv, aber doch mit gewissem Nachdruck.

Er zuckt erschrocken zusammen, dann sieht er mich fragend an. Ich merke, wie ich knallrot anlaufe, und verfluche meine Idee. »Ich habe dich angestupst«, sage ich eher krächzend, weil mein Mund mit einem Schlag ausgetrocknet ist. »Uh-hm«, lautet die einzige Antwort, die ich von ihm bekomme. »So wie auf Facebook, hehe!«, schiebe ich nach, inzwischen wieder mit etwas normalerer Stimme, aber noch nicht ansatzweise wieder mit normaler Hirnfunktion. Jetzt rückt mein Nachbar so weit weg, wie er gerade eben kann, ohne dass sein Computer vom Tisch fällt. Ich weiß nicht, ob er mich für homosexuell hält, für verwirrt oder für beides, ob er vielleicht nicht mal deutsch versteht und einfach nur die typische Reaktion eines Großstädters zeigt, der von einem Fremden grundlos angesprochen wird: Ignorieren, Rückzug, Geldbeutel festhalten. »Lass uns schnell woanders hingehen«, bitte ich Jörg, als er wenig später zur Tür reinkommt. »Hättest du das in einer Eckkneipe in Wedding gemacht, hättest du wahrscheinlich eine auf die Nase bekommen«, schätzt er, als ich ihm von meinem fehlgeschlagenen Experiment berichte, das virtuelle »Anstupsen« (beziehungsweise »Poken« oder »Gruscheln«, wie es auf anderen Netzwerken genannt wird) in die reale Welt zu übertragen. Und fügt kurz danach hinzu: »Oder tatsächlich einen neuen Freund gefunden.«

Ich erzähle Jörg von meinem Interview mit dem Facebook-Gründer Mark Zuckerberg, den ich vor einiger Zeit in München traf. Er war damals ein wenig enttäuscht, denn das Oktoberfest, von dem er wie fast alle Amerikaner gedacht hatte, es würde im Oktober stattfinden, war gerade zu Ende gegangen. Als ich mit ihm über das Thema Freundschaft im Internet sprach, sagte er folgendes: »Freunde werden im Internet zu einer immer wichtigeren Informationsquelle – wichtiger als die alten Massenmedien. Wenn Ihnen ein Freund einen Link zu einem Text oder einem Film oder einem Musikstück schickt – dann haben Sie doch sehr viel mehr Interesse daran, als wenn diesen ein wildfremder Journalist oder Musikredakteur für Sie ausgesucht hat.« Und als ich ihn fragte, ob und wie das Internet unsere Freundschaften verändere, hatte er die einfache Antwort: »Das Internet ist nicht unbedingt ein guter Ort, um neue Freunde zu finden, aber ein gutes Instrument, um die Freundschaften zu pflegen, die man hat.«

Jörg ist ein wenig skeptisch, was die ganzen digitalen Heilsversprechen betrifft: Der Jubel über die grenzenlosen Möglichkeiten; die Studien, die Google mit 86 Milliarden Dollar zur wertvollsten Marke der Welt küren; die ständig neuen Internetfirmen, die alle gleich heißen: Meebo, Bebo, Zalando, Traviago – oder Twitter, Flickr, Tumblr, Talkr, Anothr, Flattr. Seine Vorbehalte kommen vielleicht auch daher, dass er vor ziemlich genau zehn Jahren schon einmal beim Platzen einer großen Internetblase hautnah dabei war. »Davor hatten alle wie verrückt nach Online-Redakteuren gesucht«, erinnert er sich. »Alles, was damals im Vorstellungsgespräch gefragt wurde: ob ich Online-Erfahrung besäße. Ich sagte ja – dabei war ich bis dahin genau drei Mal im Internet gewesen. Aber das spielte keine Rolle – Geld auch nicht.« Ein paar Monate später war es vorbei mit der digitalen Goldgräberstimmung. Auch heute befürchten Kritiker, dass es hochgejubelten Firmen wie Facebook oder Twitter, die allesamt über viel Nutzermasse, aber keine althergebrachten »Erlösmodelle« verfügen, bald ebenso gehen könnte.

Trotz seiner Skepsis erzählt mir Jörg begeistert vom gestrigen Konzert einer Band, die er nur über das Internet entdeckt hat. Wieder so ein Moment, in dem ich mich seltsam abgekoppelt fühle von alldem, was meinen Freunden wichtig ist – plötzlich nicht mehr mitreden kann. Immerhin bin ich heute Abend nicht der einzige, der ganz altmodisch auf moderne Kommunikationsmittel verzichtet: Jörg hat sein Handy zuhause vergessen. Im Grunde nicht schlimm, aber eigentlich soll sich später noch unser gemeinsamer Freund Armin zu uns gesellen – und wie immer wurde nur verabredet: »Wir rufen uns dann einfach zusammen.« Als die Zeit gekommen ist, macht sich Unruhe in uns breit. »Wir müssen ihm Bescheid sagen, wo wir sind«, fasst Jörg unser Dilemma zusammen. Nur wie? Wir trauen unseren Augen kaum, aber in dem gemütlich holzvertäfelten Restaurant, in dem wir sitzen, sehen wir hinten in der Ecke tatsächlich eine Tür mit einer im Jugendstil verzierten Scheibe, auf der steht »Telefon«. Natürlich befindet sich dahinter jedoch schon seit Jahren kein Münztelefon mehr – sondern ein Zigarettenautomat und ein Metallständer für Gratispostkarten. Als wir am Tresen fragen, ob wir ausnahmsweise das Telefon der Gaststätte benutzen dürfen, heißt es »Nur Festnetz, Handynummern sind gesperrt«. Was wir für eine glatte, aber verständliche Lüge halten. Könnte ja jeder kommen. Leider hat Jörg nur die Handynummer von Armin parat, und laut dem Mann am Zapfhahn ist auch keine Telefonzelle in der Nähe. »Frag doch einen Gast, ob du kurz sein Handy benutzen kannst«, schlage ich Jörg vor. »Frag doch selber«, gibt dieser zurück. Aber erstens essen um uns herum gerade alle, und zweitens bin ich noch etwas verstört von meinem Anstupsfiasko kurz zuvor. Mein Bedarf, mich fremden Menschen aufzudrängen, ist für heute gestillt.

Frustriert trinken wir aus und bezahlen. »Wie kann man nur so bekloppt sein und sein Handy vergessen?«, denke ich bei mir. Aber vermutlich denkt Jörg im selben Moment: »Wie kann man nur so bekloppt sein und wochenlang sein Handy abschalten?« Immerhin hat Jörg im Kopf, wo Armin wohnt, was ich nicht gewusst hätte, und wir machen uns zu Fuß auf den Weg. Nachdem wir lange schweigend durch die Kälte gestapft sind, geklingelt und gewartet haben, bis das Treppenhauslicht angeht und Armin zur Tür herauskommt, fragt er uns zur Begrüßung: »Was soll denn das Geklingel? Die Kinder schlafen doch schon! Warum ruft ihr nicht an?« – »Frag nicht«, antworten wir beide gleichzeitig. Dann müssen wir lachen.

Vierzehn Dinge, die das Handy auf dem Gewissen hat

- Unser Gedächtnis für Telefonnummern
- Die Armbanduhr
- Die Armbanduhr mit eingebautem Taschenrechner
- Das Freizeichen
- Das kleine schwarze Notizbuch umtriebiger Junggesellen
- Den Reisewecker
- Das Hoteltelefon
- Pünktlichkeit bei Verabredungen
- Langeweile an der Bushaltestelle
- Telefonzellen an jeder Ecke
- Streitereien um die WG-Telefonrechnung
- Telefonkarten-Sammler
- Toiletten, auf denen nicht telefoniert wird
- Eltern, die schimpfen: »Blockier nicht den ganzen Tag die Leitung!«

kapitel 4

In dem ich eine ganze Villa für mich alleine habe, langsam Geschmack an der Stille finde – und lerne, dass es gar nicht so einfach ist, bei Facebook dauerhaft auszusteigen.

Tag 22 Um drei Ecken beeinflusst

Seit mir das Internet als Zerstreuungsmaschine nicht mehr zur Verfügung steht, sehe ich wie schon geschildert wieder mehr fern. Aber selbst im Programm von Pro Sieben ist der Siegeszug der Online-Welt nicht mehr zu übersehen: In einem einzigen Werbeblock sehe ich Spots für zwei Internet-Partnerbörsen, einen Online-Shop für Schuhe, eine halbseidene Auktionsplattform, für eine Webseite, auf der man alte Handys verkaufen kann, und für eine, auf der man Fotobücher von Digitalfotos erstellen kann. Dazu Werbung für einen Online-Wetterbericht sowie für einen »Mobile Stick« fürs Notebook, der es einem ermöglicht, auch unterwegs online zu sein. Natürlich kostet er nur noch einen Bruchteil von dem, was ich seinerzeit für meinen bezahlt habe, als mir durch den Umzug der Heimanschluss gekappt wurde und ich mir nicht mehr anders zu helfen wusste. In dem Werbespot für den »Mobile Stick« sitzt ein Mann an einem Bergsee in den Rocky Mountains vor einem Zelt. Und während sich vor ihm ein Panorama auftut, wie es die Welt allenfalls in solchen Werbefilmen gesehen hat, hat der Idiot tatsächlich nichts Besseres zu tun, als den kleinen Plastikstab in sein Notebook zu stecken und auf die Webseite vom Nachrichtensender N24 zu surfen. So traurig, falsch und armselig ich das beim Zusehen auch finde, so muss ich wohl zugeben, dass es sich statt einer Werbung auch um eine Beobachtung aus meinem Leben vor dem Selbstversuch handeln könnte. Wenn ich denn gerne zelten ginge.

Die wenigen verbleibenden Werbespots, die einen nicht ins Internet locken wollen, sind fast ausschließlich für Mobilfunkanbieter – oder eine Kombination aus beidem: Internet per Handy. Eine Frau erlebt mit, wie ein Chor »Freude schöner Götterfunken« singt, und schickt die Filmaufnahmen, die sie davon macht, an all ihre Facebook-Kontakte. »Heute hat man seine Freunde immer dabei«, lautet der dazugehörige Slogan von T-Mobile. In einem anderen Spot wendet sich ein sehr bunt angezogener Mensch direkt an den Zuschauer: »Hi, ich bin Andi, und meine Freunde sagen, ich soll mal meinen Style wechseln. Schickt mir Eure Style-Ideen!«, bittet er das Publikum, und der Telekom-Ableger Congstar verspricht am Ende, dass mit einem neuen Handyvertrag alles gut wird: »Ändere dein Leben, ändere deinen Provider!« Wenn es mal so einfach wäre.

Nach der Werbung sehe ich einen Beitrag über die Weltmeisterschaft im SMS-Schreiben: Mehr als sechs Buchstaben pro Sekunde tippen die Profis bei diesen Wettbewerben inzwischen – und es lohnt sich. Denn die neue Weltmeisterin Mok-Min Ha aus Südkorea nimmt stattliche 100 000 Dollar Preisgeld mit nach Hause. Es gibt sogar einen Doppelwettbewerb, auch hier schlägt die 17-jährige Mok-Min Ha zusammen mit ihrem ein Jahr älteren Partner Yeong-ho Bae das Team der USA. Ich frage mich, ob ich manche Sachen, so wie das schnelle Tippen von SMS oder Tastenkombinationen auf der Computertastatur, nach meinem Selbstversuch verlernt haben werde. Oder ob es eher wie das berühmte Beispiel mit dem Fahrradfahren ist: Wenn man den Bogen einmal raus hat, verlernt man es nie mehr. Ich bin gespannt.

Vor allem aber bin ich überrascht, wie sehr ich mich inzwischen an meinen neuen, analogen Lebensstil gewöhnt habe.

Ab und zu spüre ich immer noch den Impuls, »schnell etwas googeln« zu wollen, wenn mir eine Idee oder eine Frage in den Sinn kommt. Und der CTRL-TAB-Reflex ist auch noch nicht ganz verschwunden – wird aber immerhin seltener. Völlig verschwunden ist dafür der Zwang, unterwegs E-Mails aus dem iPhone abrufen zu wollen – ebenso wie die Angewohnheit, morgens nach dem Aufstehen als erstes den Computer einzuschalten. Auch wenn ich nach Hause komme, gehe ich nicht mehr mit Jacke und Schuhen zu meinem Schreibtisch und schalte den Rechner ein. Inzwischen gehe ich stattdessen als erstes zum Fernseher. Nein, so schlimm ist es zum Glück noch nicht geworden.

Glück ist ansteckend

Heute habe ich mir das Buch »Connected« vorgenommen, in dem zwei amerikanische Forscher sich damit auseinandersetzen, wie uns unsere Freunde beeinflussen. Und nicht nur die: Sogar die Freunde unserer Freunde unserer Freunde, die wir selbst gar nicht persönlich kennen, tragen – wenn auch in geringerem Maße – dazu bei, welche Partei wir wählen und ob wir glücklich, übergewichtig oder Nichtraucher sind. Den »six degrees of separation«[17], also den berühmten

[17] Der berühmte Soziologe Stanley Milgram bat zum ersten Mal in den Sechzigern einige Hundert Menschen in Nebraska, einen Brief, der für einen unbekannten Geschäftsmann in Boston bestimmt war, an einen persönlichen Bekannten zu schicken, von dem sie glaubten, er könne den Geschäftsmann kennen. Oder den Brief gegebenenfalls an einen eigenen Bekannten weiterleiten, der ihn kannte. Im Durchschnitt waren sechs Weiterleitungen nötig, um den Geschäftsmann – nur über persönliche Kontakte – zu erreichen. Zahllose Folgestudien, die oft auch global durchgeführt wurden, bestätigten diese Durchschnittszahl.

sechs Ecken, um die jeder Mensch auf der Welt jeden anderen kennt, fügen die Autoren die »three degrees of influence«, den »Einfluss dritten Grades« hinzu. Denn bis zu drei Ecken weit reicht der positive oder negative Einfluss, den wir auf unsere Freunde haben. Und eben die Freunde ihrer Freunde.

Zunächst einmal ein gruseliger Gedanke: Der Kumpel der Schwester meines besten Freundes ist – obwohl ich ihn noch nie gesehen habe – mitverantwortlich dafür, wie ich mich fühle und wie viel ich wiege? Na, herzlichen Dank! Aber es stimmt tatsächlich: Dadurch, dass wir unbewusst die Menschen imitieren, mit denen wir zu tun haben, ist ein Lächeln ebenso ansteckend wie eine Depression. Beim Lächeln kann man es relativ leicht selbst nachprüfen, in Sachen Depression verlässt man sich vielleicht besser auf Studien: So wiesen beispielsweise Uni-Anfänger, die ihr Wohnheimzimmer mit einem an Depressionen leidenden Studenten teilen mussten, nach einer Weile ebenfalls depressive Symptome auf.

Doch laut den Autoren Christakis und Fowler funktioniert diese Form der Ansteckung auch über größere Entfernungen – selbst wenn man sich gar nicht häufig genug sieht, um das Verhalten des anderen unbewusst kopieren zu können. »Soziale Kontakte, die Tausend Meilen voneinander entfernt leben, können zum Beispiel das Gewicht des anderen beeinflussen«, schreiben die Autoren. Ganz einfach, indem diese Kontakte unmerklich unsere Normen verändern – zum Beispiel diesbezüglich, wo für uns Dicksein anfängt oder wie viel Sport man treiben sollte. »Normen werden sogar weitergegeben, wenn sie das Verhalten einer Person nicht direkt verändern. Manche Menschen können eine Idee übertragen, ohne selbst das dazugehörige Verhalten an den Tag zu legen. Folglich können Sie den Freund ihres Freundes beeinflussen, ohne dass dabei zwangsweise ihr Freund beeinflusst wird.« Einfacher formuliert: Wenn ich als Nichtraucher viele Raucher kenne, bringen sie mich offensichtlich nicht zum Rauchen – machen mich aber vielleicht toleranter gegenüber meinem Partner, der es nicht schafft, damit aufzuhören. Bin ich hingegen fast nur mit Nichtrauchern befreundet, werde ich vermutlich stärkeren Druck auf ihn ausüben, ohne Zigaretten durchzuhalten – die anderen schaffen es schließlich auch.

Nach Aussagen der Autoren ist der Effekt der Beeinflussung bei direkten Freundschaften stärker als bei denen um zwei oder drei Ecken – und er ist stärker in Freundschaften in unserem realen täglichen Umfeld als bei Freundschaften auf Distanz und via Facebook. Aber er ist dennoch in all diesen Fällen vorhanden. Gleichzeitig räumen sie in einem interessanten Kapitel ihres Buches mit dem Vorurteil auf, Kontaktpflege über Telefon und Internet würde dazu führen, dass wir die realen Kontakte vor unserer Haustür vernachlässigen. Sie führen dazu das Experiment an, das zwei Soziologen in den späten Neunzigerjahren in einem Vorort von Toronto durchführten. In einer Neubausiedlung mit 109 Einfamilienhäusern wurden nach dem Zufallsprinzip 60 Prozent der neuen Bewohner mit einer Internetstandleitung und Videotelefon ausgestattet, 40 Prozent nicht. Im Lauf der Zeit stellte sich heraus, dass die Bewohner mit Internet und Videotelefon nicht nur ihre Kontakte und Freundschaften in die Ferne besser pflegten (was wenig überrascht) – sondern auch die Kontakte zu ihren realen Nachbarn. Die Hi-Tech-Bewohner kannten mehr ihrer Nachbarn mit Namen, unterhielten sich mit doppelt so vielen von ihnen regelmäßig und statteten ihnen häufiger Besuche ab. Und das lag nicht daran, dass sich die ohnehin geselligeren Menschen für das Technik-Paket entschieden hätten: Die Verteilung erfolgte rein zufällig.

Katze allein zu Haus

Heute Abend werde ich zumindest ein paar Freunde meines Freundes Armin kennenlernen, die angeblich mein Leben indirekt beeinflussen. Denn er hat mich zu einer Lesung eingeladen, bei der er sein neues Buch vorstellt. Ein kalter Wind treibt mich durch die Straßen und von der S-Bahn-Station direkt vor die Backsteinvilla, die der Verlag für den Abend offenbar angemietet hat. Die Eingangstür steht offen, aber niemand ist zu sehen. Bis auf das Knarren der alten Holztreppe ist keinerlei Geräusch zu hören, als ich in den ersten Stock hinaufgehe. Auch hier: keine Menschenseele. Ich sehe auf meine Uhr und merke, dass ich wie immer in diesen Tagen zu früh bin – allerdings gerade mal eine Viertelstunde. Sind alle Gäste noch unterwegs und die Veranstalter selbst so spät dran? Die großen, eleganten Räume sind allesamt erleuchtet, in einem von ihnen stehen auch bereits artig aufgebaute Stuhlreihen, es gibt sogar eine Küche, in der mehrere große Einkaufstüten stehen. Wäre ich mit dem Auto da und hätte eine größere kriminelle Energie, könnte ich vom Tafelsilber bis zum Kronleuchter reiche Beute machen. Der einzige Zeuge wäre eine kupferrote Katze, die sich auf dem Fenstersims oberhalb einer leise klopfenden Heizung wärmt. Ihr Blick verheißt mir Stillschweigen – aber ich will ja gar nichts mitnehmen. Ich will, dass Armin kommt und aus seinem Buch vorliest und jemand Weinflaschen öffnet und Schnittchen reicht. Oder zumindest, dass ein Hausmeister kommt und mich fragt, was ich hier will – und mich zwei

Sätze später nach nebenan in eine noch prächtigere Villa mit noch größeren Wein- und Schnittchenvorräten schickt, in die die Lesung verlegt werden musste. Doch nichts passiert. Unter normalen Umständen würde ich einfach Armin anrufen, um herauszufinden, wo das Problem liegt. Doch ohne Handy kann ich weder das tun, noch auf irgendeinem anderen Weg klären, ob der Termin verschoben wurde oder alle Teilnehmer samt und sonders aufgrund mysteriöser Umstände am selben teuflischen Virus erkrankt sind.

Dies ist der erste Moment meines Selbstversuchs, in dem ich bereit wäre, mein Gelübde zu brechen und in ein Internetcafé zu gehen, um a) nachzusehen, ob ich eine Absage der Lesung per Mail bekommen habe. Um b) zu googeln, ob der Termin beziehungsweise seine Verschiebung irgendwo angekündigt ist. Und um c) Armin eine Reihe unflätiger Beschimpfungen zu schicken, für deren Grobheit ich mich am nächsten Tag entschuldigen müsste. Doch in einem Villen-Wohnviertel wie diesem hier gibt es natürlich keine Internetcafés oder Callshops, die mit billigen Tarifen nach Angola werben. Hier gibt es nur Hecken und Hermès. Ich will gerade missmutig nach Hause stapfen, als ich auf einem Tisch neben dem Katzensims ein Blatt Papier entdecke. Auf ihm ist die Bestuhlung aufgemalt sowie eine Einkaufsliste für die Getränke und das Catering. Die für mich interessanteste Information steht jedoch groß darüber: Armins Name – und das morgige Datum.

Eine Antwort, die natürlich sofort mehrere neue Fragen aufwirft: Warum bin ich nicht wie sonst zurzeit üblich ein paar Minuten zu früh, sondern gleich einen ganzen Tag? Hat mir Armin den falschen Termin gesagt? Oder ich ihn mir falsch gemerkt? Wie soll man das bei einer Einladung, die nur mündlich über einer Panna Cotta nach unserem gemeinsamen Abendessen ausgesprochen wurde, jemals herausfinden? Ist es überhaupt wichtig? Und warum zum Teufel ist hier trotzdem Festbeleuchtung, und alle Türen stehen sperrangelweit offen?

Tag 23 Der Geräuschesammler

Zumindest ein Teil der Rätsel des gestrigen Abends lassen sich relativ leicht lösen: »Ich muss dir aus Versehen den Termin der Lesung in München gegeben haben«, entschuldigt sich Armin, als ich ihn anrufe. »Die war nämlich gestern. Heute ist die in Berlin. Kommst du trotzdem noch mal?« Ich verspreche, zu kommen – immerhin kenne ich jetzt ja schon Weg, Sitzplan und Hauskatze. Und sein Buch will ich ja auch endlich zu sehen bekommen.

Zunächst führt mich meine eigene Recherche an diesem Tag jedoch in die Staatsbibliothek am Potsdamer Platz. Es ist fast zehn Jahre her, dass ich zuletzt in einer großen Unibibliothek war, damals anlässlich meiner Magisterarbeit. Und auch wenn es damals eine andere Bibliothek war, erkenne ich die Geruchsmischung aus alten Büchern, noch älterer Auslegeware und der spülmaschinendampfigen Cafeteria-Tabletts sofort wieder. Das Verrückte: Ich mag diesen Geruch. Ebenso wie die gesamte Atmosphäre des konzentrierten Lernens, der Achterbahn aus Langeweile und Prüfungspanik, aus Geistesblitzen und Kaffeepausen. Als ich durch die Regalreihen gehe, fällt mir noch einmal Clay Shirky ein und seine These, dass es kein »Zuviel« an Informationen gäbe, sondern nur schlechte Filter. »Die Klagen über die angebliche Informationsüberflutung gibt es doch schon seit Ewigkeiten«, sagt Shirky. »Aber Information ist das, was für die Fische das Wasser ist. Das, worin wir uns bewegen.«

Ich weiß, dass Shirky recht hat mit dem, was er sagt. Trotzdem merke ich, während ich nach den Aufsätzen suche, die ich lesen möchte, wie leicht sich ein Gefühl der Ohnmacht einstellt, wenn man sich mit einer riesigen Menge von Informationen konfrontiert sieht. Ob es nun zwischen den Tausenden von Büchern eines Bibliothek-Lesesaals geschieht (von den Abertausenden, die in den Archiven und Kellern schlummern und die man erst mühsam per Leihsystem bestellen muss, gar nicht zu reden) oder zwischen den Millionen von Dokumenten im World Wide Web: Man hat ständig das Gefühl, noch mehr lesen, noch mehr Informationen sammeln zu müssen. Und mit jeder Information, die man verarbeitet, stößt man auf zwei neue, die man unbedingt »auch noch mitnehmen« muss, um das gesamte Bild zu verstehen. Doch bei jeder Recherche, analog oder digital, muss irgendwann der Zeitpunkt kommen, an dem man aufhört zu sammeln und beginnt, auszuwerten, zu verstehen, zu sortieren und gegebenenfalls zu schreiben. Sonst hat man zwar den ganzen Tag Treibholz und Baumstämme gesammelt – aber am Abend weder ein Kajak noch ein Kanu gebaut.

Der Klang der Stille

Neben der konzentrierten Atmosphäre und dem Gefühl, dass jeder hier an einem vielleicht völlig obskuren, aber für sich genommen unglaublich spannenden Fachgebiet der Bioanalytik, Literaturwissenschaft oder Organisationssoziologie arbeitet, gefällt mir vor allem die Stille. Ich kenne sie von zuhause, und so fremd sie mir am Anfang war, so sehr habe ich mich an sie gewöhnt. Kein Handy klingelt, kein Computer gibt mit lautem »Blöp« eine Fehlermeldung von sich. Gespräche finden nur in der Cafeteria statt – alles, was man hört, ist das Umblättern von Papier. Oder manchmal ein leises Schnarchen, wenn jemand nach mehreren Stunden Adorno-Lektüre auf seinem Bücherstapel eingeschlafen ist.

Ich muss an Gordon Hempton denken, einen Geräuschesammler, den ich gemeinsam mit Jessica vor einiger Zeit im Olympic National Park in der Nähe von Seattle besucht habe. Er würde sich kaputtlachen, wenn ich ihm das, was ich in der Bibliothek genieße, als Stille verkaufen würde. Er ist in den verregneten, aber wundervoll üppigen Olympic National Park gezogen, weil es laut seinen Nachforschungen der stillste Ort in den gesamten USA ist. »Hört Ihr das?«, begrüßt er Jessica und mich bei unserem Besuch. Wir schütteln den Kopf. »Eure Ohren sind noch gestresst von der Anreise«, diagnostiziert er. »Aber in der Ferne kann man einen Dieselgenerator hören. Den gibt es normalerweise nicht, aber am Wochenende hat der Sturm ein paar Stromleitungen gekappt.« Hempton ist 57 und sammelt tatsächlich Geräusche. Was als Leidenschaft für die Klänge der Natur begann und nur ein Hobby war, das sich Hempton mit Jobs als Fahrradkurier finanzierte, wird inzwischen von Museen wie dem Smithsonian oder dem American Museum of Natural History sowie Firmen wie Microsoft gut bezahlt. »Die schicken mich um die ganze Welt, um Geräusche aufzunehmen. Nicht nur aus der Natur, sondern zum Beispiel auch den Klang einer alten Dampflokomotive«, erzählt der freundliche Eigenbrötler. Hemptons Aufnahmen kann man auch in Filmen hören: Für den Survival-Thiller »Überleben!« zum

Beispiel hat er Aufnahmen vom Wind in den Anden gemacht. Viele der Geräusche von Microsofts Multimedia-Enzyklopädie »Encarta« stammen ebenfalls von ihm.

Aber das Brummen des Windes in einem hohlen Baumstamm oder die Landung eines fallenden Blattes in perfekter Aufnahmequalität festhalten zu können, ist mehr als ein Beruf für Hempton. Es ist seine Passion. »Wir Menschen haben im Lauf unserer Entwicklung gelernt, dass es nicht gut ist, unseren Müll einfach in den Wald zu werfen«, erklärt er sein Anliegen. »Aber dass es auch akustische Umweltverschmutzung gibt, haben bisher nur die Wenigsten begriffen. Dabei ist es um jeden Ort der Stille, der von Lärm verschmutzt wird, genauso schade wie um einen Wald, der zu einer Müllkippe gemacht wird.« Der Nobelpreisträger Robert Koch ist ein prominenter Zeuge für Hemptons Anliegen, prophezeite er doch schon 1905: »Der Tag wird kommen, an dem die Menschheit den Lärm ebenso unerbittlich wird bekämpfen müssen, wie wir es mit Pest und Cholera getan haben.«

Wir wandern durch den tropfenden, dampfenden Regenwald in der Nähe der Grenze zu Kanada und durchqueren dabei das akustische Naturschutzgebiet, das Gordon Hempton hier ausgerufen hat. Um die Stille zu bewahren, notiert er sogar die Uhrzeiten, zu denen Flugzeuge über den Nationalpark fliegen. Im Internet findet er anschließend heraus, zu welcher Fluggesellschaft sie gehören, und bittet diese, ihre Routen so zu ändern, dass sie das Gelände nicht mehr überqueren. Das Erstaunliche: »Die meisten ändern ihre Routen tatsächlich.« Trotzdem erscheint sein Kampf nahezu aussichtslos: 1983, so sagt er, konnte er auf seinen Rundreisen durch die USA noch 21 Orte finden, in denen mindestens

15 Minuten am Stück kein von Menschen produziertes Geräusch zu hören war. Ein Vierteljahrhundert später sind es nur noch drei – einer davon der Olympic National Park. Doch selbst hier muss Hempton um die Ruhe kämpfen: Die Parkverwaltung zieht seit einiger Zeit in Erwägung, Helikopterrundflüge über die eindrucksvolle Landschaft anzubieten, wie sie in anderen Nationalparks, beispielsweise am Grand Canyon schon lange Realität sind.

Fast alle Menschen seien gar nicht mehr in der Lage, Stille zu erleben – selbst wenn sie es wollten. Denn in unserer Zivilisation gibt es laut Hempton keinen Ort mehr, an dem nicht zumindest in der Ferne eine Straße zu hören ist, Maschinenlärm herüberweht – oder eben ein Flugzeug den Himmel durchfräst. »Die Menschen merken es nicht mehr«, beklagt Hempton, »und empfinden es schon als still, wenn der Presslufthammer nicht direkt unter ihrem Fenster steht.« Nach einer mehrstündigen Wanderung, während deren er uns von seinem schwierigen Kampf berichtet, die Stille des Parks auch gesetzlich verankern und schützen zu lassen, verlassen wir den offiziellen Wanderweg. Hempton legt einen Finger über seine Lippen. Ab hier wird nicht mehr gesprochen, hat er uns vorher bereits erklärt. Wir nähern uns gewissermaßen dem Epizentrum der Stille. Wir folgen einem alten Elchpfad durchs Unterholz, balancieren auf Baumstämmen über kleine Bäche, bis wir schließlich an eine Lichtung gelangen. Hier befindet sich der »One Square Inch«, der »Quadratzoll«, ein auffälliger Stein, etwa so groß wie eine Streichholzschachtel. Hempton hat ihn auf einem Baumstumpf platziert, um den Ort der völligen Stille zu markieren. Hierhin, mitten im Park, weit weg von allen Straßen und Häusern, dringt kein menschengemachtes Geräusch. Denn das ist es, was Hempton mit Stille meint: nicht die völlige Abwesenheit von Geräuschen – sondern »die ungestörte Klangwelt der Natur«. Denn wenn keine Helikopterrotoren, Flugzeugdüsen oder Schneemobilmotoren die Harmonie der Natur stören, kann man meilenweit hören. Das Murmeln eines Baches ganz in der Nähe oder das Brüllen eines Bären im entfernten Tal.

In einem ausgehöhlten Baum neben dem Baumstumpf mit dem »Stein der Stille« hat Hempton ein großes Einweckglas deponiert, in dem sich ein Block und ein Bleistift befinden. Jeder Besucher kann auf einem Zettel eine Nachricht hinterlassen, einen Gedanken, einen Wunsch. Schweigend gibt er uns einige Zettel zu lesen. Es sind sorgsam zusammengefaltete Zeugnisse besinnlicher Momente, manche überwältigt vom Glück, andere nachdenklich. Auf einem gedenkt eine Gruppe einer gemeinsamen Freundin, die sich auch mit auf die Reise an diesen einzigartigen Ort machen wollte, aber zuvor an Krebs verstarb. »Einmal hat ein junger Mann seiner Freundin dort in völliger Stille einen Heiratsantrag gemacht«, verrät uns Hempton später, als wir die Schweigezone wieder verlassen haben. Auch wir fühlen uns seltsam ergriffen und spüren gleichzeitig tiefen Frieden. Vielleicht, weil es wirklich so vollkommen ruhig war und unsere Körper diesen ungewohnten Zustand der Stille genossen. Vielleicht, weil ein Verbot, zu sprechen, schnell etwas Feierliches, Besinnliches bekommt, auch wenn man in verdreckten Wanderstiefeln neben einem Häufchen Elchmist steht. Vielleicht auch einfach, weil Gordon Hempton so ein sympathischer und mitreißender Kämpfer für die stille Sache ist.

Er hat ein Buch über seine Anstrengungen geschrieben, dessen Titel übersetzt lautet: »Ein Quadratzoll Stille: Die Suche eines Mannes nach der Stille der Natur in einer Welt voller

Lärm«. Die Gegenpole Lärm und Stille begleiten den »Soundtracker« schon seit jungen Jahren: Als er gerade sein Botanikstudium abgeschlossen hatte, fuhr er einmal eine lange Strecke über die nordamerikanische Prärie, wurde am Steuer müde und beschloss, sich auszuruhen. »Als ich mich neben meinem Auto in ein Feld legte, konnte ich jedoch nicht schlafen«, erinnert er sich an sein akustisches Erweckungserlebnis, während wir uns auf den Weg zurück in den Lärm der Zivilisation machen, weil der Abend langsam herandämmert. »Grillen zirpten, Vögel zwitscherten, Moskitos summten um mich herum, und in der Ferne grollte ein Gewitter. Es war, als hätte sich mir urplötzlich eine neue Welt erschlossen. Eine Welt, von der ich bisher nichts gewusst hatte.«

Hempton machte diese neue Welt zu seinem Beruf und arbeitete als Geräuschesammler – bis zu seinem Hörsturz vor etwa sieben Jahren. Kein Arzt wusste Rat, und es dauerte rund anderthalb Jahre, bis das Pfeifen, das er plötzlich ständig hörte, vollständig wieder verschwunden war. Eine Zeit, in der er nicht nur finanziell, sondern auch emotional vor dem Ruin stand. Inzwischen ist sein Gehör jedoch zum Glück wieder genauso gut wie vor dem Hörsturz. Dass er jedoch ein besonders gutes Gehör habe, sei ein häufiger Irrglaube, erklärt er, während er mit einem Blick zum Himmel abschätzt, wie lange uns noch bleibt, bis die Dunkelheit über den Park hereinbricht. »Ich höre minimal besser als der Durchschnitt«, sagt er. »Aber ich habe keinerlei Superohren oder so etwas.«

Dass man jedoch auch im hintersten Winkel der USA keine ewige Garantie für Ruhe und ein ungestörtes Leben in der Natur bekommt, musste Hempton kürzlich erfahren: Nicht nur spielen die Vampirbücher »Bis(s) zum Morgengrauen«

und »Bis(s) zum Abendrot« der Bestsellerautorin Stephanie Meyer in Hemptons Wohnort Forks am Rande des Nationalparks, sie locken auch die Fans dorthin. Seitdem erlebt das vormals eher ärmliche Städtchen einen Boom von Vampir-Touristen und Stephenie-Meyer-Fans, denen Bustouren, T-Shirts und Vampirburger geboten werden. Wenn Hempton Glück hat, geht der Spuk ebenso schnell vorbei, wie er begonnen hat, und er bekommt seinen verschlafenen Ort und seine geliebte Ruhe zurück. Wenn nicht, muss er vielleicht an einen der beiden anderen Orte ziehen, in denen es noch mehr als 15 Minuten Stille am Stück gibt. Wo die sich befinden, will er jedoch nicht verraten – um sie zu schützen. Für einen Umzug müsste allerdings noch seine Frau einwilligen, die Hempton erst vor kurzem geheiratet hat. Und für sie ist es überall gleich still. Denn sie ist gehörlos.

»Krchz… Liebe Leser! Das Ausleihsystem steht die nächste halbe Stunde nicht zur Verfügung.« Die knorrige Lautsprecherdurchsage in der Bibliothek holt mich unsanft wieder in die Berliner Gegenwart zurück. Auch hier im Hort des Wissens hat die Stille offenbar ihre Grenzen. Trotzdem, mein Leben ist in den letzten drei Wochen deutlich ruhiger geworden; und ich genieße das jeden Tag mehr. Aber Stille – das war auch Gordon Hempton auf seinem Kreuzzug wichtig – darf nicht Einsamkeit und Verzicht auf Freundschaften bedeuten. Deshalb mache ich mich am Abend auf zu Armins Lesung – diesmal zur richtigen Zeit am richtigen Ort. Und als später der Applaus in Stimmengewirr und Gläserklirren übergegangen ist, merke ich: Manchmal kann Lärm genauso angenehm und erbaulich sein wie Stille.

Das Festnetztelefon klingelt, als ich gerade aus der Dusche komme. Da ich die Kunstfertigkeit, mit der sich Frauen in einer halben Sekunde einen ordentlichen Handtuchturban auf den Kopf zaubern, zwar stets bewundert, aber nie gemeistert habe, renne ich mit tropfenden Haaren und wehendem Bademantel zum Telefon. Leider jedoch völlig umsonst: »Herzlichen Glückwunsch! Sie haben gewonnen«, will mir eine Tonbandstimme weismachen. »Ja, Sie haben richtig gehört! Unser Glückscomputer hat Sie ausgewählt…«, mehr höre ich schon gar nicht mehr. Früher konnte man wenigstens mit Wucht den Hörer auf die Gabel knallen, um sich abzureagieren – seit die Gabel jedoch durch einen kleinen roten Knopf ersetzt wurde, den man drücken muss, geht das leider nicht mehr. Schade um die Dramatik!

Greife das Link!

Völlig bleibe ich also auch in meiner digitalen Fastenzeit nicht von Spam verschont. Obwohl er derzeit nicht in Form von E-Mails meine Nerven strapazieren kann, sondern nur per Telefon. Die zentrale Errungenschaft des Internets – nämlich, dass es einfacher, billiger und schneller möglich ist für jeden Einzelnen, mit einer großen Menge von Menschen zu kommunizieren, hat auch dafür gesorgt, dass diese Kommunikation stattfindet, ohne dass wir es wollen. Dass uns von wildfremden Menschen Diätpillen, Penisvergrößerungen und gefälschte Rolex-Uhren angeboten werden. Dass wir bombardiert und abgelenkt werden von E-Mails mit automatisch übersetzten Betreffzeilen wie »Greife das Link!« oder »Gewinne groß im Casino Spaß«. Wenn man sich die Zahlen hinter dem ganzen Quatsch ansieht, merkt man schnell, dass Spam-Mails nicht nur nerven, sondern auch ein tatsächliches Problem darstellen: Rund 250 Milliarden E-Mails werden inzwischen täglich weltweit verschickt, beinahe drei Millionen pro Sekunde. Die Angaben, wie viel davon unerwünschte Spam-Mails sind, variieren je nach Studie zwischen 90 und 97 Prozent. Würden alle davon unsere Postfächer erreichen, wäre das wunderschöne und praktische Kommunikationsmittel E-Mail nicht mehr zu gebrauchen. Denn jeder, der 50 echte Mails am Tag bekommt, müsste sich erst einmal durch rund 1000 unerwünschte wühlen.

Seit Jahren läuft also ein digitales Wettrennen zwischen den Versendern von Spam-Mails und den Entwicklern sogenannter Spam-Filter, die verhindern sollen, dass uns nutzlose Mails erreichen, aber trotzdem alle richtigen und wichtigen durchlassen. Kein leichtes Unterfangen! Als beispielsweise Spam-Filter anfingen, Mails mit dem Begriff »Viagra« auszusortieren, schrieben die Spammer einfach »V1agra« oder »Via_gra«. Als die Filter auch darauf reagierten, verschickten die Spammer plötzlich keine Texte mehr, sondern Bilder, auf denen sich die zu übermittelnden Informationen befanden. Auf jeden Trick der einen Seite antwortet die gegnerische mit einer geeigneten Kontermaßnahme. Doch auch gefiltert ist Spam noch teuer genug: Ein mittelständisches Unternehmen verliert dadurch etwa 500 Euro pro Jahr und Mitarbeiter. Allein in den USA werden über zehn Milliarden Dollar für Spam-Filter und andere Maßnahmen ausgegeben, um nicht in der Flut von Werbemails zu ertrinken.

Und es geht längst nicht nur um Geld – Spam-Mails schaden auch der Umwelt. Experten schätzen, dass für das Versenden,

Empfangen und Filtern von Spam jährlich 33 Milliarden Kilowattstunden Strom aufgewendet werden – in etwa die Menge, die acht Millionen deutsche Drei-Personen-Haushalte jährlich verbrauchen. Spam-Mails erzeugen so viele Treibhausgase wie 3,1 Millionen Autos – denn auch wenn E-Mail ein scheinbar kostenloses Medium ist: Jeder Mailserver braucht Strom und Kühlung und muss – genauso wie die immer größeren Datenleitungen – überhaupt erst mal hergestellt werden.

Wenn man sich wundert, wer all diese Müllmails überhaupt versendet, muss man geduldig sein und warten – bis einer von ihnen verhaftet wird. Wie zum Beispiel der 25-jährige Japaner Yuki Shiina, der 2008 hinter Gitter kam und zuvor in knapp zwei Jahren rund 2,2 Milliarden Werbemails für Online-Casinos und Dating-Seiten verschickt hatte. Einer der größten Müllmailer ging jedoch den Behörden der USA ins Netz: Dort wurde Robert Soloway, in Fachkreisen nur als »Spamkönig« bekannt, ebenfalls 2008 von einem Gericht zu einer Haftstrafe von 47 Monaten verurteilt. Insgesamt fünf Jahre lang war der Gründer der Firma Newport Internet Marketing (NIM) immer wieder entkommen und hatte mehrere Geldstrafen in Millionenhöhe und eine Anklageschrift mit insgesamt 40 Punkten angesammelt.

Noch interessanter als die Frage, wer all die Spam-Mails verschickt, finde ich persönlich jedoch die Frage, wer sie öffnet, liest und daraufhin wirklich nichts Besseres zu tun hat, als »das Link zu greifen«. Aber irgendjemand muss es tun, sonst würden nicht jeden Tag Milliarden von Spam-Mails um die Welt geschickt. Ich habe einmal versucht, herauszubekommen, wie teuer es wäre, Menschen mit unerwünschter Mail-Werbung zu belästigen: 2008 kostete es einen Spammer rund 350 Euro, satte 20 Millionen Mails mit einem Betreff wie »Ihre Frau wird jubeln« oder »Über Nacht zum Milliardär« zu verschicken[18] – inzwischen ist es bestimmt noch billiger. Es reicht also, wenn nur jeder Millionste Empfänger eine falsche Rolex oder ein Päckchen »V1ag*ra« aus einer chinesischen Tiermehlfabrik kauft – sobald der Absender an jedem dieser 20 Verkäufe 20 Euro verdient, ist er schon im Plus. Das Unglaubliche: Die Trefferquote ist viel höher. Laut einer Studie des Verbrauchermagazins »Consumer Reports« kaufen in den USA monatlich über eine halbe Million Menschen ein Produkt oder eine Dienstleistung, die ihnen per Spam-Mail angeboten wurde. So lange Geld damit verdient wird, ist also ein Ende der Müllmails nicht zu erwarten.

Seit gut drei Wochen bekomme ich jetzt dank Internetboykott keine einzige Spam-Mail mehr. Aber ich muss zugeben, dass es auch vorher schon nicht allzu viele waren – den fleißigen Tüftlern und ihren Spam-Filtern sei Dank! Auch hatte ich im letzten Jahr immer häufiger das Gefühl, dass die Viagra- und Diätpillenverkäufer sich einfach neue Vertriebskanäle jenseits der guten alten E-Mail gesucht haben. Wenn ich zum Beispiel das Programm Skype zum Telefonieren per Internet benutzte, bekam ich immer häufiger Spam-Botschaften im Chatfenster des Programms zu sehen. Und wenn ich bei Twitter die Liste meiner Follower[19] ansah, entdeckte ich dort immer wieder üppige blonde Frauen mit an-

---

[18] Laut einer Studie der Firma Gdata, die Antivirensoftware herstellt, entfallen dabei rund 200 Dollar auf die 20 Millionen Empfängeradressen. Der Rest falle für fünf Absender-Adressen und ein »Selbstbau-Kit« an, mit dem man die riesigen Mail-Volumen verschicken kann.

[19] Als »Follower« (zu deutsch Anhänger) bezeichnet man bei Twitter diejenigen Nutzer, die die Nachrichten eines anderen Nutzers abonniert haben.

züglichen Namen, die vorschlugen, ich solle doch mal auf ihrer Internetseite vorbeischauen, sie hätten dort so Bilder ... Die falschen Blondinen wurden zwar meist ebenso schnell wieder gelöscht wie unerwünschte Spam-Mails, aber auch bei den »Trending Topics«, also jenen Schlagwörtern, zu denen gerade besonders viel getwittert wird, musste ich mich immer häufiger durch einen Wust an sinnlosen Nachrichten kämpfen, in denen es nur um das eine ging: Klick mich!

Als eindeutig am schlimmsten habe ich jedoch Spam-Kommentare in Blogs, Diskussionsforen oder unter Youtube-Videos in Erinnerung. Manche Spammer gehen hier offensichtlicher vor (»Für heißen Parkplatz-Sex hier klicken«) – manche deutlich subtiler (»Interessant! Ich habe mir zu diesem Thema auch Gedanken gemacht – lesen Sie hier weiter...«). Doch nicht nur beim Lesen nerven diese falschen und irrelevanten Beiträge – da sie meist nicht von Menschen, sondern von Computerprogrammen verfasst werden, muss man nun immer häufiger beweisen, dass man auch wirklich ein Mensch ist, bevor man auf einer Webseite einen Kommentar hinterlassen darf. Das führte wiederum dazu, dass ich vor meinem Selbstversuch immer häufiger mit zusammengekniffenen Augen und schiefgelegtem Kopf vor meinem Bildschirm saß – weil ich ein sogenanntes CAPTCHA[20] entziffern musste: jene verschnörkelten Zeichenkombinationen, die nicht maschinenlesbar sind und deshalb Spam-Roboter aussieben sollen. Oft genug wird aber auch für Menschen die Entzifferung solcher CAPTCHAs zur Höllenqual.

20 CAPTCHA ist ein Akronym für »Completely Automated Public Turing test to tell Computers and Humans Apart«, also ein automatischer Test, um Computer von Menschen zu unterscheiden. Meist muss der menschliche Nutzer eine grafisch verfremdete Zeichenkette abtippen oder eine als Grafik dargestellte Rechenaufgabe lösen.

Wie oft habe ich schon gegrübelt, ob eine türkis-grüne, durchgestrichene Schlangenlinie eine 1, ein kleines L oder ein großes I sein soll? Wie oft dachte ich schon, ich hätte es geschafft – nur um dann ein anderes, noch bunteres, noch verschwommeneres Kunstwerk vorgesetzt zu bekommen?

Angeblich wenden alle Internetnutzer der Welt jeden Tag zusammen 150 000 Arbeitsstunden auf, um solche Aufgaben zu lösen – die letztlich nur durch von Robotern geschriebene Spams überhaupt nötig werden. Was für eine grauenhafte und dumme Verschwendung! Zu meiner großen Freude stieß ich irgendwann auf eine neue Generation von CAPTCHAs, die an der Carnegie-Mellon-Universität entwickelt wurde. Diese hilft nun immerhin, Bücher zu digitalisieren: Statt sinnloser Zeichenketten bekommt man zwei reale Wörter vorgesetzt, die beim automatischen Einscannen alter Zeitungen und Bücher nicht erkannt wurden. So bekommt all die zusätzliche Arbeit, die täglich wegen Spam geleistet werden muss, wenigstens ein winziges bisschen Sinn.

Ganz verschwinden wird der Spam jedoch nie wieder, da bin ich sicher. Weder die Einträge und E-Mails im Internet noch die lästigen Anrufe des »Glückscomputers« oder die zwei Dutzend Werbezettel für einen neuen Pizza-Lieferservice, die mindestens einmal pro Woche kreuz und quer durch unsere Hofeinfahrt geweht werden. Vielleicht bin ich aber auch streng – und es sind gar nicht alle Nachrichten, die ich für Spam halte, wirklich das Werk arglistiger Gauner. Vielleicht warten da draußen wirklich schon mehrere Erbschaften von in Autounfällen zu Tode gekommenen Diktatoren auf mich, die mir in E-Mails versprochen wurden? Vielleicht existiert der Diamant tatsächlich, den mir der Prinz aus Sierra Leone schicken will, sobald ich ihm 200 Euro »Unkostenbeitrag« überwiesen habe? Und vielleicht ist auch der Gewinn, den mir eine Mail von »unserem Staatslotterij E-Mail-Förderung« versprach, gar kein Schwindel, sondern wartet vergeblich auf mich, da ich alter Skeptiker nicht im Traum daran denke, den Absender »so bald wie möglich für die sofortige Freilassung der Ihre Gewinne Preis mit dem Details unten« zu kontaktieren. Vielleicht könnte ich schon längst reich sein? Vielleicht drücke ich aber trotzdem lieber weiterhin jedes Mal auf »löschen«…

Tag 25 Wir müssen leider draußen bleiben

In der Schweiz hat eine Kommunikationsagentur eine Studie durchgeführt, die meinem Experiment nicht ganz unähnlich ist: 50 Freiwillige verzichteten einen Monat lang auf Facebook – eine Plattform, die sie ansonsten regelmäßig (nämlich mindestens zwei Mal täglich) nutzten. Ich ärgere mich ein wenig, da die Probanten – vom Lehrer bis zur Krankenschwester bunt gemischt – jeweils 300 Franken für die Teilnahme bekommen haben. Die hätte ich mir also ohne großen Aufwand auch dazuverdienen können. Aber vermutlich hätte man eh Schweizer sein müssen, um an der Studie teilzunehmen. Trotzdem, 300 Franken für etwas, was ich sowieso vorhatte? Das Angebot erscheint mir auf alle Fälle besser als die meisten Spam-Mails.

Abgesehen von unserer unterschiedlichen Entlohnung sind sich die Teilnehmer der Studie und ich jedoch scheinbar ähnlich. Jedenfalls überraschen mich viele der Ergebnisse, die das Schweizer Magazin »Weltwoche« in einem längeren Artikel zusammenfasst, nicht sonderlich: Das Gefühl, »den Wohnungsschlüssel abgegeben« oder »eine Beziehung beendet zu haben«, hatte ich am Anfang meines Selbstversuchs auch. Das »Gefühl der Abgeschottetheit« und der sozialen Ausgrenzung, von dem Studienteilnehmer anschließend berichteten, ist mir aus meiner »Entzugsphase« ebenfalls bekannt. Und nicht zuletzt konnte auch ich den schrittweisen Wandel vom spannenden Abenteuer der Online-Kommunikation zu einer oft lästigen Pflicht gut nachvollziehen. Oder wie es die Schweizer in ihrer unvergleichlichen Sprache ausdrücken: »Das anfängliche Kommunikationserlebnis hatte sich in ein Ämtli verwandelt, das mindestens einmal am Tag erledigt werden musste«.

Die Probanten schienen ansonsten eine ähnliche Entwicklung durchgemacht zu haben wie ich: Nach dem ersten Entzugsschock kamen sie nach und nach besser ohne Facebook klar und vermissten es immer weniger. Der Verzicht wirkte sich positiv auf ihr Leben aus, und sie entdeckten alte Beschäftigungen wieder oder ganz neue. Nun gut, so weit wie manche Teilnehmer, die gleich ihren Keller aufräumten, ist es bei mir trotz aller digitalen Entsagungen noch nicht gekommen. Aber der Satz eines Studenten: »Dem Dozenten zuzuhören, ohne parallel noch auf Facebook zu sein, ist schon massiv was anderes«, finde ich so lustig, dass ich ihn am liebsten gleich twittern würde. Wenn ich nur dürfte.

Womit ich weniger gerechnet hätte, sind die negativen Reaktionen, die den Abstinenzlern von ihren Freunden entgegenschlugen: Wer nichts mehr mitbekommt, braucht sich nicht zu beklagen, schien der Tenor zu lauten: »Selber schuld, wenn du die Party verpasst, weil du nicht mehr auf Facebook bist«, hieß es zum Beispiel. Gegenüber der Härte, die eingefleischte Online-Fans gegenüber Aussteigern an den Tag legen, sind die Amish, die ihren Jüngsten die Freiheit des »Rumspringa« gewähren, ja ein höchst liberaler Haufen. Zum Glück kann ich zumindest diese Erfahrung der Schweizer nicht teilen. Mir wird fast immer mit Verständnis, wenn nicht sogar mit ein wenig Neid begegnet. Und statt Häme bekomme ich manchmal sogar echte Unterstützung in meinem Versuch, auch ohne Internet und Handy ein angenehmes und aufregendes Leben zu führen: »Joachim macht nächste Woche eine Einweihungsparty in seiner neuen Wohnung«, lässt mich mein Freund David per Telefon wissen. »Er hat aber nur per Mail eingeladen, deshalb hast du es wohl gar nicht mitbekommen.« Ich bin tatsächlich gerührt, dass David so für mich mitdenkt – und komme aus dem Gerührtsein gar nicht mehr heraus, als einen Tag später Joachim selbst anruft, um mir am Telefon von seiner Party zu erzählen. Es ist ein gutes Gefühl, Freunde zu haben, die einen nicht daran messen, wie einfach oder umständlich es ist, einen zu erreichen.

Niemals geht man so ganz

Auf der Suche nach jemandem, der sich dauerhaft von Facebook verabschiedet hat, spreche ich mit meiner Kollegin Sarah. Sie hat im letzten Sommer versucht, sich aus der Commmunity auszuklinken – zum einen, weil das Pflegen ihrer Kontakte dort immer mehr Zeit verschlang, zum anderen, weil ihr diese zu oberflächlich erschienen. »Ich hatte mich angemeldet, weil ich das Gefühl hatte, es tun zu müssen«, erzählt sie mir. »Schließlich waren plötzlich alle dort. Ich entdeckte viele alte Bekannte wieder – und sie mich. Aber anstatt zu fragen, wie es mir geht und was ich so mache, kam nur die standardisierte Freundschaftsanfrage. Ein Klick auf ›bestätigen‹ – das war's. Gleichzeitig merkte ich, dass solche Netzwerke extrem schlechte Seiten in mir hervorbringen: Ich verwendete plötzlich wahnsinnig viel Zeit darauf, alten Freunden hinterherzuspionieren – obwohl ich so etwas sonst nie tun würde. Kurz gesagt: Ich wollte da wieder raus.«

Doch der Abschied gestaltete sich als sehr kompliziert: Die Funktion zum Abmelden ist in den hintersten Winkeln der Nutzerkonto-Verwaltung versteckt – und selbst wenn man sie entdeckt hat, wird man zunächst mit emotionalem Druck zum Bleiben überredet: »Diese Freunde werden dich vermissen«, schreibt Facebook und listet eine ganze Reihe von Kontakten mit Bild auf. Bleibt man hart, wird als nächstes der Grund abgefragt, warum man der Online-Gemeinschaft den Rücken kehren will. Verschiedene Optionen wie mangelnde Zeit oder Bedenken zur Sicherheit der Privatsphäre stehen zur Auswahl. Doch egal, was man anklickt, es folgt stets ein kleiner Aufsatz, in dem einem freundlich erklärt wird, dass dieser Grund eigentlich Quatsch sei – und man doch bleiben solle. »Ich fühlte mich ein wenig wie jemand, der versuchte, einer Sekte den Rücken zu kehren«, erzählt Sarah.

Obwohl Sarah allen Überredungsversuchen widerstand, hatte sie sich am Ende doch noch nicht komplett abgemeldet, sondern – ohne es zu merken – ihren Account lediglich »deaktiviert«. Die Mail, die sie darüber in Kenntnis setzte, landete jedoch ungelesen in einem E-Mail-Postfach, das sie kaum noch benutzte. »Meine Freunde bekamen übrigens überhaupt nicht mitgeteilt, dass ich mich abgemeldet hatte«, erinnert sich Sarah. »Sie konnten meine Seite noch sehen, hatten aber keinen Zugang mehr zu meinen Bildern – was viele wiederum als persönlichen Affront verstanden.« Als sie nach mehreren Wochen merkte, dass ihr Konto keineswegs gelöscht, sondern nur deaktiviert war, versuchte sie, den Vorgang abzuschließen. Inzwischen hatte sie aber das Passwort vergessen.[21] Zwar konnte sie sich ein neues Passwort an ihre Mailadresse schicken lassen, mit diesem neuen Passwort war jedoch eine endgültige Abmeldung wiederum nicht möglich. Erst nach mehreren Wochen Wartezeit und zahllosen Anrufen gelang es ihr, das Konto komplett zu löschen.

Facebook ist dabei kein Sonderfall, fast alle sozialen Netzwerke verstecken ihre Abmeldefunktionen und bauen kleinere und größere Hürden ein, um den Abschied der Nutzer zu verhindern. Schließlich ist eine möglichst große Zahl von Mitgliedern derzeit das wichtigste Kapital der Netzwerke. Wer sich wirklich zum Abschied von einem oder mehreren sozialen Netzwerken entschieden hat, dem raten Experten dazu, vor der Abmeldung per Hand alle persönlichen Informationen wie Bilder, Hobbys, Freundeslisten oder Bei-

[21] Mehrere Nutzer berichten jedoch, dass selbst weniger vergesslichen Menschen die endgültige Abmeldung aus sozialen Netzwerken schwer gemacht wird: Denn wenn jemand versucht, sich noch einmal anzumelden (eben, um zu prüfen, ob sein Profil wirklich gelöscht ist), wird dies von vielen Netzwerken als »Einverständnis« gedeutet, das Konto weiter zu betreiben.

träge zu löschen. Wem das zu mühsam ist, für den haben eine Handvoll Netzaktivisten aus Rotterdam mit der »Suicide Machine 2.0« ein Programm entwickelt, das diesen Vorgang automatisiert. Bei Netzwerken wie Twitter, MySpace oder LinkedIn räumt die martialisch benannte »Selbstmordmaschine« zuerst die Kontaktlisten leer, bei Twitter werden darüber hinaus alle Tweets gelöscht. Erst am Ende erfolgt der eigentliche Abmeldevorgang. Als die »Suicide Machine« Ende 2009 startete, war es auch noch möglich, sein Facebook-Konto damit zu tilgen, doch schon nach wenigen Tagen meldeten sich die Anwälte des amerikanischen Netzwerks und verlangten von den Rotterdamer Programmierern, die Selbstmordmaschine sofort vom Netz zu nehmen. Mit der Begründung, das automatisierte Löschen fremder Nutzerkonten verstoße gegen die Geschäftsbedingungen des Netzwerks, ist der Zugriff der Suicide Machine nun offenbar zumindest bei Facebook gestoppt.

Mir kommt die passende Zeile aus dem Eagles-Hit »Hotel California« in den Sinn: »You can check out any time you like, but you can never leave«. Auch Sarah hat den endgültigen Absprung nicht geschafft. Ungefähr ein Vierteljahr nach der komplizierten Abmeldung bei Facebook hat sie sich wieder neu angemeldet. »Ich weiß, es klingt völlig bescheuert«, gibt sie zu. »Aber ich habe gemerkt, dass es mir irgendwie doch fehlt. Und habe einfach aufgehört, so empfindlich zu sein, was die Oberflächlichkeit mancher Kontakte betrifft.« Auf meine Frage, ob sie denn nach all den Schwierigkeiten bei der ersten Abmeldung nicht gezögert habe, antwortet sie: »Die Neuanmeldung war ein sehr schneller Entschluss. Aber ich wollte einfach nicht diejenige sein, die als einzige draußen steht und kulturpessimistisch den mahnenden Zeigefinger hebt.« Ich erzähle ihr von der einfachen und plausiblen Dreiteilung, die der Schriftsteller Douglas Adams vor über zehn Jahren für alle technischen Neuerungen aufgestellt hat, von der Druckerpresse über das Fahrrad bis zum Fernsehen: »1) Alles, was schon existierte, als wir geboren wurden, ist für uns normal. 2) Alles, was zwischen unserer Geburt und unserem 30. Geburtstag erfunden wird, ist wahnsinnig aufregend und kreativ, und mit etwas Glück machen wir damit Karriere. 3) Alles, was nach unserem 30. Geburtstag erfunden wird, ist gegen die natürliche Ordnung der Dinge und das Ende der Zivilisation, wie wir sie kennen. Bis es etwa zehn Jahre lang existiert hat, dann freunden wir uns langsam damit an.« »Genau« stimmt Sarah zu. »Kürzer und präziser kann man es wahrscheinlich kaum zusammenfassen.«

Tag 26 Am Sabbat bleibt der Computer kalt

Der Rabbiner Ehrenberg wohnt im Schatten des KDW in einem Haus, das nach Bohnerwachs riecht. Es war nicht einfach, einen Termin zu bekommen, um mit ihm über das Telefon- und Internetverbot am Sabbat zu sprechen, aber am Ende hat es doch geklappt. Über der Garderobe, an der ich meine Jacke aufhänge, befindet sich eine stattliche Reihe mit schwarzen Hüten, überall in der Altbauwohnung hängen Bilder von Hochzeiten, Bar Mitzwas und Familienfeiern. Auf dem Wohnzimmertisch stehen eine Schale mit Paranüssen und eine mit Kinder-Schokobons. Yitzhak Ehrenberg ist 60 Jahre alt und Gemeinderabbiner. Das heißt, ihm untersteht nicht nur eine einzelne Synagoge, sondern er kümmert sich um die Belange der gesamten jüdisch-orthodoxen Gemeinde von Berlin, die offiziell 12000 Mitglieder umfasst.

»Aber in der Realität leben bestimmt über 50000 Juden in Berlin«, so Ehrenberg. Der Rabbi ist, wie er selbst sagt, »das Tor zur Welt« für seine Gemeinde. Wer eine Bescheinigung für ein koscheres Restaurant braucht, kommt ebenso zu ihm wie jemand, der sich scheiden lassen möchte.

»Am Sabbat geht es nicht nur darum, nicht zu arbeiten«, erklärt er mir freundlich, als wir zum Anlass meines Besuchs kommen. »Wer den Sabbat verstehen will, muss das Konzept des jüdischen *Melachah* verstehen, das so etwas bedeutet wie ›Neues erschaffen‹ und uns Juden am Sabbat streng untersagt ist.« Darunter fällt neben der klassischen Arbeit auch Kreatives wie Malen oder Musizieren, aber auch Kochen und Feuer zu machen – und damit auch das Benutzen elektrischer Geräte. »Aus diesem Grund sind auch Computer am Sabbat tabu. Aber das ist nicht der einzige Grund: Es geht nicht nur darum, was ich am Sabbat *nicht* darf, sondern auch, was ich tun *soll*. Und das ist, mir Zeit zu nehmen für mich selbst, meine Seele, meinen Glauben und meine Familie.« Deshalb seien auch Handy und Festnetztelefon am Sabbat tabu, ebenso wie Gespräche über die Arbeit und Alltagssorgen wie Schulden, Geschäfte oder Verpflichtungen. »Gerade heute, in unserer verrückten Welt«, sagt er lachend, »haben wir doch nie genug Zeit, mit unserer Familie zu sprechen und uns auf unser Innerstes zu besinnen. Deshalb darf man den Sabbat auch nicht als Pflicht verstehen, sondern muss ihn als Geschenk begreifen, das Gott einem macht.« Er fragt mich, ob ich wüsste, was die Kaballah ist. Alles, was ich weiß, ist: Eine Art jüdische Geheimlehre, auf die Madonna vor ungefähr zehn *Bunte*-Jahrgängen einmal abgefahren ist und sich deshalb rote Armbändchen umgebunden hat. Deshalb belasse ich es vorsichtshalber bei einem stummen Nicken. »In der Kaballah steht, dass jeder

Jude am Sabbat eine zusätzliche Seele bekommt«, sagt Ehrenberg und fährt mit einem Schmunzeln fort. »Der Heilige gibt sie dem Menschen am Vorabend des Sabbats, und am Ende des Sabbats nimmt er sie ihm wieder. Manche gelehrten Kommentatoren haben versucht, damit zu begründen, warum man am Sabbat so viel Appetit hat.«

Dann wird der Rabbiner wieder ernst: »Für uns Juden stellt sich nicht die Frage, warum wir am Sabbat keinen Computer benutzen sollen. Es ist so festgelegt: keine elektrischen Geräte! Das reicht als Begründung. Ich glaube aber, dass es jedem Menschen guttut, egal welchem Glauben er angehört, einen Tag in der Woche Abstand zu gewinnen von der Arbeit, den Pflichten und den Alltagssorgen.« Sein Mobiltelefon klingelt. Als er den Anrufer mit einem warmen »Shalom« begrüßt, verschwindet das Wort fast in seinem üppigen weißen Bart. Nachdem er das Gespräch beendet hat, frage ich ihn, wie häufig er selbst das Internet benutzt. »Ich benutze es, außer am Sabbat, fast jeden Tag. Ich schreibe E-Mails mit Rabbinern in der ganzen Welt, ich lese Nachrichten aus Israel und informiere mich, was draußen so passiert«, sagt er. Und fügt mit einem gewissen Stolz hinzu: »Ich möchte in Zukunft auch selbst stärker im Internet aktiv werden und zum Beispiel Lehrvideos über die Torah und den jüdischen Glauben anbieten. Das gibt es auf Deutsch bisher noch nicht, und es ist ein guter Weg, unsere verstreute Gemeinde zu erreichen.«

Die Kerne des Granatapfels

Nicht alle sind so aufgeschlossen wie Ehrenberg: Einige ultraorthodoxe Juden lehnen das Internet komplett ab, da es den Geist verderbe und zu viele weltliche Unanständigkeiten ins Haus bringe. Deshalb fordern einige Rabbis von ihrer Gemeinde, jenseits des Berufs gänzlich auf das Internet zu verzichten oder spezielle Filtersoftware zu verwenden. Diese sperrt nicht den Zugang zu obszönem Material, wie es die Filter von Kindersicherungen tun, sondern erlaubt nur den Zugang auf eine Positivliste vorab ausgewählter Seiten: In dieser koscheren Version des Internets sind Webseiten wie torah.net für das Studium religiöser Texte oder Foren wie »Ask the Rabbi« erlaubt. Alles andere – von bild.de mit seinen »Sexel-Prinzen« bis zu zockerparadies.de für die abendliche Pokerpartie – wird geblockt.

Ehrenberg versucht es ohne Verbote und Filtervorschriften, fürchtet aber auch die Versuchungen, die in der digitalen Welt lauern: »Es gibt gute Orte im Internet, die der Bildung dienen, und es gibt schlechte Orte, an denen Kinder ihre Seele kaputtmachen können. Und wir sind alle große Kinder. Wir sind schwach und brauchen viel Disziplin, um auf der Autobahn nicht falsch abzubiegen.« Ein weiteres wichtiges Konzept in der jüdischen Lehre ist das Verbot der Zeitverschwendung. Es ist die Pflicht der Gläubigen, ihre Zeit sinnvoll zu nutzen – zum Studium der Torah, um den Nachbarn zu helfen, um Sport zu treiben, aber auch um zu essen. »Ich komme gerade von einer Beerdigung«, verrät der Rabbiner, »wo ich über den Sinn des Lebens gesprochen habe. Jede Minute ist eine Welt – und die Torah gebietet, keine Minute zu vergeuden. Wir sollen unser Leben für gute Sachen verwenden.« Eine ganz schön strenge Vorgabe – vor allem in einer Welt, in der man nach jedem Youtube-Video verführerisch gefragt wird, ob man nicht noch ein Dutzend »ähnliche Videos« ansehen will. Und in der Wikipedia-Artikel über die Geschichte des Eishockeys oder über mobile Kernkraftwerke auf ein Dutzend anderer, nicht minder skurrile

Artikel verlinken. »Man muss das Internet handhaben wie einen Granatapfel«, gibt mir der Rabbiner zum Abschied mit auf den Weg. »Man muss die guten, süßen Kerne herausholen und die unnütze Schale wegwerfen.«

Als ich zurück zur U-Bahn-Station stapfe, reifen in mir zwei Entschlüsse: Ich werde versuchen, nach dem Ende meines Selbstversuchs eine Art Internet-Sabbat beizubehalten. Und ich werde versuchen, mehr Essensmetaphern in meinen Texten und Gesprächen zu verwenden.

Tag 27 Warum wir so gerne suchen

Jessica hat morgen Geburtstag. Ich wusste schon relativ lange, dass ich ihr einen Holzschlitten schenken wollte, da wir bei einem Urlaub in Vorarlberg unsere Liebe zu halsbrecherischen Rodelpartien entdeckt haben. Doch wo bekommt man so ein Ding her? Spielwarengeschäfte haben nur welche für Kinder, die großen Kaufhäuser nur hässliche Plastikbobs. Als ich Freunde um Rat frage, lautet die Standardantwort: »Ich wüsste auch gerne, wo es die gibt! Wenn du einen schönen siehst, kauf mir am besten auch gleich einen!«

Gleichzeitig bin ich mir sicher, dass das Internet geradezu überquillt mit Seiten, auf denen formschöne, hochwertige Holzschlitten zu unverschämt günstigen Preisen angeboten und frei Haus geliefert werden. Ich bin kurz davor, einen der Freunde, die selbst heiß auf ein solches Gefährt sind, mit einer Internetbestellung zu beauftragen. Sicher, das wäre gemogelt – aber wenn ich nicht wegen eines Geburtstagsgeschenks für die Frau an meiner Seite kurz vom Pfad der

Offline-Tugend abweichen darf – wofür denn bitte dann? Ich komme gerade von dem erfolglosen Versuch zurück, in einem Baumarkt einen Schlitten zu erwerben, als ich zwei Schaufenster neben unserer Haustür das perfekte Holzmodell in der Auslage eines Outdoor- und Campingladens entdecke. »Sagen Sie nicht, der sei nur Dekoration«, überfalle ich den freundlich, aber leicht bekifft wirkenden Verkäufer. Als er begriffen hat, wovon ich rede, fängt er an, den Schlitten in den höchsten Tönen zu preisen: Handarbeit! Erzgebirge! Zwei Personen! Erstklassige Verarbeitung! Dabei bin ich schon längst überzeugt. Stolz trage ich meine Beute nach Hause. Wenn es sich bei dem Schlitten wirklich um ein handgefertigtes Meisterwerk aus dem Erzgebirge handelt, wird das gute Stück nächsten Winter sicher für den dreifachen Preis im Manufactum-Katalog angeboten.

Einzig die Verpackung gestaltet sich ein bisschen schwierig. Eine Rolle Packpapier und mehrere Rollen Tesafilm später ist der Holzbock zwar komplett verhüllt, aber an seiner Form erkennt man sofort, dass es sich um einen Schlitten handelt. Ich grinse trotzdem selig. Warum ist es eigentlich so wichtig, Geschenke zu verpacken, frage ich mich und ziehe den Christo-Schlitten hinter mir her ins Wohnzimmer. Bestimmt hat es auch etwas mit Tradition oder Aberglauben zu tun, mit bösen Geistern, die von der Geschenkverpackung davon abgehalten werden, sich in dem Schlitten, dem Spielzeugroboter oder den Socken für Papa einzunisten.

Mir fällt aber noch eine andere Möglichkeit ein, woher das beliebte Verpackungsritual stammen könnte: Ich habe in den letzten Tagen darüber gelesen, was in unserem Gehirn passiert, wenn wir am Computer sitzen und zum Beispiel etwas in die Google-Suchmaske eintippen. Wahrscheinlich am wichtigsten: Dopamin wird ausgeschüttet. Jener Botenstoff, der gerne als »Glückshormon« bezeichnet wird und unter anderem für Antrieb, Wohlbefinden und Lebensfreude verantwortlich ist. Die Erwartung von etwas Neuem, das Auffinden von etwas Unerwartetem – all das erhöht unseren Dopaminspiegel.

Dass Suchen das menschliche Gehirn stimuliert, stellte der Psychologieprofessor James Olds schon 1954 fest. Der Stanford-Psychologe und Neurowissenschaftler Brian Knutson behauptet sogar, die Aussicht auf Erfolg sei stimulierender als der Erfolg selbst. Worin ihm nicht nur die angestaubte Redewendung »Vorfreude ist die schönste Freude« Recht gibt, sondern was auch eine plausible Erklärung wäre, warum wir irgendwann anfingen, Geschenke zu verpacken. Um die Freude über die Gabe selbst noch zu steigern, indem wir es hinter Papier verstecken und somit sowohl die Vorfreude als auch die Überraschung erhöhen.

Doch noch einmal zurück zur Google-Suche und wie sie unseren Dopamin-Spiegel erhöht. Kokain und diverse andere Drogen tun das im Übrigen auch, weswegen Dopamin bei manchen einen schlechten Ruf hat. Zu Unrecht, denn Dopamin ist zunächst ein ganz harmloser und lebenswichtiger Neurotransmitter – wenn wir dauerhaft zu wenig davon haben, erkranken wir beispielsweise an Parkinson. Trotzdem ist unser Verhältnis zu Dopamin nicht ungetrübt. Denn da es uns – vereinfacht gesagt – schnell und unkompliziert gute Laune macht, wollen wir natürlich stets mehr davon. Und über das sogenannte Belohnungszentrum in unserem Gehirn, bekommen wir schnell ein Gespür dafür, auf welchen Wegen wir uns den erwünschten Dopamin-Kick holen können. Tun wir das zu unkontrolliert, entsteht ein Suchtverhalten – sei es nach Drogen, nach Sex oder nach Mail- oder SMS-Nachrichten. Der Psychologieprofessor Kent Berridge von der University of Michigan glaubt, dass jedes Piepen, Klingeln oder Brummen einer eintreffenden Nachricht das Versprechen einer solchen Belohnung ist, auf die wir reagieren. Dass uns diese Belohnung kurzzeitig befriedigt, aber gleichzeitig hungrig nach mehr zurücklässt. »Unser Dopamin-System hat leider keine Sättigungsgrenze eingebaut«, erklärt Berridge in einem Interview. »Unter gewissen Umständen kann uns das zu immer unvernünftigeren und exzessiven Bedürfnissen führen, die nicht gut für uns sind.« Und wer hätte nicht schon einmal auf die Uhr gesehen und festgestellt, dass er sich seit über einer Stunde von einer Google-Suche zur nächsten hangelt – ohne dass es wirklich wichtig wäre, geschweige denn ein handfestes Ergebnis gebracht hätte? »So lange man vor dem Computer sitzt«, erklärt Berridge, »wird der Appetit immer weiter angeregt.« Auch der inzwischen verstorbene Psychologe B.F. Skinner hat sich lange und intensiv mit dem Belohnungszentrum in unserem Gehirn beschäftigt. Er fand unter anderem heraus, dass nicht regelmäßige Belohnungen am stärksten wirken, sondern scheinbar zufällige. Skinner hat das Internet in seiner heutigen Pracht nicht mehr erlebt. Aber die Zufälligkeit, mit der man in den endlosen Weiten des Netzes immer wieder auf aufregende Dinge stößt oder die alberne aber reale Freude, die wir über einen überraschend gemailten Youtube-Link empfinden, hätten seine Thesen sicherlich untermauert.

Weil ich es genauer wissen will, wende ich mich an den Neurowissenschaftler Jaak Panksepp von der Washington State University. Der 67-Jährige ist mir schon deswegen sympathisch, weil er herausgefunden hat, dass Laborratten tatsächlich lachen, wenn man sie kitzelt.[22] Der mit zahlreichen Preisen ausgezeichnete Wissenschaftler beschäftigt sich jedoch auch seit Jahrzehnten damit, wie sich alle Arten des Versteckspiels auf unser Gehirn auswirken. »Der Erregungszustand, durch den wir durch viele Arten des Suchens gelangen, ist höchstwahrscheinlich einer der Hauptgründe für jene Energie, die wir lange ›Libido‹ nannten«, erklärt er mir. »Dieser Zustand steigert sich von Interesse über Enthusiasmus und Freude bis zur Euphorie – und kann ein sehr großes Suchtpotenzial haben.« Warum sowohl Mensch als auch Tier gleichermaßen so gestrickt sind, dass es ihnen große Freude macht, nach etwas zu suchen, kann Panksepp auch nicht klar beantworten. Aber im Rahmen seiner Forschung fand er heraus, dass sämtliche Säugetiere es bevorzugen, sich beispielsweise ihre Nahrung zu suchen oder zu verdienen, statt sie einfach regelmäßig und ohne weiteres Zutun vorgesetzt zu bekommen.

»Kurz gesagt, ermöglicht die Leidenschaft, etwas zu suchen und eine intensive Neugier zunächst einmal das Überleben und stillt die wichtigsten Bedürfnisse aller Säugetiere –

---

22 Wer gerade selbst keinen Internet-Sabbat einlegt und Jaak Panksepp zusehen möchte, wie er Laborratten zum Lachen bringt und ihr Lachen für das menschliche Ohr hörbar macht, muss bei YouTube nur »rats laughing« eingeben.

durch Nahrungssuche, die Suche nach einem sicheren und warmen Ort, nach Sexualpartnern und sozialen Kontakten«, fährt Panksepp fort. »Wenn die körperlichen Bedürfnisse gestillt sind, führt dieses System der Suche dazu, dass wir die Welt um uns herum entdecken und neues Wissen erlangen. Aber auch unsere Freude am Spiel wird durch dieselben Hirnfunktionen befriedigt – und deshalb kann es auch sein, dass uns das Surfen im Internet so viel Freude bereitet, weil es eine endlose Suche nach Belohnungen ist.« Doch Panksepp ist sich auch klar über mögliche Gefahren: »Wenn dieser durch das Suchen verursachte Erregungszustand nachlässt, kann etwas Ähnliches passieren wie beim Entzug von Drogen: Nämlich dass wir in einen depressiven Zustand verfallen. Anders herum kann auch eine Überaktivität zu ähnlichen Wirkungen wie Drogen führen: zu exzessivem Verhalten und manischen Zwangsvorstellungen. Die Folgen können ähnlich sein wie bei Spielsucht, Sexsucht oder Kokain-Abhängigkeit: Statt sie in wertvolle Dinge zu stecken, die uns froh machen, konzentriert sich unsere geistige Energie nur noch auf die Sucht und unser narzisstisches Selbst.« Panksepp fand auch heraus, dass es für uns Menschen so gut wie keinen Unterschied macht, ob das, was wir suchen, etwas Reales ist (also etwas zu essen, die Frau fürs Leben oder unser Auto auf dem Stadionparkplatz) oder etwas Abstraktes wie eine bestimmte Information. Suche bleibt Suche – und zu suchen, treibt uns auf geheimnisvolle Weise und immer weiter an.

Zum Abschied gibt mir Panksepp noch einen Satz von Aristoteles über das Konzept der »praktischen Klugheit« (Phronesis) mit auf den Weg, den der Hirnforscher auf unsere heutige Online-Welt umgemünzt hat: »Jeder kann sich heute dafür begeistern, das Internet zu durchkreuzen, das ist einfach; aber es nach Dingen der Weisheit, ohne Zwang zu durchkreuzen – zur richtigen Zeit, zum richtigen Zweck und auf die richtige Art – das ist nicht einfach.« Dann fügt er in seinen eigenen Worten hinzu: »Vermeiden Sie es, süchtig nach Dingen zu sein, die keinen eigenen Wert haben. Wählen Sie Ihre Süchte sorgfältig aus und beherrschen Sie sie, statt sich von ihnen beherrschen zu lassen.«

Mittlerweile ist mir auch klar, warum ich in der ersten Phase meines Selbstversuchs so freudlos, schlapp und niedergeschlagen war: Mir fehlte einfach das Dopaminfeuerwerk, das mein Gehirn jedes Mal abgebrannt hatte, wenn ich mich morgens an den Computer gesetzt und nach einer halben Stunde zwischen Lust und Stress bereits über ein Dutzend Browserfenster gleichzeitig geöffnet hatte. Damit meine Synapsen vernünftig funktionieren können, brauchen sie, so die Neurobiologin Amy Arnsten von der Universität Yale, genau die richtige Menge sowohl an Dopamin als auch an Noradrenalin. Noradrenalin ist ebenso wie sein bekannterer Bruder Adrenalin eine Art Folgeprodukt von Dopamin. Nur wenn man sich in dem optimalen Punkt zwischen zu viel und zu wenig nervlicher Anspannung befindet, hat man die Chance, den sogenannten Flow zu erleben. Also jenen Zustand, in dem uns die Arbeit leicht von der Hand geht, eines das andere ergibt, alles zueinander passt, wir gute Lösungen auch für komplizierte Probleme finden – oder beispielsweise beim Tennis einen Tick besser spielen, als wir es eigentlich können.

Zu wenig Dopamin – und man kommt, so wie ich vor zwei Wochen, morgens nicht in die Gänge, kann sich nicht aufraffen. Befindet man sich jedoch zu lange in einem Stadium übermäßiger nervlicher Anspannung, also dem, was man gemeinhin als »negativen Stress« bezeichnet, steigen der Cortisol- und Adrenalinspiegel in unserem Körper nicht nur momentan, sondern chronisch an. Was nicht bloß ungesund ist, sondern auch Neuronen in unserem Hippocampus, einem Teil unseres Gehirns, schädigen und somit unsere Fähigkeit beeinträchtigen kann, Erinnerungen zu speichern und neue Dinge zu lernen.

Als ich Jessica um Mitternacht ihren Schlitten überreiche, weiß sie natürlich sofort, was sich hinter den diversen Packpapierschichten befindet. Die Freude ist trotzdem groß, und ich verzichte auf einen langen Vortrag über Dopamin und das Belohnungszentrum und unsere rätselhafte Leidenschaft für das Suchen. Wir holen uns stattdessen eine Extraportion Dopamin und Adrenalin und eine Menge blauer Flecken, als wir im nächtlichen Schneetreiben zu einem kleinen, aber steilen Hügel in der Nähe stapfen. Mitternachtsrodeln erscheint uns ausgefallen, verrückt und einzigartig – aber als wir den Miniberg erreichen, müssen wir feststellen, dass wir weniger originell sind, als wir denken: Rund ein Dutzend Menschen sausen bereits auf Plastiktüten jauchzend den Hang hinunter, zwei haben sogar Ski unter den Füßen, einer ein flaches Minisurfbrett. »Aber niemand hat einen Holzschlitten aus dem Erzgebirge«, preise ich mein Geschenk noch einmal an. »Halt dich lieber fest«, antwortet Jessica und schiebt uns und den Schlitten mit einem beherzten Ruck über die Kante.

Dreizehn Dinge, die das Internet auf dem Gewissen hat

- Den Teletext/BTX
- Unangenehme Überraschungen auf Klassentreffen
- Angenehme Überraschungen auf Klassentreffen
- Den Quelle-Katalog
- Höflichkeit unter Fremden
- Privatjets und Kokainorgien in der Musikindustrie
- Angenehme und tagelange Unwissenheit vom Tod Prominenter
- Telefonbücher
- Den guten Ruf nigerianischer Geschäftsleute
- Die fabelhaften Geschäftsaussichten von Lexikonverlagen
- In Plattenläden verbrachte Teenagerjahre
- Rechthaber-Wetten auf Partys, die nie aufgelöst werden
- Die romantische und unerreichbar verschollene Ferienliebe

kapitel 5

In dem ich erfahre, wie viele Freunde ein Mensch wirklich braucht, einen fast fatalen Ratschlag eines Reisebüros befolge – und lerne, dass es keine Form von Internetsucht gibt, die es nicht gibt.

Tag 29 Bei 150 hört die Freundschaft auf

In einem Zeitungsartikel lese ich, dass der durchschnittliche Facebook-Benutzer rund 110 Freunde hat. Ich kann zwar im Moment nicht nachsehen, erinnere mich aber, ziemlich genau doppelt so viele zu haben. Sofort fange ich an zu grübeln: Ist das gut? Bedeutet das, ich bin interessant, beliebt und »gut vernetzt«? Oder bin ich einfach zu wahllos, wenn es darum geht, Freundschaftsanfragen zu bestätigen? Klicke ich zu oft »akzeptieren«, obwohl ich mich allenfalls noch diffus an die betreffende Person erinnere, mit der ich vor sagen wir zwölf Jahren ein gemeinsames Praktikum absolviert habe? Wie viele Freunde (Netzwerkfreunde, Onlinebekannte oder wie auch immer) sind normal? Wie viele braucht man? Ab wann wird es albern?

Sind 220 Freunde zu viele?

Robin Dunbar, ein britischer Anthropologe, hat genau darüber ein Buch geschrieben: Es heißt »How Many Friends Does One Person Need?« – Wie viele Freunde braucht der Mensch? Niemand, der sich mit dieser Frage beschäftigt, kommt so richtig an Robin Dunbar vorbei, denn er hat das geschafft, was ich mir als den feuchten Traum eines jeden Wissenschaftlers vorstelle: Eine Zahl wurde nach ihm benannt. Die »Dunbar Number« lautet 150 – und laut seinen Forschungen ist das genau die Anzahl an Menschen, mit denen wir befreundet sein können. Als ich den Freundschaftsforscher in seinem Büro in Liverpool anrufe und ihn frage, wie es sich anfühlt, eine Zahl zu haben, die auf den eigenen Namen getauft wurde, muss er lachen: »Das fühlt sich toll an, keine Frage. Aber ich habe keine Ahnung, wer genau zum ersten Mal den Begriff ›Dunbar Number‹ verwendet hat – ich ganz sicher nicht! Zum ersten Mal tauchte sie wohl 2007 bei einem Blogger auf, der vermutlich meine Aufsätze gelesen hatte. Es war die Zeit, als Facebook gerade bekannter wurde und sich plötzlich alle fragten, ob sie zu viele Onlinefreunde hätten.«

Ich erzähle ihm von meinem Selbstversuch und dass ich mir dieselbe Frage gestellt habe. Schließlich liege ich mit der Anzahl meiner Freunde deutlich über der Dunbar-Zahl von 150. Die Ursprünge dieser Zahl, erzählt mir Dunbar, liegen gut zwanzig Jahre zurück. Der Anthropologe beschäftigte sich damals mit der Größe von Gruppen, in der verschiedene Affenarten zusammenleben. Dabei stellten er und sein Team fest, dass sich die Größe einer Gruppe sich proportional ansteigend zur Größe des sogenannten Neocortex des jeweiligen Affenhirns einer Art verhielt. »Der Neocortex ist grob gesagt der Teil des Gehirns, der für das analytische Denken zuständig ist«, erklärt mir Dunbar, »und er ist bei Menschen größer als bei Affen. Ich rechnete also hoch, was die ideale Gruppengröße für den Menschen ist – und kam auf die 150.« In der Folge suchte Dunbar in der Menschheitsgeschichte nach der Zahl 150 und war selbst überrascht, wie oft er sie fand: Bei über 20 Stammesgesellschaften, von denen Statistiken existieren, liegt die durchschnittliche Größe eines Stammes bei 153. Vom alten Rom bis zur modernen US Army umfassen Kompanien – die kleinste unabhängige Einheit – rund 150 Mann. Nomadenvölker ziehen meist in Gruppen von ungefähr 150 durch die Wüste. Sogar die Kirchengemeinden der Amish spalten sich in zwei neue Gruppen auf, wenn sie eine Größe von ungefähr 150 erreichen. »Wir stießen in allen Epochen und Bereichen darauf«, sagt Dunbar. »Schließlich befragten wir Engländer, wie vielen Menschen sie Weihnachtskarten schicken. Ich weiß nicht, ob das auch in Deutschland ein Ritual ist, aber wir Engländer nehmen unsere Weihnachtskarten sehr ernst.« Will er mir allen Ernstes weismachen, jeder Engländer würde 150 Weihnachtskarten verschicken? »Nein, es sind weniger, im Durchschnitt 68. Aber die meisten gehen an Paare und Familien. Und wenn man zählt, wie viele *Personen* jemand mit seinen Weihnachtskarten erreicht ... Bingo, 150.«

Ich bin noch nicht gänzlich überzeugt. Warum ist ausgerechnet bei 150 Schluss? Ist unser Gehirn wirklich so konstruiert? »Es ist zum einen unser Gehirn«, erklärt Dunbar geduldig und sicher nicht zum ersten Mal. »Bei 150 stoßen wir an eine Kapazitätsgrenze und können uns nicht mehr genau merken, wer die Leute sind, woher wir sie kennen, geschweige denn, was sie so alles tun, mögen und so weiter. Denn der zweite wichtige Faktor ist Zeit: Damit eine Freund- oder Bekanntschaft eine längere Zeit überdauert, müssen wir immer wieder Zeit miteinander verbringen, uns austauschen, erfahren, was bei dem anderen so los ist.« Aber wird genau das nicht durch Facebook, MySpace oder StudiVZ viel einfacher? Wer zwei Mal im Jahr mit seinen 150 Freunden telefonieren will, muss jeden Tag einen von ihnen anrufen. Durch Internet-Gemeinschaften können wir mit ein paar Mausklicks auch 500 oder 5000 Freunden unsere Urlaubsbilder zeigen, wenn wir wollen. Dunbar ist vorsichtig: Natürlich helfe jede Technologie, besser in Kontakt zu bleiben. »Bevor es die Post gab, waren Menschen, die in ein anderes Land auswanderten, für immer verschwunden. Durch Briefe und Telefon blieben Familienmitglieder dann in Kontakt, durch E-Mail, Skype und Facebook ist es noch mal einfacher geworden.«

Wohl wahr, wir machen ein Praktikum in New York, freunden uns dort mit einem Holländer an, der erst einen Job in Kanada annimmt und zwei Jahre später eine Argentinierin heiratet und in Buenos Aires eine Tangoschule aufmacht. Trotzdem bleiben wir immer auf dem Laufenden. »Die Freundschaft wird dennoch irgendwann einschlafen, wenn Sie es nicht hinbekommen, sich ab und zu von Angesicht zu Angesicht zu treffen«, schränkt Dunbar ein. »Wir haben herausgefunden, dass das Internet den Verfall solcher Freundschaften zwar verlangsamen, aber nicht dauerhaft aufhalten kann.« Im echten Leben Zeit miteinander zu verbringen sei essentiell, sonst verblasse die Freundschaft nach und nach, bis sie schließlich von einer neuen gänzlich verdrängt werde. »Das ist ein normaler Prozess«, beruhigt mich Dunbar. »Wir lernen ja auch ständig neue Leute kennen, denen wir unsere Aufmerksamkeit schenken wollen.« Ja ja, und bei 150 ist Schluss, schon kapiert. Vermutlich hat er recht. Ich denke an all die alten Bekannten, von denen man »ewig nichts gehört« hat. Über die man dann auf Facebook stolpert, sich gegenseitig inniger Freundschaft versichert – und dann hört man wieder jahrelang nichts. Eben haargenau, wie man vorher jahrelang nichts gehört hat. Und selbst wenn man ihnen in einem Anfall von Mitteilungswahn und Distanzlosigkeit seine Urlaubsfotos schicken würde, würden sie diese vermutlich ebenso wenig ansehen, wie man umgekehrt auch. Man kommt ja zu nix.

Zum Abschluss unseres Gesprächs frage ich Dunbar, was ihn bei seinen Freundschaftsforschungen am meisten überrascht hat: »Wie wichtig auch in unserer modernen Gesellschaft die Familie ist«, antwortet er wie aus der DSL-Leitung geschossen. »Freundschaften bröckeln im Lauf der Zeit weg. Familien hingegen halten auch längere Kommunikationspausen aus. Und wer eine größere, weit verzweigte Familie hat, hat weniger Freunde – weil die Familie viele der 150 Plätze besetzt. Familienmitglieder werden aber niemals von neuen Freundschaften verdrängt.«

Im Briefkasten finde ich später einen Umschlag, dessen Herkunft ich schon an der Handschrift erkennen kann. Mein Vater hat mir einen Artikel aus seiner Tageszeitung ausgeschnitten, in dem es um die Studie geht, in der die 50 Schweizer einen Monat lang auf Facebook verzichtet haben. An den Rand hat er einen kurzen, aber liebevollen Gruß geschrieben. Das hat er schon ein paar Mal gemacht, seit ich offline bin, und es ist eine rührende Geste. Ich werde es nie schaffen, wie die besessenen Engländer 68 Weihnachtskarten an 150 Menschen zu schreiben. Aber ich mache mir eine geistige Notiz, dass auch wenn ich dieses Jahr nur eine einzige verschicken sollte, der Empfänger mein Vater sein wird.

Tag 30 — Online buchen, offline fluchen

Übermorgen muss ich für zwei Termine nach Bonn und Mainz. Normalerweise macht es mir Spaß, Reisevorbereitungen zu treffen – selbst für so kleine Ausflüge. Wie kommt man am besten hin? Wo übernachtet man? Was gibt es zu sehen, und wo gibt es das beste Essen? Alles Dinge, die ich bequem nebenher im Internet nachsehen kann, wenn ich mal ein paar Minuten Langeweile habe. Doch jetzt ist alles deutlich komplizierter: Das Zugticket habe ich schon besorgt, als ich letztes Wochenende Jessica am Bahnhof abgeholt habe, aber als es um die Hotelbuchung geht, bin ich für einen Moment ratlos. Dann beschließe ich, zum ersten Mal seit vielen Jahren wieder ein Reisebüro zu betreten.

Glücklicherweise gibt es eines in unserer Straße. Ich habe mich im Vorbeigehen schon öfter gefragt, wie so ein Laden heutzutage noch überleben kann. Denn ich bin ebenso wie viele meiner Mitmenschen schizophren: Wenn wir irgendwo anrufen und eine Tonbandstimme uns auffordert: »Für Tarifinformationen drücken sie 1, für Bestellungen drücken Sie 2…«, fahren wir mehr oder weniger sofort aus der Haut. »Man wird doch wohl noch mit einem normalen Menschen sprechen dürfen!«, fordern wir dann abends erregt, wenn wir mit Freunden zusammensitzen. Doch wenn es darum geht, eine Reise zu buchen, tun wir plötzlich alles, um *nicht* mit einem normalen Menschen sprechen zu müssen. Wir durchforsten Billigflieger-Suchmaschinen, klicken uns durch Bildergalerien von Hotels, vergleichen Preise, jagen Schnäppchen. Der Spaß an – oder die Sucht nach – der Suche, wie ich inzwischen weiß! Nur, um uns dann ein paar Wochen später auf Gran Canaria zu beschweren, dass der Pool auf der Webseite aber viel größer aussah – und zu erfahren, dass unsere Zimmernachbarn es auch diesmal wieder geschafft haben, nur halb so viel zu bezahlen wie wir.

Vielleicht ist es also ein heilsamer Entschluss, dem guten alten Reisebüro doch noch eine Chance zu geben. Ich lasse mich von den gekritzelten Sonderangeboten im Schaufenster und der altersschwachen Yucca-Palme in der Ecke nicht abschrecken und nehme als einziger Kunde Platz. »Hotel in Bonn?«, fragt mich der freundliche Inhaber, der in einer Trainingsjacke hinter seinem Schreibtisch sitzt. »Inland machen wir gar nicht. Aber wenn's nicht gerade am Wochenende ist: Fahren Sie doch einfach hin. Da finden Sie immer was!« Nicht gerade geschäftstüchtig, denke ich mir, aber vielleicht trotzdem richtig. Vielleicht muss man gar nicht alles haarklein planen und sich das Leben erschweren, indem man stundenlang Preise vergleicht und sich die immergleichen Formulierungen auf Hotelwebseiten durchliest. Vielleicht muss man sich einfach reinstürzen ins Abenteuer Leben – und sei es in Bonn!

Um nicht nach 30 aufregenden Abenteuersekunden schon wieder gehen zu müssen, verwickle ich den Mann noch in ein Gespräch darüber, ob er das Gefühl hat, das Internet mache sein Geschäft kaputt. »Überhaupt nicht«, sagt er derart gutgelaunt, dass ich gar nicht anders kann, als ihm zu glauben. »Die Leute denken immer, im Internet wäre alles billiger. Wenn sie dann genau gucken, merken sie, dass es gar nicht stimmt.« Er dreht seinen Computerbildschirm zu mir, in nüchternem Schwarz-Weiß stehen endlose Zahlen- und Buchstabenketten untereinander. Blitzschnell entschlüsselt er für mich: Ein Flug von Berlin-Tegel über Heathrow nach Boston. »Das sind dieselben Daten und dieselben Preise, die man im Internet auch findet – nicht teurer und nicht billiger. Aber wenn die Sparfüchse das erste Mal einen Flug verpasst haben, weil ihnen die Suchmaschine eine viel zu kurze Umsteigezeit in einem Riesenflughafen wie Heathrow gebucht hat, dann kommen sie doch wieder zu uns.«

Ha, der Kerl ist also doch geschäftstüchtig! Mich jedenfalls hat er so weit, dass ich bei meiner nächsten großen Reise, statt mich stundenlang auf vergeblicher Schnäppchenjagd durchs Internet zu klicken, lieber ihn die Arbeit machen lasse, meine Füße ausstrecke und die alten Werbeplakate der Lufthansa an der Wand bestaune. Aber jetzt muss ich mich erst mal auf die Reise machen.

Auf der Zugfahrt ärgere ich mich über einen Mitreisenden im Großraumwagen, der laut in sein Mobiltelefon brüllt, obwohl er sich in einer sogenannten Ruhezone befindet. Das sind jene Wagen, in denen ein freundliches Gesicht auf einem Piktogramm mit einem Finger über den Lippen signalisiert, dass man gefälligst die Klappe zu halten hat. Es wird viel über die Bahn geschimpft, über das Englisch ihrer Schaffner und ihre angebliche Unpünktlichkeit – aber für diese Erfindung gebührt ihr Lob und Dank. Wenn sich nur alle daran halten würden. Ich will den Schreihals gerade bitten, seine herrischen Anweisungen anderswo hinauszuposaunen, aber da ist er auch schon fertig und trollt sich ins Bordrestaurant. Gleichzeitig kommen mir Zweifel. Bin ich wirklich so spießig geworden? So kleingeistig, dass ich mir nicht zu blöd bin, triumphierend auf ein Piktogramm zu deuten, das mich ins Recht setzt? Ich hätte bestimmt nicht triumphierend gedeutet, sondern sachlich, beruhige ich mich. Außerdem erinnere ich mich an eine plausible Begründung, warum es uns so viel mehr nervt, ein Handygespräch mitanhören zu müssen als eine normale Unterhaltung zwischen zwei körperlich anwesenden Menschen: Sobald wir nämlich jemandem beim Telefonieren zuhören, so hat eine Studie der britischen York University ergeben, versucht unser Gehirn automatisch, die fehlende Hälfte des Gesprächs zu ergänzen. Das Abschalten oder Ausblenden – denn meist interessiert es uns ja überhaupt nicht, welchen »Bock der Müller da wieder geschossen hat« – fällt uns deswegen viel schwerer, als wenn sich am Nebentisch zwei Menschen angeregt unterhalten. Die Studie fand außerdem heraus, dass wir fremde Telefongespräche nicht nur störender empfinden als Live-Gespräche, sondern auch subjektiv als lauter – selbst wenn sie objektiv exakt in der gleichen Lautstärke geführt werden.

Vielleicht ist das auch der Grund, warum niemand mehr will, dass im Flugzeug telefoniert wird. Anfangs waren Handygespräche an Bord ja noch verboten, weil Bedenken herrschten, die Funksignale könnten die Bordelektronik stören. Obwohl dies inzwischen technisch verhindert werden kann, halten die meisten Fluggesellschaften an dem Telefonierverbot fest – unter anderem weil diverse Umfragen ergeben haben, dass die Mehrheit der Passagiere froh darüber ist, in den Stunden, in denen man auf engem Raum mit über 100 Fremden eingepfercht ist, diese wenigstens nicht alle denselben Quatsch in ihre Telefone rufen zu hören: »Nee, ich bin im Flieger! ... Natürlich wieder Verspätung! ... Hühnchen war auch schon alle ... genau zwei Reihen vor mir ... Klar bring ich dir was vom Duty-Free mit ... Du, ich ruf später noch mal an, und dann besprechen wir, wann wir morgen telefonieren ...«

Normalerweise bin ich dafür, dass sowohl der Telefonierer als auch der ruhebedürftige Leser oder Döser zu ihrem Recht kommen – die Lösung der Bahn ist daher ideal. Solange aber Flugzeuge noch nicht so groß sind, dass man sie in Telefonier- und Ruhezonen unterteilen kann, bin auch ich weiterhin dafür, das Telefonieren im Flieger zu untersagen. Sonst werden bald auf jedem Flug mehrere Air Marshalls nötig sein – nicht um Terroranschläge zu vereiteln, sondern um Handgreiflichkeiten unter den entnervten Passagieren zu verhindern.[23]

---

[23] Beginnend mit einer gesetzlichen Änderung 2008 fingen Emirate Airlines als erste Fluggesellschaft an, auf ausgewählten Flügen Handytelefonate zu erlauben, einige andere folgten.

In Mainz steige ich aus und mache mich auf den Weg zur ersten Ambulanz für Internetsüchtige in Deutschland. Die Taxifahrerin schnalzt anerkennend mit der Zunge, als ich ihr das Ziel der Fahrt nenne: »Ach, die Psychiatrie! Da gibt es sagenhaftes Essen!«, frohlockt sie. »Da mache ich immer Mittag – die kochen alles frisch! Und die Toiletten sind auch immer tiptop sauber!« Bevor ich etwas erwidern kann, erzählt sie mir auch schon von ihrem verstorbenen Pudel und der Intelligenz dieser Hunderasse. Doch als sie, ohne Luft zu holen, den nächsten Themenkomplex eröffnen will, sind wir zum Glück auch schon da.

Das Gebäude der Universitätsklinik ist ein zweistöckiger Backsteinbau, vor dem sich ein Basketballkorb und ein paar Steinskulpturen befinden. Drinnen empfangen einen der typische Krankenhausgeruch und das Geräusch von schlurfenden Hausschuhen. Es gibt einen Getränkeautomaten, einen Kiosk mit Zeitschriften und Süßkram sowie einen Glaskasten, in dem die Raucher sitzen. Als mich Anke Quack, in der Klinik ebenso für Suchtprävention wie für Öffentlichkeitsarbeit zuständig, empfängt und ich ihr von den Lobliedern der Taxifahrerin erzähle, reagiert sie weniger erfreut, als ich erwartet hätte: »Wir sind hier nicht die Psychiatrie«, weist sie mich freundlich, aber bestimmt zurecht, »sondern eine Klinik für Psychosomatische Medizin und Psychotherapie.« Um ihr zu beweisen, dass ich mich zumindest ein winziges bisschen auskenne und nicht nur ein Idiot bin, der Small Talk über Taxifahrten machen kann, verwickle ich sie in ein Gespräch über den Begriff Internetsucht. Dieser ist nämlich ein wenig umstritten: Viele Experten scheuen sich davor, die Abhängigkeit beispielsweise von Computerspielen mit sogenannten stoffgebundenen Süchten wie Alkoholismus gleichzusetzen. Sie sprechen deshalb statt von Onlinesucht lieber von Pathologischem Internetgebrauch, exzessiver Internetnutzung oder Internet Addiction Disorder (IAD). »Wir verwenden hier durchaus den Begriff Internetsucht«, stellt Anke Quack wiederum klar. »Denn beispielsweise haben EEG-Untersuchungen gezeigt, dass ganz ähnliche Hirnregionen aktiv sind wie bei stoffgebundenen Süchten. Wenn man einem Internetsüchtigen zum Beispiel sein Lieblingsspiel zeigt, kommt es zu denselben Reaktionen im Gehirn wie bei einem Alkoholiker, dem man ein Bild von einem Glas Bier zeigt. Auch die anderen klassischen Suchtfaktoren wie Toleranzentwicklung, Kontrollverlust, sozialer Rückzug und Entzugserscheinungen lassen sich bei der Internetsucht beobachten.«

Als der New Yorker Psychiater Ivan Goldberg 1995 zum ersten Mal den Begriff »Internetsucht« gebrauchte, handelte es sich noch um eine Satire. In einem Artikel, in dem er Eltern beschrieb, die ganz im Banne des Bildschirms ihre Kinder vernachlässigten, wollte er all die neuen Süchte und Störungen parodieren, die oft schnell in die einschlägigen Diagnosehandbücher[24] aufgenommen werden. »Ich glaube, eine Internetsucht existiert ebenso wenig, wie es eine

[24] Das DSM (Diagnostisches und Statistisches Handbuch Psychischer Störungen) für die USA sowie die ICD (Internationale statistische Klassifikation der Krankheiten und verwandter Gesundheitsprobleme) für Europa sind die wichtigsten offiziellen Klassifikationssysteme für ärztliche Diagnosen. In der Regel kann nur die Behandlung von Krankheiten, die in diesen Werken klassifiziert sind, über Krankenkassen oder Versicherungen abgerechnet werden. Pathologische Internetnutzung oder »Internetsucht« ist bislang in keinem der beiden Systeme erfasst, was sich jedoch bei der nächsten regelmäßigen Überarbeitung ändern könnte.

Tennissucht oder eine Bingosucht gibt«, gab der Psychiater damals zu Protokoll. »Manche Menschen übertreiben manche Dinge. Es gleich eine Störung zu nennen, ist falsch.« Doch inzwischen hat sich das Bild deutlich verändert: Eine Stanford-Studie aus dem Jahr 2006 geht davon aus, dass in den USA bereits jeder achte Erwachsene erste Anzeichen von Internetabhängigkeit zeigt. Zahlreiche Psychotherapeuten weltweit fordern, dass das Internet-Abhängigkeitssyndrom tatsächlich als offizielle Krankheit anerkannt wird, was auch die Mitarbeiter der Mainzer Ambulanz begrüßen würden: »Denn egal ob Sie es Sucht nennen oder Abhängigkeitssyndrom oder Impulskontrollstörung – es ist ein ernstzunehmendes Störungsbild, das für die Betroffenen sehr viel Leid birgt.«

Ein Argument gegen das Krankheitsbild Internetsucht lautet, dass es sich bei den Störungen um ganz klassische Phänomene wie Spielsucht, Kaufsucht oder Sexsucht handelt, die eben nur online ausgelebt werden – aber grundsätzlich unabhängig vom Internet existieren. Andererseits wird auch zunehmend ein Suchtverhalten beobachtet, das ohne das Internet gar nicht möglich wäre, wie zum Beispiel die Sucht nach Chats oder das zwanghafte Sammeln und Archivieren von Informationen, Downloads oder Programmen. Experten unterscheiden deshalb oft zwischen »spezifisch pathologischer Internetnutzung« wie beispielsweise exzessiver Konsum von Online-Pornographie oder krankhaftes Online-Wetten und »allgemeiner pathologischer Internetnutzung« – zum Beispiel wenn Menschen tatsachlich abhängig von Facebook, Chats oder E-Mails werden, sich ihr spezifisches Suchtverhalten also ohne das Internet gar nicht entwickeln könnte.

»Jeder sucht sich die Sucht, die zu ihm passt«, erklärt mir Anke Quack und fügt hinzu: »Da gibt es im Grunde nichts, was es nicht gibt. Wir haben einen Mann behandelt, der ganz harmlos anfing, Ahnenforschung im Internet zu betreiben. Irgendwann konnte er jedoch nicht mehr aufhören, nächtelang Unmengen von Dokumenten herunterzuladen und zu speichern – viel mehr, als er je lesen konnte. Es war ihm aber auch unmöglich, dieses Verhalten einzuschränken.« Während diese krankhafte Sammelwut häufig Männer mittleren Alters träfe, finde man eine pathologische Nutzung von Instant-Messaging-Chats wiederum etwas häufiger bei Frauen. Die klassische Klientel der Klinik sind jedoch nach wie vor exzessive Computerspieler, eine Gruppe, die zu über 80 Prozent aus jungen Männern besteht. »Onlinerollenspiele wie ›World of Warcraft‹ und Egoshooter wie ›Counterstrike‹ sind hier die Spitzenreiter,« so Quack, »ebenfalls häufiger sind Fälle von Online-Sexsucht und in jüngster Zeit auch Sucht nach Glücksspielen im Internet. Gerade Poker ist da momentan ein Modethema unter jüngeren Menschen, unter Umständen auch, weil es so stark beworben wird.«

Sieben feste Mitarbeiter sind in der 2008 eröffneten Mainzer Ambulanz tätig, bald sollen es acht werden. Dazu kommen mehrere Diplomanden und Praktikanten. »Eine steigende Therapienachfrage sowohl im Bereich der Onlinespielsucht als auch in der allgemeinen pathologischen Internetnutzung ist unbestreitbar«, erklärt mir der Diplom-Psychologe Kai Müller, der als festes Mitglied im Team arbeitet und mehrere Therapiegruppen leitet. Er ist jung, trägt ein dünnes Lederband um den Hals, bequeme Jeans und hat eine verstrubbelte Frisur. Der Mann sieht aus, als könne er im Zweifelsfall auch selbst eine Playstation bedienen, einem Alien den Kopf wegschießen und anschließend ein Blog oder ein Twitter-Konto einrichten. Aber das ist vermutlich auch Voraussetzung, um von den technisch versierten Patienten ernstgenommen und nicht als »Noob«, als unwissender Neuling und Nichtskapierer ausgelacht zu werden. »Viele Patienten, die zu uns kommen, haben bereits einiges hinter sich«, beschreibt er die Menschen, die bei ihm Hilfe suchen. »Beziehung kaputt, Arbeitsplatz weg, Selbstbewusstsein am Boden.« In fünf Einzelgesprächen versuchen die Psychologen dann zunächst herauszufinden, ob sich hinter der krankhaften Internetnutzung noch andere Begleiterkrankungen verbergen, beispielsweise Angststörungen, Depressionen oder soziale Phobien. Gleichzeitig wird mit dem Patienten ein Therapieplan ausgearbeitet, dabei ist nicht immer radikaler Entzug Voraussetzung. »Wenn man einen völligen Stopp von heute auf morgen verlangt, schreckt das viele ab, und sie kommen gar nicht«, erklärt Müller. »Aber wenn sich jemand vornimmt, ›nur ein bisschen reduzieren‹ zu wollen, ist eine erfolgreiche Therapie natürlich auch schwierig.« Meist, so Müllers Erfahrung, entwickele sich im Lauf der 20 wöchentlichen Gruppensitzungen dann von selbst der Wunsch nach totaler Abstinenz.

Wir sitzen in einer kleinen Bibliothek, einem hellen, freundlichen Raum mit großem Tisch, in dem auch die Gruppensitzungen stattfinden. In diesen jeweils 90-minütigen Runden sprechen die meist sechs bis acht Patienten über ihr Verhalten. Welche persönlichen Faktoren haben sie anfällig gemacht? Wie geht man mit einem Rückfall um? Was ändert sich durch den Abschied von dem zwanghaften Verhalten? Wie kompensiert man Stress im Alltag? Wie überwindet man soziale Unsicherheit oder Ängste? All das sind Fragen, die in der Verhaltenstherapie erörtert werden, zu den Gruppengesprächen kommen noch einmal rund zehn Einzelsitzungen hinzu – bei Bedarf auch mehr. Neben den pubertierenden Dauerspielern, die oft genug von ihren verzweifelten Eltern in die Ambulanz gebracht werden, hat Müller auch eine Zunahme bei den

Problemen bemerkt, die Menschen mit Online-Communitys wie StudiVZ, Facebook oder www.wer-kennt-wen.de haben. »Hier ist bei den Patienten das Geschlechterverhältnis ausgeglichener, und sie sind auch nicht mehr ganz so jung wie die Computerspieler«, sagt er. Ein häufiger Antrieb für die Menschen, die sich in den sozialen Netzwerken »verlieren«, sei die ständige Verfügbarkeit der Kommunikationspartner, die unmittelbare Belohnung für jede Interaktion und das Gefühl der Bestätigung, das mit jeder Freundschaftseinladung, jedem »Stupser« oder getippten »LOL«-Lacher[25] einhergeht. »Es entsteht ein starkes Gefühl der Beliebtheit, das oft einen Ausgleich zu den Selbstzweifeln im echten Leben herstellt und zu dem Gefühl, dort ständig etwas falsch zu machen oder anders zu sein. Gleichzeitig verzerrt sich schnell die Wahrnehmung, was die Tiefe und Intensität dieser Kontakte betrifft – da wird viel mehr an Freundschaft und Verständnis hineininterpretiert, als tatsächlich da ist.«

Ich ertappe mich bei dem Gedanken, wie es mir auch jedes Mal Freude bereitet hat, wenn ich vor meinem Selbstversuch etwas auf Facebook zum Besten gab und jemand den »gefällt mir«-Knopf drückte. Und dann noch jemand. Oder was für ein Hochgefühl es war, als ein Artikel von mir über 250 Mal auf Twitter weiterempfohlen wurde. Ist das nur ganz gewöhnliche, alberne Eitelkeit? Oder schon der Beginn einer Störung? Von den Hochgefühlen, die ich in meinen besten Jahren beim Betrachten unbekleideter Frauen auf einschlägigen Internetseiten erfahren habe, traue ich mich hier in der seriösen Bibliotheksatmosphäre gar nicht

[25] LOL steht für »Laughing out loud«, also lautes Lachen, und signalisiert amüsierte Zustimmung. Gleichzeitig signalisiert es nicht unbedingt Niveau – es ist gewissermaßen das digitale Schenkelklopfen.

anzufangen. Ebenso wenig von den Momenten, in denen ich meine schlechte Laune mit einem virtuellen Flammenwerfer an tumben Außerirdischen in einem Playstation-Spiel ausgelassen oder als Kleinkrimineller virtuelle Autos geklaut habe, nur um damit Polizisten zu überfahren und im Autoradio einen von Karl Lagerfeld musikalisch zusammengestellten Sender zu hören. Ich frage also vorsichtig und rein hypothetisch, ob jemand aus meinem Freundeskreis, der so etwas – theoretisch – täte, sich theoretisch Sorgen machen müsste – unter Umständen. Nicht, dass ich jemals …

»Es gibt eine Reihe von klassischen Kriterien«, beruhigt mich Kai Müller. »Wenn Sie mehrere dieser Kriterien über ein Jahr hinweg erfüllen, dann kann man von der Gefahr einer Störung sprechen.« Diese Kriterien seien denen anderer klassischer Abhängigkeiten sehr ähnlich – beispielsweise der mehrfach vergeblich durchgeführte Versuch, den Konsum zu reduzieren. Negative Konsequenzen für Beruf, Schule, Gesundheitszustand oder Partnerschaft. Entzugserscheinungen. Immerhin letzteres habe ich aufzuweisen und erzähle von meinen Kopfschmerzen zu Beginn meines Internetentzugs. »Unruhe und Schlafstörungen sind häufigere Symptome«, sagt der Psychologe, »aber auch Kopfschmerzen oder Depressionen kommen vor. Aber denken Sie daran: Das Internet alleine kann kein Suchtverhalten auslösen – allerdings ist das Risiko eines Kontrollverlusts höher, weil es so allgegenwärtig ist.«

Bevor ich mich mit dem guten Gefühl verabschiede, dass es in Sachen Internetsucht so schlimm nicht um mich bestellt sein kann – immerhin bin ich schon über einen Monat clean – frage ich nach den Erfolgsquoten der Therapie. »Für repräsentative Zahlen gibt es uns noch nicht lange genug«, antwortet Kai Müller. »Aber bei unseren bisherigen Patienten ist die Erfolgsquote sehr gut – auch wenn wir natürlich nicht bei jedem einzelnen am Ball bleiben können.«

Internet-Entzug in China

Im Zug nach Bonn lese ich einen Artikel im Technologie-Magazin »Wired«, in dem es um Internetabhängige in China geht – und um die grausamen Methoden, mit denen diese dort entwöhnt werden sollen. In den letzten zwölf Jahren ist die Zahl der Internetnutzer in China von einer halben auf 338 Millionen gestiegen, das Land ist damit die größte und am schnellsten wachsende Online-Gemeinschaft weltweit. Jeden Monat werden 700 000 neue Breitbandanschlüsse verlegt, aber immer wieder dringen Gruselgeschichten auch bis nach Deutschland, die von Todesfällen nach tagelangen Spielmarathons erzählen, von Kindern, die ihre Eltern umbringen, weil diese sie vom Computer fernhalten wollten. So begründet in manchen Fällen die Angst vor einer Internetsucht auch sein mag, in China muss es in den letzten Jahren eine richtiggehende Hysteric gegeben haben. Diese führte dazu, dass Hunderte von inoffiziellen, unkontrollierten Camps eröffneten, häufig in alten Gefängnisgebäuden oder stillgelegten Kasernen. Dort sollen Jugendliche mit einer unausgegorenen Mischung aus Antidepressiva, Elektroschocks und Gewaltmärschen von ihrer angeblichen Sucht geheilt werden. In den meisten Fällen, so der schockierende Artikel, sind die Betreiber solcher Camps in keiner Weise ausgebildet, verlangen aber horrende Summen – oft das Doppelte eines durchschnittlichen Monatslohns. Erst als es Ende 2008 zu einer Reihe von Todesfällen durch prügelnde Wärter in den Camps kam, wurde die Öffentlichkeit auf das Problem aufmerksam und Forderungen nach einer strengeren Regulierung und Überprüfung der Camps laut. Trotzdem soll es noch zwischen 300 bis 400 »Internet-Entwöhnungslager« im gesamten Land geben.

Ich betrachte das Foto von Deng Senshan, einem der Opfer. Das Bild stammt von einem Badeausflug mit seiner Familie, er hat ein Handtuch um seine Schultern geschlungen. Er sieht nicht sehr fröhlich aus – vielleicht, weil er schon weiß, dass ihn seine Eltern am folgenden Tag in das Camp abschieben werden. Wie schmal der Grad zwischen gerechtfertigter Fürsorge und kopfloser Hysterie sein kann. Welche Eltern würden sich keine Sorgen machen, wenn ihr Kind immer mehr Zeit vor dem Bildschirm verbringt und mit immer schlechteren Noten nach Hause kommt? Andererseits: Welcher Jugendliche hat nicht eine Phase, in der ihm Schule und Freunde auf die Nerven gehen und er sich in eine andere Welt flüchtet – seien es Reiterhofromane, Popmusik, eine Fernsehserie oder ein Online-Computerspiel?

Panik und Verbote, da bin ich mir sicher, helfen genauso wenig weiter wie zu verschweigen, dass ein Problem existiert. Dass es Menschen gibt, die Hilfe brauchen, um nicht unter die digitalen Räder zu geraten. Und das Beste, was eine Gesellschaft tun kann, um beide Extreme zu vermeiden, ist offen darüber zu sprechen. Eltern mit ihren Kindern, Kinder mit ihren Lehrern, aber auch Beziehungspartner und Freunde untereinander. Wie viel Zeit muss ich und wie viel Zeit will ich im Internet verbringen? Schmeckt das Essen besser, wenn jeder nebenbei auf ein kleines Gerät starrt? Welche Regeln lohnt es sich, zu vereinbaren – und welche lassen sich auch durchhalten? Warum ist es heuchlerisch, wenn Eltern ihren Kindern das Videospiel verbieten, aber während sie das Verbot aussprechen, selbst auf ihrem Blackberry herumdrücken?

Als ich in Bonn ankomme, ist meine Laune aufgrund des Horrorartikels nicht gerade auf dem Höhepunkt. Ich begebe mich auf die Suche nach einem Hotel – den Satz »Fahren Sie doch einfach hin, da finden Sie immer was!« aus dem Reisebüro noch im Ohr. Doch auch wenn Bonn seit Ewigkeiten nicht mehr Bundeshauptstadt ist und die Innenstadt an diesem Dienstagabend wie ausgestorben wirkt – überall erhalte ich dieselbe Antwort: Wir sind schon voll. Es fängt an zu regnen und langsam wird mir mulmig. Sicher, irgendwo in den Außenbezirken wird es schon noch ein Kämmerchen geben – aber mein Plan, zu Fuß von Hotel zu Hotel zu laufen und zu fragen, wird immer brüchiger, je weiter ich mich aus den schmalen Straßen der Innenstadt entferne. Wie ein Leuchtturm taucht plötzlich ein Wegweiser mit dem Hinweis »Touristeninformation« auf. Mein ganzes Leben lang habe ich solche Orte gemieden. Wollte nie »Tourist« sein, immer nur Reisender. Touristeninformationen waren was für Rentner, die bewaffnet mit Baedeker-Reiseführern dort Infoblätter und Rabattcoupons für das örtliche Spielzeugmuseum abgriffen. So zumindest das Feindbild meiner Jugend.

Heute bin ich jedoch versucht, der bunt gekleideten fülligen Dame hinter dem Tresen um den Hals zu fallen. Denn sie schafft es nach diversen Telefonaten, mir noch ein Zimmer in Laufnähe zu verschaffen. »Ist aber etwas klein«, warnt sie mich. Ist mir völlig egal. Ich singe ein Loblied auf die Bonner Touristeninformation. Als ich später in einer teuren, überheizten Schuhschachtel versuche, Schlaf zu finden, höre ich auf zu singen, aber wirklich ärgern kann ich mich auch nicht. Vielleicht hätte ich ja auch genau dieses Zimmer gebucht, wenn ich im Internet auf Schnäppchenjagd gegangen wäre. Und hätte mich anschließend beschwert: »Auf der Webseite sahen die Zimmer aber viel größer aus.«

Tag 33 Im größten Post-Kasten Deutschlands

Das »Innovation Center« der Deutschen Post DHL steht eine Viertelstunde außerhalb von Bonn auf der grünen Wiese, die heute aufgrund des tristen Wetters leider bestenfalls einen Preis als graue Wiese bekommen würde. Ebenso wie die Telefonzellenbauer durch die Erfindung des Handys oder die Farbfilmhersteller durch die Erfindung der Digitalkamera unter Druck geraten sind, vermute ich, geht es auch der guten alten Post nicht mehr allzu gut. In Zeiten, in denen selbst mein Vater E-Mails schreibt und die 104-jährige Britin Ivy Bean aus ihrem Altenheim in Bradford vergnügt twittert, statt handschriftliche Grußkarten zu verschicken, werden die Nachrichten, auf die man noch eine Briefmarke kleben muss, um sie zu übermitteln, Blatt für Blatt weniger: In den letzten sieben Jahren ist die Zahl der mit der Deutschen Post verschickten Briefe von 9,2 auf 8 Milliarden gefallen.[26] An dem Rückgang von rund 13 Prozent sind sicherlich auch die Liberalisierung des Briefwesens Anfang 2008 und neue Dienstleister wie PIN oder TNT mit Schuld. Doch auch die Zahl privater Briefe, die sicherlich noch seltener über neue Brieffirmen verschickt werden als Firmenpost, ist seit 2002 von 1,5 Milliarden auf 1,3 Milliarden gesunken – also ebenfalls um rund 13 Prozent.

[26] Nicht mitgezählt wurden dabei werbliche Sendungen (Briefmarketing), die sogar leicht anstiegen – von 9,2 Milliarden im Jahr 2002 auf 10,9 Milliarden im Jahr 2009.

Doch die gelbe Post ist schon längst nicht mehr nur für das Versenden von Geburtstagsgrüßen und Liebesbriefen zuständig, sondern spätestens durch den Kauf des US-Konzerns DHL im Jahr 2002 der größte Logistikkonzern der Welt – durch dessen Hände insgesamt rund 1,5 Milliarden Sendungen pro Jahr gehen. Keith Ulrich, Leiter des Technologie- und Innovationsmanagements, führt mich durch das 3600 Quadratmeter große Forschungszentrum, das der Konzern hier in Troisdorf vor drei Jahren eröffnet hat. Der Manager zeigt mir RFID-Funkchips, die in Containern oder Paketen angebracht nicht nur permanent ihre genaue Position übermitteln können, sondern auch bei heiklen Sendungen zu große Temperaturschwankungen oder Erschütterungen melden können. Wer empfindliche Kunstwerke von einem Museum ins andere oder von seinem Landhaus in die Stadtwohnung transportieren möchte, kann Werte wie die Luftfeuchtigkeit im Container vom heimischen Computer aus in Echtzeit mitverfolgen. Ich staune auch über eine neue Navigationstechnologie, die bei der Paketauslieferung die ideale Route für Lieferwagen auch nach akutem Verkehrsaufkommen und aktueller Auftragslage berechnet – und somit die Wege um 10 bis 15 Prozent verkürzt. Und ich verstehe, dass ich mit den E-Mails und MMS-Mitteilungen, die ich verschicke, der Post viel weniger schade, als ich ihr durch meine diversen Internetbestellungen von eBay bis Amazon nutze. »Auch wenn weniger Briefe verschickt werden«, erklärt Ulrich optimistisch, »steigt das Volumen der Warenströme kontinuierlich – nicht zuletzt durch eCommerce, Onlineshopping, aber auch generell durch die fortschreitende Globalisierung.« Immerhin – mein schlechtes Gewissen dem Postboten gegenüber ist wieder einigermaßen beruhigt. »Wir müssen uns neuen Technologien wie dem Internet stellen«, fährt Ulrich fort, »und oft auch auf die schöpferische Kraft der Zerstörung vertrauen. Nur wer sich den veränderten Gegebenheiten anpasst und innovativ damit umgeht, hat am Ende eine Chance. So wie die Autohersteller sich langfristig fragen müssen, ob es ihre Aufgabe ist, Metallboxen mit Verbrennungsmotor herzustellen, oder ob sie sich als Mobilitätsanbieter verstehen – so müssen wir uns fragen, ob unser Job ausschließlich darin besteht, einen Brief oder ein Paket von A nach B zu tragen.«

Am Ende der zweistündigen Führung frage ich den Manager, wie sein persönliches Verhältnis zu Technologien wie Internet und Handy aussieht. »Wenn ich auf eines verzichten müsste, dann ganz klar auf E-Mail«, kommt die eindeutige Antwort. »Anfangs war das eine wirkliche Arbeitserleichterung, aber inzwischen hat es einfach unvorstellbare Ausmaße angenommen.« Wie die meisten in seiner Position bekommt Ulrich mittlerweile mehrere Hundert Mails am Tag – und während Führungskräfte sonst nach und nach immer mehr delegieren, ist die E-Mail-Adresse seltsam heilig. Hier liest der Chef noch selbst. »Am Schlimmsten ist der CC-Wahn«, stellt Ulrich fest. Also die Angewohnheit, neben dem normalen Empfänger immer noch mehreren anderen eine Kopie der Mail zur Kenntnis zu senden, um sich abzusichern. Eine britische Studie gibt Ulrich Recht: Darin hatten 80 Prozent der Teilnehmer angegeben, berufliche E-Mails dazu zu nutzen, sich abzusichern. Ist ja auch praktisch: Wer immer mehreren Leuten Kopien seiner Mails zukommen lässt, streut Verantwortung und kann sich im Extremfall mit einem Hinweis, das hätten doch alle wissen müssen, aus der Affäre ziehen. Rund ein Drittel der Befragten gab in der Studie außerdem an, Mails zu nutzen, um unangenehme Telefonate zu vermeiden. »Ein anderes extremes Beispiel, wie anstrengend elektronische Korrespondenz werden kann, war ein Kollege aus Japan, der mir wahnsinnig viele Mails schickte«, erinnert sich Ulrich lachend. »Ich war gerade dabei, die eine zu beantworten, da kam schon wieder die nächste. Das ging ein paar Tage hin und her, irgendwann wurde es mir zu bunt – und ich habe ihn einfach angerufen. Nach ein paar Minuten war alles geklärt.«

Tag 34 Nie aufhören, wenn es am schönsten ist

Eigentlich wäre mein Selbstversuch schon vor drei Tagen zu Ende gegangen. Einen Monat wollte ich ursprünglich auf Internet und Handy verzichten. Aber so schwer es mir zu Beginn fiel, so sehr ich unter dem anfänglichen Entzug litt – inzwischen kommt es mir fast einfacher vor, weiterhin offline zu bleiben, als alle Geräte wieder einzustöpseln, mich zurückzumelden und durch die verpassten Nachrichten und Mails zu wühlen. Aufzuholen, was ich »verpasst« habe, wieder auf den neuesten Stand zu kommen.

Ich gehe also in die Verlängerung. 40 Tage sollen es werden – so lange dauert auch die christliche Fastenzeit vom Aschermittwoch bis Ostern. Ein passender Rahmen, wie ich finde – schließlich begann es auch bei mir mit Kopfschmerzen. Ob meine digitale Fastenzeit allerdings mit Schokohasen und versteckten Körbchen voller Eier endet, wage ich zu bezweifeln.

Beliebte Einwände gegen technische Entwicklungen

»Das Internet ist eine Spielerei für Computerfreaks. Wir sehen darin keine Zukunft.« (Der damalige Telekom-Vorstand Ron Sommer Anfang der 1990er)

»Wozu zur Hölle soll das gut sein?« (IBM-Ingenieur Robbert Lloyd 1968 über den Mikroprozessor)

»Schon heute dürfte Amazon in die Netz-Geschichte als eines der am stärksten überschätzten Unternehmen eingehen, ein Riesenbluff, der (...) die Aktionäre nicht mit Bilanzen versöhnte, sondern mit den Anekdoten und dem ansteckenden Lachen des Firmengründers Jeff Bezos.« (*SZ* über das Internet-Unternehmen Amazon, das 2009 einen Gewinn von rund einer Milliarde US-Dollar erzielte)

»Frauen interessieren sich weniger für Computer und scheuen die unpersönliche Öde des Netzes.« (Journalist Hanno Kühnert 1997 über die fehlende »Käuferschicht« im Netz)

»Das Gequatsche im Internet ist nichts anderes als der CB-Funk der siebziger Jahre.« (Fernsehjournalist Friedrich Küppersbuch 1996 über Online-Kommunikation)

»Die Vertrautheit der Nachbarschaft ist zerschlagen worden durch das Wachstum eines komplizierten Netzes von weit entfernten Kontakten.« (Soziologe Charles Horton Cooley 1912 über das Telefon)

»Das Internet – gibt es diesen Blödsinn immer noch?« (Homer Simpson)

kapitel 6

In dem ich mit einem virtuellen Ehebrecher spreche, mich für die Rückkehr in die Zivilisation wappne – und mich von der berühmtesten Frisur des Internets fragen lassen muss, ob ich mich nicht für schuhsüchtig halte.

Tag 36 Beziehungsstatus: Es ist kompliziert

Beim Einkaufen treffe ich David, der mir von seiner neuen Freundin berichtet. Als er seine letzte Beziehung beendet hatte, war das die erste Trennung gewesen, von der ich über Facebook erfahren hatte. Er erzählt mir, dass er sich damals gar nicht so viele Gedanken darüber gemacht hätte, als er seinen Beziehungsstatus von »in einer Beziehung« auf »Single« umgestellt hatte. »Es entsprach ja den Tatsachen und die Trennung war auch schon ein paar Tage her«, erklärt er. »Aber ich habe nicht bedacht, dass diese kleine Umstellung allen meinen Freunden als Neuigkeit verkündet werden würde. Auch denjenigen, denen ich es eigentlich lieber persönlich erzählt hätte.« So wie David ging es schon vielen, denen das filigrane Interface zwischen realem Liebesleben und virtuellem Freundesmanagement schon mal für einen kurzen, aber fatalen Moment entglitten ist. Und ebenso wie es früher Gefühlsbulldozer gab, die per Fax Schluss machten oder sich per SMS trennten, gibt es heutzutage sicher auch einige, die sogar ihren Partner via Facebook davon in Kenntnis setzen, dass er sich seine Beziehungspapiere bitteschön beim Pförtner abholen möchte.

Aber nicht nur was das Ende einer Beziehung betrifft, auch in der Anbahnungsphase hat das Internet die Spielregeln geändert: Wurden früher verschämt Chiffre-Anzeigen geschaltet oder auf verkrampften Tischtelefon- und »Fisch sucht Fahrrad«-Singlepartys nach dem Glück gesucht, sind

Online-Partnerbörsen nun für jede Kragenweite und jedes Bedürfnis verfügbar. Von der gutsituierten Geschäftsfrau, die jemanden sucht, um eine Familie zu gründen, bis zum unruhigen Azubi, der so viele Bettgeschichten wie möglich erleben will, ohne viel Zeit »mit Quatschen und so« zu vertrödeln – für jeden Geschmack gibt es eine entsprechende Plattform. Und selbst auf Seiten wie Xing oder StudiVZ, auf denen es vordergründig um berufliche Kontakte geht, wird geflirtet, was das Zeug hält. Und sogar wer sich nicht online kennenlernt, sondern am Arbeitsplatz oder beim Geburtstag eines Freundes, zieht immer häufiger Google zu Rate, um herauszufinden, ob sich ein weiteres Treffen lohnt.

Anders als im realen Leben ermöglicht die Partnersuche im Internet nicht nur einen viel größeren Auswahlpool, sondern auch viel rigidere Selektion. Alter, Größe, Gewicht, Konfession, Beruf, Einkommen, Herkunft, Augenfarbe, Interessen, Lieblingsbuch, Lieblingsfarbe, Lieblingsessen, Affinität zu Haustieren, Spieleabenden oder Mario Barth – all das, was sich früher erst im Laufe mehrerer Verabredungen herauskristallisierte, ist heute mit wenigen Klicks an- und abwählbar. Das erspart einerseits Zeit und Enttäuschungen – nimmt aber andererseits jede Form von Unberechenbarkeit aus dem Prozess des Kennenlernens und Verliebens.

Gleichzeitig bieten die Internet-Profile die einzigartige Möglichkeit, sich selbst so darzustellen, wie man es selbst gerne hätte: Man zeigt sich braungebrannt und ausgeruht auf einem besonders vorteilhaften Urlaubsfoto und nicht erschöpft und blass vor dem Fernseher – auch wenn das der Realität vielleicht viel näher käme. Bei den Zahlen wird gerne mal ein bisschen geschummelt – die Frauen eher beim

Gewicht, die Männer eher beim Einkommen, schließlich weiß man, worauf es der Gegenseite ankommt. Die Lieblingsbücher sind natürlich nur die klugen, bei den Filmen trägt man brav die anerkannten Klassiker »Citizen Cane« oder »Pulp Fiction« ein statt die vielleicht viel aufrichtigeren »Mein Partner mit der kalten Schnauze« oder »Zwei Nasen tanken Super«.

Nur einen Klick vom Seitensprung entfernt

Neben der Frage »Wer passt zu mir?« kann man dem Internet aber noch eine weitere, durchaus teuflischere Frage stellen: »Was wurde eigentlich aus …?« Ob man nur bei Google nach der Ex-Freundin sucht oder sich bei Facebook mit dem ehemaligen Liebhaber Jahre später wieder anfreundet – die Tür in die Vergangenheit steht immer einen Spaltbreit offen. Man verliert sich nicht mehr einfach aus den Augen, wie es früher oft ganz automatisch der Fall war. Flirts, die Jahre her sind, lassen sich online unter Umständen binnen Sekunden wieder aufwärmen. Zunächst scheinbar unverbindlich und unverfänglich, stets hinter einer Passwortwand verborgen vor den Blicken des aktuellen Partners. »Als Teenager oder in unseren frühen Zwanzigern knüpfen wir oft sehr intensive Freundschaften – auch wenn sie nicht immer langlebig sind«, schreibt Robin Dunbar, mit dem ich über die 150 Freunde sprach, in einem Aufsatz. »Auf den diversen Netzwerkseiten tauchen solche Freunde aus dieser glühenden und emotional turbulentesten Zeit unseres Lebens nun oft wieder auf – und nicht selten wird dabei auch eine alte Flamme wieder zum Leben erweckt, die unsere gegenwärtige Beziehung zerstören kann.«

Ich kenne jemanden, der seine Ehe beinahe durch einen Internet-Flirt kaputtgemacht hätte – und heute noch darunter leidet. Als ich vor einiger Zeit mit dem New Yorker Literaturprofessor Joshua Gidding über sein Buch »Failure« sprach, in dem er vom Scheitern schreibt, erzählte er mir von dem Betrug an seiner Frau. Sie war einige Jahre vor unserem Gespräch an Krebs verstorben, und in den Jahren zuvor, während sie bereits erkrankt war, hatte er sie in regelmäßigen Online-Chats mit seiner Exfreundin – zumindest virtuell – betrogen. »Das ist die Sache in meinem Leben, für die ich mich am meisten schäme«, erzählt er mir in unserem Telefonat ganz ruhig und sachlich. »Ich war damals süchtig nach diesen kleinen täglichen Flirts – ich dachte sogar, sie stünden mir zu. Denn ich bemitleidete mich selbst stärker als meine kranke Frau.«

Es gibt sicherlich unterschiedliche Meinungen darüber, wo Ehebruch beginnt und ob ein Internet-Chat ohne realen Körperkontakt schon als Fremdgehen zählen kann. Ich finde schon – vor allem, wenn einen das eigene schlechte Gewissen überführt. Oder wenn sich der Partner betrogen fühlt und einen bittet, die Sache zu beenden. Giddings Frau hat das getan – mehrfach und ohne Erfolg. Er selbst versucht gar nicht, sein Tun zu beschönigen: »Das Geheimnis einer Affäre – selbst einer rein ›virtuellen‹ – war unwiderstehlich«, schreibt er in seinem Buch. »Ich erinnere mich noch an den Stromstoß, den mir der Gedanke an den Ehebruch versetzte: An den Schock der neuen Gefühle, die Kraft des Sexuellen, die in der Routine der Ehejahre langsam eingeschlummert war – und wie hilflos ich dieser Kraft ausgeliefert war.« Er erinnert sich sogar noch an den exakten Chat-Dialog, mit dem alles begann. Und daran, wie er in den kommenden Jahren nie mehr von den Online-Unterhaltungen mit seiner

Ex lassen konnte: »Manchmal schaffte ich es, einige Monate durchzuhalten, ohne sie zu kontaktieren«, schreibt er. »Aber irgendwann wurden die Versuchung und das Hochgefühl, mit ihr per Instant Messenger zu kommunizieren, zu unwiderstehlich, die Glöckchen, die eine neue Nachricht von ihr ankündigten, zu verlockend.«

Joshua Gidding sieht ein wenig aus wie ein gut gealterter Bill Murray. Er könnte einen gemütlichen Filmpsychiater spielen, dessen Leidenschaft das Segeln ist. Als ich ihn frage, wie schnell ihm seine Frau auf die Schliche gekommen ist, antwortet er: »Sehr bald. Sie merkte, dass ich ein anderer war, und fragte mich eines Abends beim Essen: ›Na, wer ist es?‹. Sie war sehr verletzt und bat mich, damit aufzuhören, den Kontakt einzustellen. Aber ich konnte nicht, obwohl ich es ihr immer wieder versprach. Erst ganz am Ende, kurz bevor Diane starb, brach ich den Kontakt zu meiner Ex ab – da hatte mir meine Frau aber bereits vergeben. Was sehr großherzig war und meine Scham nur steigerte.«

Natürlich wäre es Unsinn, zu behaupten, dass das Internet treue Ehemänner und Ehefrauen in gedankenlose Fremdgeher verwandelt, die alle moralischen Bedenken beim Hochfahren des Computers über Bord werfen. Das bestätigt auch die Diplom-Psychologin Christiane Eichenberg, die an der Universität Köln unter anderem zu sozialen Beziehungen im Internet und Sex im Netz forscht: »Das Internet verursacht keine Untreue an sich«, sagt sie in einem Interview mit einer Frauenzeitschrift. »Dahinter stecken vielmehr unbefriedigte Wünsche beziehungsweise ungelöste Konflikte in der Partnerschaft. Die hat es auch schon vor dem Internet gegeben. Dazu kommt der allgemeine Trend, dass viele in einer Beziehung lebende Menschen das Gefühl haben, dass es noch einen besseren Partner für sie geben könnte.« Trotzdem wird die Fremdgeh-Logistik durch Internet und Handy erheblich vereinfacht. Wer sich auf der Weihnachtsfeier mit jemandem aus dem Kollegenkreis einlässt, hat sofort Mitwisser, wer sich per Festnetztelefon verabreden muss, fliegt viel leichter auf. Bei Affären, die im Internet beginnen (oder vielleicht sogar komplett dort stattfinden), ist es deutlich einfacher, im Geheimen zu operieren. »Wichtig ist heute, das Internet in die Partnerschaft miteinzubeziehen. Definieren Sie auch für das Netz Regeln«, rät die Psychologin deshalb. »Wo beginnt für Sie Untreue? Chatten, Kontakte über Communitys oder reale Treffen mit Sex – all das sollten Sie in Ihrer Beziehung ansprechen.«

Dass nicht einmal Betrug im Spiel sein muss, damit das Internet für Ärger in der Beziehung sorgen kann, musste der amerikanische Rockstar John Mayer erfahren, der eine Zeitlang mit der Schauspielerin Jennifer Aniston liiert war und in einem Playboy-Interview Folgendes über die Trennung zu Protokoll gab: »Einer der größten Unterschiede zwischen uns war, dass ich Twitternutzer war und sie nicht. Es gab ein Gerücht, dass sie mit mir Schluss gemacht hätte, weil ich zu viel Zeit mit Twitter verbracht hätte. Das war es nicht, aber es war ein signifikanter Unterschied. Ihr Erfolg kam vor (…) Twitter, und ich glaube, sie hofft immer noch, dass alles wieder so wird wie 1998. Wenn ich mich mit einer neuen Technologie beschäftigte, sah sie das immer als Konkurrenz, als Ablenkung meiner Liebe. Und ich sagte immer: Das sind die neuen Regeln …«

Mein alter Freund Tobias kommt für 36 Stunden in die Stadt. Was insofern bemerkenswert ist, als er inzwischen seit drei Jahren in Brasilien lebt. Als Unternehmensberater ist er auf Effizienz getrimmt und hat vier Bewerbungsgespräche in straffer Folge vereinbart, als freiberuflicher Journalist und Strohwitwer bin ich so ziemlich das Gegenteil – und froh, dass ich es vor seiner Ankunft schaffe, die Gästematratze neu zu beziehen und den Kühlschrank einigermaßen anständig zu befüllen. Als er mittags vom Flughafen kommt, hängt er – nachdem wir uns freudig begrüßt haben – als allererstes sein Blackberry an die Steckdose. Ich habe ihm schon am Telefon von meinem Selbstversuch erzählt und frage ihn natürlich sofort aus – zum Beispiel, ob sich jemand wie er ein Leben ohne Smartphone und mobiles Internet überhaupt noch vorstellen kann. »Es ist für mich schon sehr wichtig geworden«, sagt er. »Es gibt mir am Wochenende zum Beispiel die Freiheit, mit meiner Freundin auf den Flohmarkt zu gehen, anstatt zuhause zu bleiben und auf eine wichtige Mail warten zu müssen.« Versklavt fühlt er sich durch das Gerät nicht – schließlich sei es ja seine Entscheidung, ob er es mit an den Strand nehme oder wie schnell er eingehende Mails tatsächlich beantworte. »Das Blackberry ist aber auch oft eine reine Zeittotschlagmaschine – und die Effizienz nur eine scheinbare«, gibt er zu. »Manchmal stehe ich am Flughafengate oder schon im Finger in der Schlange der Passagiere und lese noch bis zum letzten Moment des Einsteigens Online-Nachrichten. Aber ist es für mich in diesem Moment wirklich eine relevante Information, wenn ich in São Paulo davon lese, dass bei einem Brand in Saarbrücken eine Familie getötet wurde? Oder sind solche Nachrichten auch nur Ablenkung – und ich könnte genauso gut aus dem Fenster starren oder Däumchen drehen?«

Tobias und ich haben uns vor etwas mehr als 15 Jahren durch Zufall kennengelernt, als wir beide mit Rucksäcken behängt durch Kalifornien reisten und beschlossen, einen Teil unserer Route gemeinsam fortzusetzen. Es handelte sich damals gewissermaßen um den Vorabend der digitalen Revolution – und ich erfuhr auf dieser Reise zum ersten Mal von einer spannenden und verrückten Sache namens »Internet«. Ich erinnere mich noch genau, wie Tobias und ich uns nach einigen gemeinsam zurückgelegten Küstenkilometern, nach geteilten Joints, Frauengeschichten und Spritdollars in San Francisco wieder trennten. Damals tauschte man unter jungen Reisenden mit Geldsorgen und »Lonely Planet«-Reiseführer im Rucksack noch handschriftlich Telefonnummern und Adressen, wenn die Wege einen nach einigen Tagen wieder in unterschiedliche Richtungen führten. So auch wir. Doch unter seiner Postanschrift stand noch eine weitere Adresse – mit einem Zeichen, das mir bisher vollkommen fremd war: @.

Die Zeile ergab für mich keinen Sinn. Da standen einige wirre Buchstaben und Zahlen und am Ende etwas von einer Universität. »Das ist eine E-Mail-Adresse«, erklärte mir Tobias. »Damit kann man sich von Computer zu Computer Nachrichten schreiben.« Ich nickte, verstand aber kein Wort. Erst einige Monate später, als ich zurück in Deutschland selbst an eine Uni ging, bekam ich meine eigene E-Mail-Adresse und ging das erste Mal »in den Cyberspace«, wie man das damals noch aufgeregt nannte.

15 Jahre sind seitdem vergangen. 15 Jahre, von denen Tobias und ich nur wenige Monate in derselben Stadt gewohnt, mindestens sieben Jahre jedoch nicht einmal auf demselben Kontinent gelebt haben. Dass der Kontakt nie wieder ganz abgerissen ist – auch wenn wir beide sicherlich nicht die besten Kontaktpfleger der Welt sind –, ist in diesem Fall vermutlich tatsächlich dem Internet zu verdanken. Allerdings haben wir es auch mit Robin Dunbar gehalten, dem Mann, nach dessen Namen eine Zahl benannt wurde: »Das Internet kann manche Freundschaften etwas länger am Leben erhalten. Aber wenn wir unsere Freunde nicht ab und zu leibhaftig treffen, schläft die Freundschaft irgendwann ein«, sagt der Begründer der 150-Freunde-Theorie. »Frauen sind kommunikativere Wesen, bei ihnen kann eine Freundschaft manchmal auch per Telefon sehr lange bestehen bleiben. Aber Männer müssen sich ab und zu treffen, sich betrinken und ihre Köpfe gegen Bäume schlagen, wenn ihre Freundschaft sich nicht langsam in Luft auflösen soll.«

Tag 38 — Der Internet-Irokese

Und schon ist Tobias wieder weg. Wir haben unsere Köpfe zwar nicht gegen Bäume geschlagen, aber meiner fühlt sich heute dennoch ein wenig so an. Kurz bevor ich meine mönchsartige Abgeschiedenheit von der digitalen Welt wieder verlassen werde, habe ich mir vorgenommen, mit einem der wohl am stärksten vernetzten Menschen Deutschlands zu sprechen. Sascha Lobo, Blogger der ersten Stunde, prägte als Autor den Begriff der »Digitalen Bohème«. Über 30 000 Menschen haben auf Twitter seine Meldungen abonniert – nur wenige deutsche Nutzer schaffen mehr.[27] Lobo betreibt und befüllt mehrere Blogs, auf seinem privaten finden die Leser nicht nur seine Handynummer, sondern über den Ortungsdienst Google Latitudes auch stets seinen aktuellen Aufenthaltsort in der realen Welt. Kurzum: Sascha Lobo, der es nicht nur durch seinen roten Irokesenschnitt versteht, aufzufallen und sich zu vermarkten, ist das Schreckgespenst aller Internet-Skeptiker.

Doch auch innerhalb der Online-Gemeinde schlägt dem 35-Jährigen immer häufiger Kritik entgegen, seit er nicht nur als (ehrenamtlicher) Berater für die SPD tätig ist, sondern auch in einem Werbespot für den Kommunikationsriesen Vodafone auftrat. Der ehemalige Werber betreibe den Ausverkauf der einst nichtkommerziellen Internetgemeinschaft, so der implizite Vorwurf. Mir soll es viel weniger darum gehen, ob und wie jemand mit seinem Wissen und seiner Leidenschaft fürs Internet Geld verdienen darf, sondern darum, warum er sich für ein so öffentliches und vernetztes Leben entschieden hat. Wie er damit klarkommt, ständig online zu sein, und ob ihn die 100 sozialen Netzwerke, in denen er laut eigenen Angaben Mitglied ist, nicht gelegentlich auch stressen.

---

27 Darunter kaum Einzelpersonen, sondern vor allem Institutionen wie die »Eilmeldungen« von *Spiegel Online* oder Marketingfirmen, die ihre Follower mit umstrittenen Methoden wie dem beliebten »Zurückfollowen« gewinnen.

Wer hält sich schon für schuhsüchtig?

Als ich mit dem freundlichen Internet-Evangelisten spreche, liegen auf seinem Schreibtisch fünf Handys. »Ich benutze aber nur drei davon«, relativiert er. Während der normale Handynutzer sich im Schnitt alle zwei Jahre ein neues Gerät zulegt – nämlich dann, wenn sein Vertrag abläuft und ihm der Mobilfunkanbieter ein neues Telefon subventioniert – bekommt Lobo häufiger ein neues Gerät zum Testen angeboten. Sei es von Vodafone, wo er als freier Berater tätig ist, sei es von Google, die mit dem Smartphone Nexus One nun auch den Handymarkt erobern wollen, sei es von Apple, die mal wieder eine neue Version des iPhone herausbringen. Der Grund dafür, mehrere Handys zu nutzen, sei jedoch, dass ihm drei Telefone mit unterschiedlichen Nummern nicht mehr Stress bereiten, sondern weniger. »Ich habe eine öffentliche Nummer, die steht überall, jeder darf sie wissen«, erklärt er. »Das Telefon mit dieser Nummer stelle ich jedoch auch oft leise oder gehe nicht ran, wenn es klingelt. Ich nehme mir sogar die Freiheit, nicht unbedingt zurückzurufen, wenn jemand eine Nummer hinterlässt.« Nur weil er jemandem seine Telefonnummer gegeben hat, entsteht für Lobo daraus noch lange nicht die Verpflichtung, jederzeit sofort mit dieser Person kommunizieren zu wollen. Manchmal bekommt Lobo auf seiner öffentlichen Nummer auch Hassanrufe, aber das sind nur ein oder zwei pro Monat, sagt er, und selbst die seien meist eher »soziologisch interessant«. »Meine Privatnummer wiederum haben nicht mal 20 Leute – meine Familie, meine Freundin und ein paar ganz enge Freunde. Wenn ich also mein öffentliches Telefon leise stelle, bin ich viel weniger erreichbar als der durchschnittliche Handynutzer.«

Allzu häufig kappt Lobo seinen Draht zur Außenwelt allerdings nicht: »Ich schätze mal, ich bin zu 80 Prozent meiner wachen Zeit online – das ist mein Alltag. Im Netz erfahre ich Neuigkeiten, tausche mich privat und beruflich aus – es ist für mich der ideale Weg, um zu kommunizieren.« Die Frage, ob er keinerlei Gefahr einer Sucht oder Abhängigkeit sehe, stößt bei ihm auf wenig Verständnis: »Das ist in etwa so, als ob ich dich fragen würde, ob du schuhsüchtig bist – nur weil du 80 Prozent der Zeit, die du wach bist, Schuhe trägst. Denn natürlich bist du nicht schuhsüchtig, aber du hast gemerkt, dass es besser ist, als barfuß durch die Straßen zu laufen. Wenn ich online bin, kann ich das, was ich tue, besser tun. Es ist für mich ein Instrument.« Wie auch der Rabbiner Ehrenberg ist auch Sascha Lobo nicht um eine Metapher verlegen: »Ich unterscheide nicht zwischen online und offline. Das ist für mich wie die Frage, ob ich zuhause das Licht anschalte oder nicht. Es ist ein Unterschied – aber ich mache keine Religion draus. In manchen Momenten ist das eine sinnvoller und mal das andere.«

Mir fällt ein, wie ich Lobo zu Beginn meines Selbstversuchs schon einmal vor einigen Wochen anrief, um das Interview zu vereinbaren. Und obwohl ich ihm gerade geschildert hatte, dass ich im Rahmen eines Experiments ohne Internetzugang und Handy leben würde, fragte er mich wenige Sekunden später, ob ich die Fragen nicht per E-Mail schicken könne. Der Fairness halber muss ich jedoch hinzufügen, dass er seinen Fauxpas erstens relativ schnell bemerkte – und zweitens nicht der einzige war, dem das passierte. Ich habe bestimmt ein Dutzend mal Sätze wie »Oh, das ist ja ein spannendes Experiment, so ganz ohne Internet… Ich hab da gestern ein ganz interessantes Interview gelesen… Wart mal, ich schick Dir gleich Mal den Link!« gehört. Aber kann jemand wie Sascha Lobo, der sein ganzes Leben im Internet führt, überhaupt noch einen ganzen Tag offline sein? »Ich war über Weihnachten und Neujahr insgesamt vier Wochen in Indonesien unterwegs«, erzählt er. »Da gibt es viele Inseln, auf denen es gerade mal Strom gibt, aber kein Internet und keinen Handyempfang. Da war ich manchmal auch drei Tage am Stück offline – und bin trotzdem nicht verrückt geworden.« Aus einem Zeitungsinterview weiß ich, dass der scheinbar »gläserne Mensch« Sascha Lobo gar nicht so viel von sich preisgibt, wie man denken möchte, wenn man seine scheinbare Omnipräsenz im Netz betrachtet. Was man dort von ihm sähe, so gab er damals zu Protokoll, »ist ein bisschen unter 50 Prozent. Es scheint mehr, weil ich sehr umtriebig bin. Aber versuche mal herauszufinden, wie meine Freundin heißt.« So freigiebig Lobo mit seiner Handynummer oder seinem Aufenthaltsort umgeht – so wenig erfährt man im Internet über sein Privatleben: »Es gibt viel, das ich bewusst nicht ins Netz stelle. Das müssen die Jugendlichen auch lernen.«

Zusammen mit seinem Koautoren Holm Friebe hat Lobo vor einigen Jahren in dem Buch »Wir nennen es Arbeit« den Begriff der »Digitalen Bohème« geprägt. In einem Leben »jenseits der Festanstellung« gäbe es immer mehr Menschen, so die Beobachtung der beiden Autoren, die freiberuflich und selbstbestimmt in losen Bündnissen kollaborierten – und das immer öfter und immer besser online. Dass von dieser klugen und richtigen Analyse der Arbeitswelt oft nur das klischeehafte Bild der Milchkaffeetrinker übrig blieb, die lange schlafen und dann in Szenecafés in ihre Apple-Notebooks gucken, ist nicht Lobos Schuld – ebenso wenig, dass er seit ein paar Jahren als »Klassensprecher des Web 2.0«

oder »Twitter-Guru« herumgereicht wird. Als ich mit ihm spreche, schreibt der umtriebige Tausendsassa gerade seinen ersten Roman fertig. Auch dabei sieht man ihn häufig in seinem Lieblingscafé am Berliner Helmholtzplatz sitzen – einerseits ganz Posterboy für die Digitale Bohème, andererseits auch oft bewusst abgekoppelt. »Wenn ich konzentriert arbeiten muss, bin ich relativ hemmungslos«, erzählt er. »Dann schalte ich das Telefon aus und arbeite an meinem Computer mit einem Arbeitsbrowser, der so eingestellt ist, dass ich nicht durch Twitter oder andere Echtzeitplattformen abgelenkt werde.«

Beklemmungen in der Bibliothek

Ebenso wie der New Yorker Professor Clay Shirky (»Es ist keine Revolution, wenn niemand verliert«) hält Lobo das ganze Gerede von »Informationsoverkill« für blanken Unsinn: »Es muss, kann und soll doch niemand alles lesen, was im Internet steht – das ist ein völlig falscher Ansatz! Aber ich habe noch nie von jemandem gehört, der beim Betreten einer Bibliothek Beklemmungen bekommen hat wegen all der Bücher, die er ja auch nie lesen kann.« Auch das Argument, im Internet gebe es nur seichten Schund, da sich jedermann dort ungehindert äußern könne, lässt er nicht gelten: »Das ist in etwa so, als würde ich in eine Bahnhofsbuchhandlung gehen, mir die Stapel mit den immergleichen Krimis und Single-Romanen ansehen und aus dieser Stichprobe schlussfolgern: Aha, auf Papier wird also nur flaches Klischeezeug gedruckt. Aber genau so verfahren Journalisten oder Politiker, wenn sie glauben, es reicht, fünf Minuten bei Twitter herumzuklicken und dann festzustellen, dass da ja ›sowieso nichts Vernünftiges‹ steht.«

Dass sich manche Menschen von der Allgegenwart von Internet und Handy überfordert fühlen, kann Sascha Lobo immerhin verstehen: »Ich glaube aber, dass dieses Gefühl, überfordert zu sein, immer sehr subjektiv ist und nicht systemimmanent. Wenn ich es zulasse, kann ich ja auch schon von einem einzigen Wählscheibentelefon gestresst sein, weil es zu oft klingelt. Man stelle sich außerdem vor, dass jemand aus dem 18. Jahrhundert ins Jahr 1990 transferiert würde, als es noch so gut wie keine Handys oder massentaugliches Internet gab. Trotzdem würde diese Person ja all die Lichter, das Fernsehen oder die mehrspurigen Straßen als Bedrohung wahrnehmen und nicht glauben, dass Menschen so leben können. Aber jemand von heute, der an all das gewöhnt ist, kann seine Freundin auch mitten auf dem Times Square verliebt ansehen und all das um sich herum gar nicht als störend oder gar bedrohlich wahrnehmen.«

Auch in dem Verfechter der Digitalisierung und der immer stärkeren Vernetzung schlummert also ein romantisches Herz. Gut zu wissen. Wir unterbrechen das Gespräch kurz, da Lobo einen Anruf bekommt. Es ist jedoch der einzige während unserer Unterhaltung – und auch sonst ist der Mann mit dem knallroten Irokesenschnitt ein angenehm konzentrierter Gesprächspartner und keineswegs jemand, der ständig mit einem Auge auf seine E-Mails schielt oder auf seiner Handytastatur herumdrückt. Kurz: Der nach eigenen Angaben an der Aufmerksamkeitsstörung ADHS leidende Power-Twitterer hat erheblich bessere Kommunikationsmanieren als manch Internetskeptiker, der den Geruch von Druckerschwärze preist und die angebliche Verblödung der Welt durch Twitter und Co beklagt. Wir unterhalten uns noch eine ganze Weile über Themen wie Netzneutralität[28], Vorratsdatenspeicherung und Internetzensur – Bereiche, in denen Lobo eine viel größere Gefahr sieht als in der angeblichen Informationsflut oder dem Verlust der Privatsphäre.

Und wie verändert das Internet unsere Freundschaften? Im Falle von Lobo wohl nahezu komplett, wenn auch, wie er sagt, nur zum Positiven: »90 Prozent der Leute, mit denen ich mich im echten Leben umgebe, kenne ich aus dem Internet – mit den anderen zehn Prozent bin ich verwandt. Aber das finde ich gut so. Früher haben sich die Menschen per Zufallsgenerator kennengelernt – wer beispielsweise seinen Partner am Arbeitsplatz findet, lässt doch in letzter Konsequenz den Personalchef die Vorauswahl treffen. Im Netz ist es viel leichter, Leute zu finden, die zu mir passen, zu meinen Interessen und allgemeinen Wünschen. Eine ebenso häufige wie falsche Schussfolgerung ist die, dass sich Internet und reales Leben ausschließen. Dabei ist es genau umgekehrt: Menschen, die sich online treffen und gut verstehen, treffen sich irgendwann auch real.« In diesem letzten Punkt gibt ihm auch der Anthropologe Robin Dunbar recht, der in seiner Freundschaftsforschung feststellte, dass das Klischee des Computernerds, der im echten Leben keine Freunde hat, aber in der virtuellen Welt reüssiert, so nicht stimmt. Stattdessen sei ein starker Zusammenhang zwischen einem großen und aktiven virtuel-

---

[28] Netzneutralität bedeutet, dass die Anbieter von Internetzugängen (Internet Service Provider oder ISP) die ihnen anvertrauten Daten unverändert und gleichberechtigt übertragen, ohne diese inhaltlich zu kontrollieren oder für Zusatzdienstleistungen, wie beispielsweise eine schnellere Beförderung von Datenpaketen, zusätzliches Entgelt zu verlangen. Derzeit wird sowohl in den USA als auch in Europa versucht, Netzneutralität gesetzlich zu verankern.

len Freundeskreis und vielen Freunden im realen Leben nachzuweisen.

Ich denke noch eine Weile über das Gespräch mit Sascha Lobo nach. Auch wenn es für mich Eigenbrötler eine Horrorvorstellung wäre, im Internet ständig meinen Aufenthaltsort preiszugeben, so hatte ich doch nicht den Eindruck, dass der umstrittene Internet-Irokese von all der Technik und all den Kommunikationsmöglichkeiten, mit denen er sich umgibt, unterdrückt wird. Eher im Gegenteil: Es schien mir, als gehöre er zu den wenigen Menschen, die es geschafft haben, im Umgang mit den vielen kleinen Maschinen und Software-Algorithmen selbst die Regeln zu bestimmen, statt sich ihnen zu unterwerfen.

Tag 40 — Der letzte Tag

Heute ist der letzte Tag meiner digitalen Klausur. Als ich am Morgen aufwache, habe ich ein eigenartiges Gefühl in der Magengegend, ein leicht melancholischer Abschiedsschmerz. So, wie man ihn vielleicht am letzten Tag eines Urlaubs verspürt, wenn man noch einmal an den Lieblingsstrand oder in das sensationelle Fischrestaurant geht, das man im hintersten Winkel des Hafens entdeckt hat. Oder wenn man sich inmitten seiner gepackten Umzugskisten noch einmal in der leeren Wohnung umsieht, aus der man in wenigen Stunden ausziehen wird und die plötzlich so viel größer wirkt.

Auf dem Balkon stehend trinke ich meine erste Tasse Kaffee. Ohne E-Mails zu lesen, aber auch ohne eine Zeitung oder ein Buch. Ich denke einfach nur darüber nach, was ich heute noch machen will, beobachte das Vogelnest im großen Baum hinter unserem Haus und probiere aus, ob es mir weniger kalt an den Füßen ist, wenn ich auf meinen Zehenspitzen oder auf meinen Fersen stehe. Ich merke, dass ich in den vergangenen 39 Tagen ruhiger geworden bin, oft auch konzentrierter. Ich habe auch jenseits von Internet und Handy davon Abstand genommen, stets drei Dinge gleichzeitig machen zu wollen. Ich weiß nicht, ob das automatisch mit dem Verzicht auf die digitale Technik einhergegangen ist. Oder ob ich einfach ein Offline-Streber sein wollte, der alles besonders gut macht. Wahrscheinlich ein bisschen von beidem, aber das ist am Ende auch egal. Ich habe erfahren, dass sich ein Teil der guten Laune, die ich früher daher bekam, so viel wie möglich gleichzeitig zu tun, auch einstellt, wenn ich mich für den Augenblick ganz auf eine Sache konzentriere, ganz in diesem einen Moment bin. Meist halte ich es wirklich nicht viel länger als diesen einen Augenblick aus – so wie jetzt, als mir meine Zehen endgültig einzufrieren drohen und ich schnell wieder nach drinnen gehe.

Ich merke aber ebenso deutlich, dass ich auch nicht völlig in dieser analogen Askese und Besinnlichkeit aufgehe. »Walden«, das Buch, in dem der Schriftsteller Henry David Thoreau beschreibt, wie er in eine kleine Hütte an einen See zieht und dort »tief leben, alles Mark des Lebens aussaugen« will, habe ich nach der Hälfte wütend in die Ecke geworfen, so entnervt war ich von dem selbstzufriedenen Geschwafel des Einsiedlers und seiner offenkundigen Verachtung für den seiner Meinung nach völlig verblödeten Rest der Menschheit. So möchte ich nicht sein. Und das will etwas heißen aus dem Mund von jemandem, der als Teenager zwei Mal hintereinander in »Der Club der toten Dichter« gegangen ist. Einen Film, in dem die Walden-Philosophie des »weniger betretenen Pfades« gepriesen wird als Schatzkarte, die nicht nur zu einem glücklichen Leben führt, sondern auch in den Schlafsaal der Mädchen. Letzteres war vermutlich auch der eigentliche Grund für den doppelten Kinobesuch. So oder so: Der altkluge Eigenbrötler Thoreau kann mir gestohlen bleiben.

Ein Teil von mir freut sich auch auf die Rückkehr ins Netz. Auf die Möglichkeit, mit einem Mausklick Dinge zu erfahren, von denen ich vorher nicht einmal wusste, dass es sie gab. Auf die Möglichkeit, in Sekundenschnelle eine vielleicht völlig irrelevante, aber dennoch bohrende Frage zu beantworten. Und ja, auch darauf, bei Facebook oder Twitter zu lesen, was ein alter Bekannter gerade zum Frühstück gegessen hat. Immerhin erfahre ich auf diesem Wege, dass es ihm gut geht. Denn wer Honig-Flakes mit Mangojoghurt verspeist, kann gar nicht unglücklich sein.

Gleichzeitig machen sich auch kleine Sorgen breit: Was ist, wenn ich eine wahnsinnig wichtige E-Mail verpasst habe und damit eine Chance auf viel Geld, eine Karriere als Astronaut oder eine Kombination aus beidem? Wenn jemand etwas Unflätiges auf meine Facebook-Seite geschrieben hat, und ich habe es 40 Tage lang nicht gesehen und als die schmutzige Lüge geoutet, die es ist? Bevor ich mich in eine Art digitale Paranoia hineinsteigere und mein Gelübde ausgerechnet am letzten Tag breche, mache ich lieber einen Spaziergang.

Denn es ist schwer, die letzten 24 Stunden auch noch durchzuhalten, wenn es eigentlich um nichts mehr geht. Wenn es nur noch eine Formsache zu sein scheint, denn ich habe mir ja schon bewiesen, dass ich den Verzicht schaffe. Was kann es schon schaden, jetzt schon die Bücher zu bestellen, die man mir während meiner Offlinephase empfohlen hat? Umso schneller sind sie doch da – was soll schon passieren? Einen Tag früher oder später wieder einsteigen, wo liegt der Unterschied? Ich bleibe dennoch hart – unter anderem, weil eine seltsame Hemmung sich in mir ausbreitet. So ganz wohl ist mir bei dem Gedanken, wieder in die digitale Realität zurückzukehren, nämlich nicht. Oder anders herum: Nach anfänglichen Schwierigkeiten, Entzugserscheinungen und Sinnkrisen gefällt mir mein derzeitiger Zustand eigentlich ganz gut. Wie schon bei meiner ersten Verlängerung vor etwa zehn Tagen, scheint es mir auch jetzt einfacher, offline zu bleiben, als das Netzwerkkabel wieder einzustöpseln und das Handy wieder einzuschalten.

Ich denke ernsthaft drüber nach, noch ein weiteres Mal zu verlängern. Aber ich merke, dass auch zumindest bei einigen meiner Mitmenschen der berühmte Geduldsfaden langsam so straff gespannt ist wie eine Gitarrensaite – und ich nicht einschätzen kann, wie lange er noch hält. Da ist zum Beispiel einer meiner Auftraggeber, der drei Mal »vergessen« hatte, dass ich noch um anderthalb Wochen verlängert habe. Da er sonst zu den unvergesslichsten Menschen zählt, die ich kenne, ist sein Verhalten wohl eher als ein genervtes »Ist jetzt langsam auch mal gut mit deinem albernen Selbstversuch?« zu deuten. Was in dieser Form niemand sagt, aber mehrere zu denken scheinen. Auch Jessica schien die Nase gegen Ende irgendwann voll zu haben. Und ich kann es ihr nicht verdenken. Unterm Strich waren die vergangenen 40 Tage für meine Mitmenschen vermutlich anstrengender als für mich selbst.

Den Rest des Tages feiere ich stillvergnügt vor mich hin: Einerseits den letzten Tag eines relativ paradiesischen Zustands – andererseits die Tatsache, dass genau dieser Zustand morgen wieder ein Ende hat. Ich höre zum ersten Mal seit Ewigkeiten Musik weder über meinen iPod noch über meinen Computer, sondern lege eine alte Beach-Boys-Schallplatte auf. Und statt mich zu ärgern, dass ich alle 20 Minuten zum Plattenspieler gehen muss, um sie umzudrehen, freue ich mich über das große Foto auf dem Cover, das ich vor zwei Jahrzehnten in meinem Kinderzimmer so intensiv studiert habe, als würde es alle Geheimnisse des Lebens enthalten. Ich lese sogar eine gute Stunde lang die weitschweifigen Essays in einem dieser großformatigen und zentnerschweren Bildbände, die ich sonst nur auf den Couchtisch lege, um Besuch zu beeindrucken.

Nachdem mein Spaziergang vorhin streng genommen kein Spaziergang war, sondern in guter alter Multi-Tasking-Manier ein etwas ausgedehnter Gang zum Altglascontainer, mache ich am Abend noch einen zweiten Spaziergang, diesmal einen richtigen: ohne jeden Sinn und Zweck, einzig und allein dem Müßiggang dienend. Anschließend schreibe ich meine vorerst letzte Postkarte gen Hamburg. Ab morgen wird wieder per SMS und E-Mail Süßholz geraspelt.

Zehn Phrasen, die in keiner Unterhaltung, keinem Zeitungsartikel und keinem Buch über das Internet fehlen dürfen

- »Googles Motto lautet ›Don't Be Evil – Tu nichts Böses‹. Aber was heißt das schon?«

- »In den USA nennt man den Blackberry ja seit Neuestem Crackberry.«

- »Aber worüber die jungen Leute nicht nachdenken: Dass irgendwann auch mal der Personalchef das Partyfoto sieht, auf dem sie betrunken sind.«

- »In China bringen Sie sich inzwischen gegenseitig wegen besonders mächtiger Computerspielschwerter um.«

- »In ›Second Life‹ ist auch nichts mehr los.«

- »Das Internet darf kein rechtsfreier Raum sein.«

- »Im letzten Jahr entstanden so viele Informationen im Internet wie in einem Bücherstapel stecken, der soundso oft von der Erde zum Mond reicht.«

- »Das Internet ist ja ursprünglich eine Militärtechnologie und hieß früher ARPANET.«

- »Das Internet vergisst nicht.«

- »Nur wie man im Internet damit Geld verdienen soll, weiß noch niemand.«

kapitel 7

In dem ich in die digitale Welt zurückkehre, innerhalb einiger Stunden fast 1000 E-Mails lösche und ungläubig auf das Display meines Mobiltelefons starre.

Tag 41 War nie wirklich weg, hab mich nur versteckt

Die Stunde der Wahrheit ist gekommen. Ich schleiche um den Computer herum wie eine Katze um das Mauseloch, die zweite Tasse Kaffee wird in meiner Hand langsam kalt. Die erste habe ich noch in der bewährten Manier getrunken, dabei über den Lauf der Welt nachgedacht, ohne mich dabei ablenken zu lassen – oder es zumindest versucht. Doch jetzt muss es sein. Ich stecke das Netzwerkkabel in den Computer, starte das Mailprogramm und, wie es sich für einen guten Multitasker gehört, gleichzeitig den Browser. Noch während mein Mailprogramm die exakt 1024 Mails herunterlädt, die ich in meiner Abwesenheit bekommen habe, schalte ich das Handy an. Da sich der Akku jedoch scheinbar vollkommen entleert hat, obwohl es ausgeschaltet war, muss ich zunächst das Ladekabel suchen, um es wieder an die Steckdose zu hängen.

Where Do You Want To Go Today?

In meinem Browser sehe ich zum ersten Mal seit Wochen die Seite von *Spiegel Online*, meiner zugegebenermaßen wahnsinnig langweiligen Startseite. Ich versuche die Meldungen zu überfliegen, wie ich es sonst oft getan habe, lese nur Überschrift und Vorspann, ohne auf die einzelnen Artikel zu klicken, aber irgendwie will nichts hängenbleiben.

Tat es vielleicht sonst auch nie, aber heute fällt es mir zum ersten Mal auf. Eine seltsame Lähmung macht sich breit. Der Cursor in der Adresszeile blinkt langsam und gleichmäßig. Where do you want to go today? Wohin wollen Sie heute gehen, so lautete vor ein paar Jahren der Werbeslogan von Microsoft Windows. Ja, wohin will ich gehen? Ich fühle mich wie ein Steinzeitmensch, der einen amerikanischen Supermarkt betritt und sich zwischen 200 Sorten Frühstücksflocken entscheiden soll. Alles ist möglich – gleichzeitig ist nichts so wichtig, dass es unbedingt als allererstes angesteuert werden müsste. Ich entscheide mich für ein banales, aber dennoch relevantes Ziel und gehe auf die Seite meiner Bank. Gut, immerhin hat niemand meine digitale Abwesenheit genutzt, um mein Konto leerzuräumen oder mit meiner Kreditkarte Dinge bei eBay zu bestellen.

Endlich sind auch die E-Mails vollständig eingetroffen. 1024. Ich muss gestehen, ich bin ein wenig enttäuscht. Ich habe nie wirklich gezählt, aber ich hätte geschätzt, an einem normalen Tag mindestens 100 zu bekommen. Das hätte bei einer 40-tägigen Abwesenheit immerhin das Vierfache ergeben müssen. Doch gerade als ich mich unbeliebt, einflusslos und volkswirtschaftlich nutzlos fühlen will, dämmert es mir: Von den 100 Mails, die ich an einem normalen Tag bekomme, sind natürlich neben all dem üblichen Spam und Newslettern die allermeisten Antworten. Antworten auf Antworten. Antworten auf Antworten auf weitergeleitete Antworten. Was am Morgen als unschuldige Mail mit dem Betreff »Interviewanfrage« beginnt, kann am Ende des Tages leicht so aussehen »AW: AW: AW: FW: AW: AW: AW: FW: AW: AW: Interviewanfrage«. Dadurch, dass ich 40 Tage lang keine Mails mehr geschrieben habe, gab es natürlich auch für niemanden mehr die Notwendigkeit, mir zu antworten.

Ich bin beruhigt. Und gleichzeitig ein wenig beschämt. Jetzt war ich so lange abstinent und halte trotzdem noch die Anzahl von Mails, die jemand bekommt, für ein Statussymbol und Zeichen von Bedeutsamkeit.

Ein viel kapitalerer Tritt vors Schienbein meines Egos ist jedoch mein Mobiltelefon, das sich nach einer kurzen Ladezeit einschalten lässt. Keine einzige SMS-Nachricht, die vibrierend ankommt und meinen Dopamin-Spiegel nach oben peitscht. Auch als ich nach einer halben Stunde noch einmal auf das Display gucke: nichts. Die Mailbox hatte ich abgestellt, dort können also keine Nachrichten warten – aber ich hätte doch mit der ein oder anderen SMS gerechnet. Insgeheim hatte ich sogar ein wenig gehofft, dass mich jemand, der von meinem Selbstversuch nichts wusste, per SMS kontaktieren würde. Wie würden solche Personen auf meine ausbleibende Antwort reagieren? Wie oft würden sie per SMS nachfragen? Würde mein ausdauerndes Schweigen sie in Raserei versetzen wie JDs Freundin, als sie ihn im Urlaub nicht erreichte? Würden sie irgendwann vor meiner Tür stehen – aus echter Sorge um mein Wohlbefinden oder zumindest, um mir unfassbare Arroganz vorzuwerfen? Oder wäre es den meisten vollkommen egal, wenn sie keine Antwort erhielten? Ein großes soziales Experiment hatte ich vor meinem geistigen Auge entworfen, das sich mir wie von selbst offenbaren würde, wenn ich mein Handy wieder einschaltete und eine Lawine von SMS mit zunehmendem Eskalationsgrad vorfinden würde. Doch nichts dergleichen passiert. Der SMS-Eingang bleibt leer.

Irgendwann trifft eine Nachricht von Jessica ein: »Juhu! Du hast es geschafft!« So sehr ich mich freue, so sehr nagt es an mir, dass niemand sonst in den letzten 40 Tagen geschrieben hat. Da kommt mir mit einem Mal ein schrecklicher Verdacht. Endlich weiß ich auch, was ich mit den endlosen Möglichkeiten, die mir das Internet wieder bietet, anfangen soll. Eine kurze Google-Suche später weiß ich, dass SMS-Nachrichten je nach Netzbetreiber nur 24 oder 48 Stunden aufbewahrt werden. Wenn der Empfänger sein Telefon für längere Zeit ausgeschaltet hat und die Nachricht nicht zugestellt werden kann, wird sie einfach gelöscht. Hervorragend! Dieser Teil meines sozialen Experiments ist also grandios in die Hose gegangen. Ich überlege kurz, ob ich Jessica anrufen soll, um ihr mitzuteilen, dass ich mich gleich noch mal für 40 Tage aus der modernen Welt verabschiede. Dass ich jedoch diesmal das Handy nicht aus-, sondern nur auf lautlos schalte, bevor ich es wegschließe. Dann erinnere ich mich daran, wie freudlos das Leben als Single ist, wenn man nicht mehr 21 und Student ist, und begrabe den Gedanken an eine Wiederholung des Experiments ganz schnell und lautlos.

Nachdem ich mich von meiner Enttäuschung über die verlorenen SMS erholt habe, knöpfe ich mir den Mailbrocken vor, der in meinem Postfach schlummert. Ich habe es ja bereits befürchtet, so wie es fast jeder ahnt, der sich tagtäglich mit E-Mails herumschlägt: Der Bruchteil davon, der wirklich wichtig ist, ist ungefähr so groß wie der Anteil an fettarmen Gerichten auf der Karte eines Fastfood-Restaurants. Sicher, es gibt immer irgendwo eine Tüte mit Apfelschnitzen oder einen Salat mit Putenbrust. Aber das meiste im Posteingang ist Schrott. Ich meine gar nicht mal die klassischen Spam-Mails, von denen vorher die Rede war. Ich rede von den Newslettern, den Rundschreiben, den Infomails. Lufthansa, Airberlin und die Bahn halten mich über neue günstige Tarife auf dem Laufenden. Amazon unterrichtet mich über DVDs zum Schnäppchenpreis, eBay über seine

»WOW!-Angebote« und die Staatsoper Unter den Linden verrät mir, was im kommenden Monat gegeben wird, weil ich auch dort einmal so leichtsinnig war, meine Mailadresse zu hinterlassen.

Löschen und ignorieren

Löschen, löschen, löschen. Über den Tag verteilt, können genau diese kleinen Hinweise auf Shopping-Gelegenheiten willkommene Unterbrechungen des tristen Arbeitsalltags sein. Ich möchte gar nicht wissen, wie viele Terminator-DVDs Tag für Tag in deutschen Büros bestellt werden, weil der Chef einen Mitarbeiter kurz zuvor wieder herumgemuffelt hat. Wie viele »Romantische Städtetrips« gebucht werden, weil der Newsletter genau am Montagnachmittag eintrifft, wenn man den Berufsverkehr satt hat und das Wochenende so unerreichbar weit weg scheint. Auf einem großen Haufen ausgekippt, merkt man jedoch, dass der Subtext der Mails so banal wie ähnlich ist: Unterbrich, was du gerade tust, komm auf unsere Webseite und gib uns all dein Geld!

Zu diesen allgemeinen Newslettern kommen noch spezielle berufliche, die jedoch auch nicht viel spannender sind. Bei mir sind es Neuigkeiten aus der Medienbranche und diverse Pressemitteilungen, bei einem Kieferchirurgen würden es vermutlich Neuigkeiten aus der Kieferforschung, Informationen über anstehende Kieferkongresse oder neue Bücher von Kieferfachverlagen sein. Meist sind das keine E-Mails, die einem den Tag retten, die man sich ausdruckt und einrahmt – aber sie gehören halt zum Job und machen ihn im Idealfall ein Stück einfacher. Nachdem ich all diese Mails gelöscht habe, die nicht mir persönlich gelten, sondern einer wie auch immer definierten Zielgruppe (zum Beispiel Bahnkunden, extrem unregelmäßige Opernbesucher oder Journalisten mit dem Ressort-Schwerpunkt »Flüssiges«), bleiben nicht einmal mehr 100 übrig. Zu meinen Favoriten unter den Standardmails gehören übrigens die, die mangelnde Aktivität auf der eigenen Webseite bemängeln: »Du warst in letzter Zeit nicht auf Facebook – Freunde warten auf deine Nachricht«, schreibt mir zum Beispiel Facebook. »Wie populär bist und warst du in deiner Klasse?«, quengelt ein anderes Netzwerk, aus dem es mir trotz intensivster Bemühungen bisher nicht gelungen ist, mich abzumelden.

Von den verbleibenden Mails, die Menschen an mich persönlich adressiert haben, hat sich ein Großteil wiederum schon von selbst erledigt. Die Einladung zu der Lesung, zu der ich einen Tag zu früh erschien. Freunde, die sich auf ein paar Getränke treffen wollten und dann anriefen, als sie merkten, dass mich ihre Mails nicht erreichen. Aber auch insgesamt drei Aufträge für Artikel, bei denen sich die jeweiligen Absender nicht die Mühe gemacht hatten, anzurufen, sondern vermutlich gedacht haben, ich sei übergeschnappt. Und einfach einen anderen Kerl beauftragten, der weniger kauzig war, seine Mails beantwortete und an sein Handy ging, wenn es klingelte. Sollte ich mich also entscheiden, dauerhaft offline zu gehen, müsste ich mir vermutlich binnen weniger Monate einen neuen Job suchen. Wenn auch keine erfreuliche, so doch zumindest eine sehr handfeste Erkenntnis meines Selbstversuchs. Vor dem Nachmachen also bitte die Risiken und Nebenwirkungen bedenken.

Während ich mich durch den endlos erscheinenden Berg von Mails klicke, klingelt das Telefon: Mein Steuerberater ist dran und sagt, wir müssten ein paar Dinge zu meiner

Quartalsabrechnung besprechen. Verdammt, nie glaubt er mir, dass ich mir die elektrische Eierköpfmaschine und die Rückenmassiermatte für die Sessellehne ausschließlich zu beruflichen Recherchezwecken bestellt habe! Er fragt, ob es mir gerade passt, und entgegen meiner guten Vorsätze, nicht mehr ständig drei Dinge gleichzeitig zu machen, sage ich ja und lösche, während ich ihm zuhöre, munter weiter Newsletter mit Betreffzeilen wie: »Starten Sie jetzt in den oberösterreichischen Frühling!« Noch während wir über die Gründe diskutieren, warum mein großes Essay über das Eierköpfen schlussendlich doch nicht erscheinen konnte, klingelt mein Handy. Ein Interviewpartner, mit dem ich für nächste Woche verabredet bin, möchte den Termin verschieben. Ich bitte den Steuerberater dranzubleiben und lösche in dieser Sekunde ausgerechnet eine Mail, die doch kein sinnloser Newsletter war. Während ich versuche, sie aus dem virtuellen Mülleimer zu bergen, öffne ich meinen Terminkalender und suche nach einem Alternativtermin. Ich bin gerade mal wieder einen halben Tag zurück unter den digital Lebenden, und mein Kopf brummt wie der von Frank Schirrmacher – würde dieser versuchen, in einer Achterbahn seinen Videorecorder zu programmieren.

Keine Gnade für Handball-Uwe

Irgendwann ist ein neuer Termin gefunden, meine Steuererklärung sauber wie frisch gefallener Schnee, und mir bleibt nichts anderes übrig, als ungläubig den Kopf zu schütteln. Vor sechs Wochen hätte ich mir während dieses Doppelgesprächs noch ein Spiegelei gebraten und auf Twitter live davon berichtet – heute bringt es mich an den Rand des Nervenzusammenbruchs. Eine Anekdote, mit der Professoren auf der ganzen Welt ihre Erstsemester zum hingerissenen Staunen bringen, ist die Geschichte von den Gehirnen der Londoner Taxifahrer. In diesen wurde nämlich ein deutlich vergrößerter Hippocampus gemessen, der Teil, der für räumliches Denken und Orientierung verantwortlich ist. Wenn es einen Teil im Gehirn gibt, der für das schnellere Verarbeiten größerer Informationsmengen zuständig ist, muss er bei mir in den vergangenen sechs Wochen auf Erbsengröße geschrumpft sein.

Meine Rückkehr zu Facebook fällt verhältnismäßig unspektakulär aus. Meine Freunde haben sich nicht heimlich in einem virtuellen Raum versammelt und rufen: »Überraschung!«, in dem Moment, in dem ich ihn betrete. Vereinzelt gibt es einen Kommentar: »Oh! Du bist wieder online«, aber den meisten ist vermutlich nicht einmal aufgefallen, dass ich weg war. Was ich durchaus angenehm finde. Auch hier haben sich eine ganze Reihe von Nachrichten angesammelt: Einladungen, Mitglied in der Gruppe »Die Todesmutigen Kettenbriefunterbrecher« oder »Ich schmeiß auch nach 20.00 Uhr Altglas ein!« zu werden. Einladungen zu Veranstaltungen – und natürlich Freundschaftsanfragen. Früher habe ich diese grundsätzlich positiv beantwortet, es sei denn, es handelte sich um eine Verwechslung und ich kannte die betreffende Person überhaupt nicht. Zu groß war meine Angst, als arroganter Mistkerl zu gelten, der nur anruft, wenn er Umzugshelfer oder ein knackiges Zitat für einen Magazinartikel braucht, sich aber ein Jahr später zu fein für eine Internetfreundschaft ist. So klickte ich freundlich auf »bestätigen« – wohlwissend, was dies unterm Strich bedeuten würde: gar nichts. Doch seit meinem Gespräch mit Robin Dunbar, dem Mann, der die 150 als magische Grenze unserer sozialen Beziehungen erkannt hat, bin ich vorsichtig geworden. Die Grenze sei fix und unumgehbar in unsere Gehirne implementiert, hatte er mir versichert. Würde ich also in dem Augenblick, in dem ich jemanden als Freund bestätigte, mit dem ich zwar auf der Schule war, aber nie auch nur ein Wort geredet hatte, einen anderen, echten Freund an den Rand des Zirkels drängen? Würde plötzlich Handball-Uwe, an den ich seit fast 20 Jahren nicht mehr gedacht hatte, mit seinen täglichen Updates die Aufmerksamkeit verbrauchen, die eigentlich einem gegenwärtigen Freund zustand? Ich will kein Risiko eingehen und beschließe deshalb, meinem inneren Türsteher eine etwas strengere Auswahlpolitik zu verordnen.

Es fühlt sich trotzdem albern und arrogant an, auf »Ignorieren« zu klicken. Ungefähr so, als würde einen im Supermarkt jemand mit Namen ansprechen und man täte trotzdem so, als hätte man es nicht gehört. Weiter die Etiketten Senfgläser studieren und schließlich mit leerem Blick und Schulterzucken zur Kasse gehen. Vertracktes Internet! Die letzten sechs Wochen waren sicher auch nicht immer ein Spaziergang, aber immerhin frei von solch moralischen Dilemmata.

Tag 45 Was vom Selbstversuch übrig blieb

Inzwischen bin ich seit einer halben Woche online und habe mich wieder einigermaßen akklimatisiert: Mein Puls fängt nicht mehr an zu rasen, wenn mein Telefon klingelt, während ich auf dem Handy bereits spreche. Ich habe den »Rückstand« von unbearbeiteten Mails, Facebook-Nachrichten und Google-Recherchen, die ich mir in den letzten Wochen auf einen Block gekritzelt hatte, aufgeholt und gehe wieder meinen tagtäglichen Verrichtungen nach. Trotzdem ist längst nicht alles wieder genauso wie vorher – zum Glück!

Zum einen fliehe ich immer mal wieder für einen halben Tag in die Bibliothek. Die Stille dort erinnert mich an die Tage, an denen ich diese Ruhe auch zuhause ständig hatte – auch wenn ich es nicht immer schätzte, sondern gerade anfangs oft genug verflucht habe. Mein Arbeitspensum in den Offline-Wochen war phänomenal – vor allem insofern, als ich wesentlich mehr erledigt bekam als vorher, aber gleichzeitig nicht das Gefühl hatte, mehr zu arbeiten. Ein bisschen was von dieser wundersamen Effizienzsteigerung versuche ich, durch die Bibliotheksbesuche in meinen neuen alten Online-Alltag hinüberzuretten. Vielleicht fehlt mir aber auch nur der Bibliotheksmief.

Und ewig klickt die Maus

Zum anderen merke ich, wie sich manche Freundschaften in den Wochen meiner Netzlosigkeit qualitativ verbessert haben. Mit David, mit dem ich sonst meist nur die ein oder andere kurze Mail oder SMS austausche, spreche ich derzeit viel häufiger – sei es am Telefon oder bei einem unserer ebenfalls häufigeren Treffen. Als er heute anrief, ertappte ich mich allerdings dabei, wie ich nach ungefähr fünf Minuten Geplauder bereits ungeduldig wurde. Wieder zurück an meinen Computer wollte, um die E-Mail weiterzuschreiben, die ich vorher angefangen hatte. Die aber nebenbei bemerkt, weder besonders wichtig noch besonders eilig war.

Auch als ich abends mit meinem Vater telefoniere, erleide ich einen schlimmen Rückfall in eine Krankheit, die ich während meines Selbstversuchs überwunden hatte. »Uh-hm«, sage ich, während er mir von seiner Woche erzählt. »Aha«, streue ich immer mal wieder ein, während ich mich ziellos durch meine Mailordner, durch eBay-Angebote und Online-Nachrichten klicke. Es ist nicht so, dass ich nicht zuhöre, es ist eher so, dass ich Angst habe, meine Augen könnten sich langweilen, wenn nur meine Ohren mit dem Gespräch beschäftigt sind. Es ist keine wirklich gute Angewohnheit, und mein Vater hat vermutlich einfach nur zu gute Manieren, um mich auf meine schlechten hinzuweisen. Denn ich selbst hasse es, wenn ich merke, dass mein Gesprächspartner am anderen Ende der Leitung in regelmäßigen Abständen mit der Maus klickt. Oder gar heimlich und möglichst leise tippt. Alle Menschen, die ich kenne, hassen das – und trotzdem tun es fast genauso viele Menschen selbst.

Vor kurzem hat das berühmte Forschungszentrum MIT in Boston eine Technik entwickelt, mit der man nur anhand der Stimme analysieren kann, wie aufmerksam jemand am Telefon der Unterhaltung folgt. »Jerk-O-Meter«, also Idiotometer, hat der erfreulich humorvolle Entwickler Anmol Madan seine Analysesoftware genannt, die jedem geistig Abwesenden sofort auf die Schliche kommt. Tonlose Stimme, zu lange Pausen vor Antworten, zu viel nichtssagendes Zustimmungsgebrumme – zack! Schon ist man als rücksichtsloser Rüpel enttarnt, der nebenher E-Mails schreibt, den Sportteil liest oder ohne Ton »Germany's Next Topmodel« guckt. Bislang gibt es die Software nur im wissenschaftlichen Testbetrieb – und es ist vermutlich aus ethischen Gründen nur möglich, seine eigene Stimme zu analysieren, nicht heimlich die des Gesprächspartners. Doch wenn es das »Jerk-O-Meter« irgendwann als herunterladbare App für jedes bessere Telefon geben sollte – dann Gnade mir Gott!

Tag 55 Zurück im Online-Alltag

Jessica hat ihren Job in Hamburg beendet, und wir sind wieder gemeinsam in Berlin. Eine der größeren Veränderungen, die ihr auffällt: »Wie oft das Festnetztelefon inzwischen klingelt!«

»Nervt es dich?«, frage ich sie. Denn mir ist es gar nicht richtig aufgefallen, dass auch nach dem Ende meines Selbstversuchs viele Leute, die sich früher nur per Handy oder E-Mail gemeldet haben, einfach weiterhin dort anrufen.

»Nein, gar nicht«, sagt sie. »Ich find's schön. Es zeigt, dass jemand gerade an uns denkt.«

Es ist jetzt zwei Wochen her, dass ich meinen Selbstversuch beendet habe. In vielen Dingen bin ich erschreckend schnell wieder in alte Gewohnheiten zurückgefallen: Wenn ich am Computer sitze, springe ich wieder mit CTRL-TAB zwischen den einzelnen Fenstern hin und her, ohne jedes Mal genau sagen zu können, warum eigentlich. Ein bisschen so, als wollte ich nachsehen, ob noch alle da sind. Wenn ich mit jemandem länger telefoniere, kann ich immer noch nicht die Finger von Maus und Tastatur lassen. Und immer noch muss ich mich, nachdem ich mich eine Stunde von Googlesuche zu Googlesuche und von Link zu Link gehangelt habe, daran erinnern, dass ich das, was ich ursprünglich gesucht, schon vor 55 Minuten gefunden hatte – und alles, was danach kam, nur noch in die Kategorie »Ach, das ist aber auch ganz interessant« fällt.

Ich finde das aber im Grunde gar nicht so schlimm. Immerhin ist es mir durch den Selbstversuch zum ersten Mal seit Langem wieder so richtig bewusst geworden. Ein wenig erinnert es mich daran, wie ich vor Jahren nach einer Woche des Heilfastens plötzlich mehr darüber nachdachte, wann, wie viel und vor allem was ich aß. Ich hatte nicht nur den Eindruck, plötzlich intensiver und differenzierter schmecken zu können, sondern auch weniger Lust auf ungesundes Fast Food und dafür größeren Appetit auf Obst und Gemüse. Lange hielt der Effekt jedoch nicht an, schätzungsweise nach einem Monat schaufelte ich wieder Gyrosteller oder Leberkäse in mich hinein, als wäre nie etwas gewesen. Als ich ein Jahr später erneut eine Heilfastenwoche plante, kündigten plötzlich mehrere meiner damaligen Kollegen an, in dieser Zeit Urlaub einreichen zu wollen. Auf meine Frage, ob ein Zusammenhang zu meiner Tee-und-Saft-Askese bestünde, erfuhr ich etwas, das ich selbst nicht für möglich gehalten hätte: »Du warst noch nie so schlecht gelaunt wie in dieser Woche«, rückte ein Kollege irgendwann mit der Sprache heraus. Ich hatte zwar gelesen, dass manche Menschen während des Fastens dünnhäutiger und gereizter waren, hatte aber den Eindruck gehabt, davon vollkommen verschont geblieben zu sein, und sah mich selbst trotz leerem Magen als gutgelaunter Sonnenschein durchs Leben springen. Die anderen hatten offenbar eine andere Erfahrung gemacht. Auch bei meinem digitalen Selbstversuch habe ich gemerkt, wie manchmal Selbstwahrnehmung und Realität auseinanderklaffen. So war ich zum Beispiel der festen Überzeugung, dass meine Entschleunigung gar nicht ausschließlich von meiner Internet-Abstinenz herrührte. Es war schließlich Winter, ganz Deutschland lag unter einer dicken Schneedecke – das Leben ging einfach insgesamt gerade langsamer. Das machte ich mir zumindest weis. »Sag mal, spinnst du?«, entgegnete mir David, als ich ihn ungefähr zur Hälfte meines Selbstversuchs mit dieser Einschätzung konfrontiert hatte. »Über Weihnachten und Silvester war ein wenig Ruhe – aber am 2. Januar ging es überall schon wieder mit Volldampf los.« Die Ruhe und Konzentration, das Gefühl, »endlich mal Zeit zu finden«, das ich zumindest zu 50 Prozent auf eine Art Winterschlaf der Menschheit geschoben hatte, war bei mir also doch ausschließlich dem Ziehen des Online-Steckers zu verdanken gewesen.

Warum machst du das?

»Papa... Wie sind die Menschen eigentlich ins Internet gekommen, bevor es Computer gab?« Diese Frage eines Kindes kursiert seit einiger Zeit in Internetforen, wird per Mail weitererzählt oder beim abendlichen Palaver über den Stand der virtuellen Dinge. Dabei ist unklar, ob jemals wirklich ein real existierendes Kind diese Frage gestellt hat – oder ob es sich eher um einen gerne weitererzählten Mythos handelt, ähnlich dem der Großstadtkinder, die eben nur angeblich zum lilafarbenen Filzstift greifen, wenn sie echte Kühe malen sollen.[29] Doch egal ob ein Kind wirklich einmal diese Frage gestellt hat, sie zeigt, wie selbstverständlich und allgegenwärtig das Internet inzwischen geworden ist. Mich selbst

---

29 »Auch wenn die Geschichte mit den realitätsfremden Großstadtkindern, die durch die Fernsehwerbung denken, Kühe seien lila, unsere Vorurteile wunderbar bestätigt: Leider konnten wir sie in mehreren Studien nicht bestätigen«, erklärt Natursoziologe Rainer Braemer von der Uni Marburg. Auch wenn manche Kinder beim Kühemalen die Farbe lila wählten, so sei das eben Spaß und Fantasie – dass echte Kühe nicht lila sind, wissen spätestens nach dem Kindergarten alle, denn Kinder »können sehr gut zwischen Werbewelt und Realität unterscheiden«, so der Experte.

bringt eine ganz andere Kinderfrage ins Grübeln: »Wieso machst du das?«, fragte mich Lena, die fünfjährige Tochter eines befreundeten Paares eines Tages, als ich ihren Eltern beim Kaffeetrinken von meinem gerade noch laufenden Selbstversuch berichtete. Die Frage war gut und mit dem kurzen »Weil ich ein Buch darüber schreibe«, mit dem ich mich aus der Affäre zog, natürlich längst nicht beantwortet. Zum Glück gab sich Lena in diesem Moment damit zufrieden und wandte sich wieder dem Berg an Teebeuteln zu, die nach Sorten zu sortieren sie sich zu ihrer Aufgabe gemacht hatte.

Doch die Frage blieb spannend. Natürlich war da ein Buch, das geschrieben werden wollte. Ebenso wie der banale Wunsch, mir einfach zu beweisen, dass ich es schaffen würde, eine Zeitlang auf all die Technik zu verzichten, die angeblich mein Leben bestimmte. Aber natürlich war da mehr. Es war der Wunsch, zu erkennen, was von all den Vernetzungsmöglichkeiten und Kommunikationsangeboten wirklich wichtig und ein Gewinn war und worauf ich gut verzichten konnte. Wie und ob es mich verändern würde, wie meine Umwelt reagieren würde. Ein Stück weit war mein Selbstversuch sicher auch der sentimentale Versuch einer Rückkehr in jene »gute alte Zeit«, in der ich am Nachmittag auf mein Fahrrad stieg und zur Tischtennisplatte im Park fuhr, weil einfach immer jemand da war, der mitspielen würde. In der man sich mit einer Gitarre und einer Kiste Bier um ein Lagerfeuer setzte und noch niemand wusste, was SMS und Chats und Tweets und Facebook überhaupt waren. Geschweige denn, wofür man sie brauchen sollte. Doch natürlich konnte diese Rückkehr nicht mehr gelingen – oder eben nur zeitweise. Zum Glück. Denn nicht nur bin ich keine 14 mehr – und selbst wenn ich es wäre, würde ich heute statt an der Tischtennisplatte zu stehen mit meinen Freunden vor einem Bildschirm sitzen und »Grand Theft Auto« spielen – oder Chatroulette.

Tag 58 Der geschenkte Offline-Samstag

Auch wenn ich in vielen Dingen schnell wieder in alte Gewohnheiten zurückgefallen bin – es gibt auch Dinge, die ich aus den 40 Offline-Tagen mitgenommen habe und dauerhaft beibehalten will. So schalte ich beispielsweise nicht mehr als erstes jeden Morgen den Computer ein und lasse mich von der ersten Welle der Mails, RSS-Nachrichten und anderen Meldungen wegspülen. Stattdessen frage ich mich selbst, was ich heute zu tun habe, was die wichtigsten Dinge sind, die ich erledigen muss oder möchte, wo meine Prioritäten für den heutigen Tag liegen. Erst wenn ich einen Teil davon erledigt habe, checke und beantworte ich meine E-Mails – danach wird das Mailprogramm wieder geschlossen und weitergearbeitet. Im Grunde nur eine vergleichsweise kleine Verhaltensumstellung, die jedoch gewaltige positive Auswirkungen hat.

Eine andere Veränderung, die von meinem Experiment übrig geblieben ist, ist der »Online-Sabbat«. Ich versuche, einen Tag pro Woche so zu verbringen, wie ich die 40 Tage verbracht habe: ohne Internet und Handy. Ich gebe zu, ich bin an diesen Samstagen nicht ganz so strikt wie während meines Selbstversuchs, das Handy ist meist nur auf lautlos geschaltet, und wenn ich etwas ganz dringend im Internet nachsehen muss, schalte ich den Computer für einen Moment an. Aber danach eben auch wieder sofort aus. Kein zielloses Surfen, kein virtuelles Geplauder, kein Stöbern in Online-Shops oder auf Nachrichtenportalen. Das bedeutet aber auch: keine Versuchung, am Wochenende ein wenig zu arbeiten, doch noch schnell etwas für den Artikel zu recherchieren, an dem ich gerade arbeite, oder drei Mails zu beantworten, die ich am Freitag nicht mehr geschafft habe. Das hat keinerlei religiöse Gründe, sondern fühlt sich einfach gut an, wenn sich wenigstens an einem Tag die Sphären von Beruf und Privatleben, von Arbeit und Freizeit einmal nicht mischen.

Und was man stattdessen alles tun kann! Heute ist zum Beispiel ein solcher Samstag. Wenn ich früher ein wenig vor Jessica aufwachte, verbrachte ich die Stunde, bis sie aus dem Schlafzimmer kam, meist im Pyjama und mit einer Tasse Kaffee am Computer. Manchmal, weil dort wirklich noch etwas zu erledigen war, oft genug aber auch einfach, um die Zeit totzuschlagen. Als sie jedoch heute mit verwuscheltem Haar und verschlafenen Augen aus dem Bett steigt, riecht die ganze Wohnung bereits nach Fischsuppe.

»Muss ich mir Sorgen um deine geistige Gesundheit machen?«, fragt sie und versucht festzustellen, ob das alles nur ein besonders bizarrer und gleichzeitig extrem realistischer Traum ist.

»Nein, alles in Ordnung«, beruhige ich sie. »Heute ist nur mal wieder ein Offline-Tag.«

Sie geht ins Badezimmer, und ich rühre glücklich die Fischsuppe um, bevor ich einen frischen Kaffee aufsetze und die Musik ein wenig lauterdrehe. Plötzlich fällt mir der Rabbi Ehrenberg ein und was er mir über den Sabbat gesagt hat: Dass man ihn nicht als lästige Pflicht begreifen sollte, sondern als Geschenk.

Ich weiß jetzt, was er gemeint hat.

Zehn nutzlose E-Mail-Betreffzeilen – die nicht erkennen lassen, worum es geht

- »???«
- »Zwei Sachen«
- »Dringend!«
- »Sehr SEHR dringend!!!!!!«
- »Nur mal kurz geklärt«
- »Zwischenstand«
- »Hilfe, bitte!«
- »Kleine Anmerkung«
- »Hallöchen!«
- »Termin«

Und zehn E-Mail-Betreffzeilen – die immerhin sofort erkennen lassen, dass es sich um Spam handelt:

- »Geehrte Kunden und Kundinnen von Deutsche Bank«
- »Kein Scherz! Sie haben gewonnen!«
- »Nie wieder wird eine Frau Sie auslachen!«
- »Abnehmen ohne Hunger – ganz einfach!«
- »Mein lieber Herr Freund«
- »Greife das Link!«
- »Blaues Wunder, dann klappts auch mit der Nachbarin«
- »Wie Sie klüger aussehen und schnell reich werden«
- »Hier, das hat meinem Kumpel geholfen«
- »Auch McDonald's-Angestellte können wie Oligarchen aussehen!«

kapitel 8

In dem ich Wege, Tricks und Denkanstöße vorstelle, die helfen können, entspannter zu kommunizieren, konzentrierter zu arbeiten und ein angenehmeres Leben zu führen. (Achtung, wie bei Haartönungen und der Angabe von Spritverbrauch in der Autowerbung gilt auch hier: individuelle Ergebnisse können variieren.)

Bevor Sie weiterlesen, checken Sie bitte noch ein letztes Mal Ihre Mails – ja, auch noch die Zweit-Adresse und die ganz alte, die Sie nur noch so selten benutzen, weil Ihnen der Name, den sie sich damals ausgesucht haben (flori3000@... oder miss_boombastic@...), heute peinlich ist. Verschicken Sie noch diese eine SMS wegen Ihrer Wochenendverabredung, die Sie schon seit heute Morgen im Kopf haben. Googeln Sie die Telefonnummer für den Zahnarzttermin und gucken Sie in den Bundesligaticker. Tätigen Sie die Online-Überweisung, die dringend ansteht, und geben Sie dem eBay-Verkäufer, der Ihnen pünktlich diesen tollen Retro-Lampenschirm geschickt hat, seine positive Bewertung. Alles erledigt, alle potentiellen Ablenkungen abgestellt und abgehakt? Super, dann kann es ja losgehen.

Ich halte nicht allzu viel davon, Menschen zu sagen, was sie zu tun und wie sie zu leben haben. Wer zu viele Ratschläge gibt und zu sehr an deren Gültigkeit glaubt, fängt irgendwann an, Vorschriften zu machen. Als nächstes beginnt er, nur noch weiße Kleidung zu tragen und Menschen auf einer abgelegenen Farm um sich zu scharen, die Lieder über ihn singen – und irgendwann muss die Polizei kommen. Der zweite Grund, warum ich Ratschlägen und damit auch Ratgeberbüchern skeptisch gegenüberstehe, ist die Tatsache, dass wir Menschen doch viel zu verschieden sind und uns mit Problemen herumschlagen, die allesamt gravierend und bedeutend und wichtig sind – aber eben auch immer komplett unterschiedlich.

Ich habe trotzdem versucht, einige Dinge aufzuschreiben, von denen ich glaube, dass sie uns helfen könnten, uns in der wundervollen modernen Welt etwas weniger gestresst zu fühlen. Die es erlauben, die Möglichkeiten, die uns Internet und Handy bieten, freudig zu umarmen – uns aber gleichzeitig nicht von ihnen verrückt und unzufrieden machen zu lassen. Es liegt in der Natur der Sache, dass dabei für den Einzelnen vermutlich nur ein Teil der Ideen und Ratschläge richtig ist und funktioniert. Das Verzwickte daran: Es wird für jeden ein anderer Teil sein. Jemand, der in seinem Beruf feste Arbeitszeiten hat, fühlt sich auf andere Art und von ganz anderen Dingen gestresst als jemand, dessen Arbeitszeiten flexibel sind. Jemand mit Kindern im schulpflichtigen Alter denkt vermutlich anders über Facebook als jemand, der selbst noch zur Schule geht. Wie Douglas Adams schreibt: Jemand, der über 30 ist, hält andere Dinge für selbstverständlich oder eine Bedrohung als jemand unter 30.

Deshalb mein Vorschlag: Probieren Sie aus, was für Sie funktioniert. Hinterfragen Sie Ihre Kommunikationsgewohnheiten, und wenn Sie mit allem genau so zufrieden sind, wie es im Moment ist – lassen Sie es so. Aber wenn Sie an manchen Stellen das Gefühl haben, unzufriedener, gehetzter oder unfreier zu sein als vor einigen Jahren – versuchen Sie, mal ein paar Kleinigkeiten zu ändern.

Zuhause

Das Internet muss sich auch mal ausruhen: Legen Sie für sich selbst feste Zeiten fest, zu denen Sie online sein wollen – vor allem aber definieren Sie umgekehrt auch feste Offline-Zeiten. So wäre es zum Beispiel möglich, zwischen acht Uhr abends und acht Uhr morgens nur in extrem dringenden Fällen online zu gehen – und zu diesen Notfällen zählen nicht die Mail an die Lohnbuchhaltung oder das Googeln des Pausenhof-Erzfeindes aus der Grundschule. Sollten Sie ernsthafte Schwierigkeiten haben, diesen Vorsatz einzuhalten: Bei den meisten Betriebssystemen lässt sich eine regelmäßige Uhrzeit festlegen, zu der der Computer abends herunterfahren soll oder die Internetverbindung getrennt wird. Haben Sie Vertrauen – das Internet wird morgen früh auch noch da sein, noch bunter und weitläufiger als zuvor.

Sonntags gehört Papa mir: Ziehen Sie in Erwägung, einen komplett internetfreien und – falls möglich – handylosen Tag pro Woche einzulegen. Sie müssen weder Sabbatkerzen anzünden noch die gewonnene Zeit zu einem Kirchgang nutzen – tun Sie einfach etwas, worauf Sie Lust haben und wozu Sie in der Hetze der Werkwoche einfach nicht kommen. (Nein, damit ist nicht gemeint, ein neues Virenschutzprogramm zu installieren oder die digitale Fotosammlung zu ordnen.) Verbringen Sie Zeit mit der Familie oder mit Freunden. Legen Sie sich mit einem Buch in die Badewanne oder lassen Sie einen Drachen steigen. Holen Sie die alte Gitarre vom Dachboden oder suchen Sie sich eine Freizeitmannschaft in Ihrer Lieblingssportart. Singen Sie, besuchen Sie einen Streichelzoo oder basteln Sie eine Arche aus Streichhölzern. Aber was auch immer Sie tun: Berichten Sie frühestens am Montag auf Facebook, Google Buzz oder Twitter davon.

Es wird beachtet, was um den Tisch sitzt: Vereinbaren Sie mit Ihrem Partner oder Ihrer Familie, dass bei gemeinsamen Mahlzeiten keine Mobiltelefone, Blackberrys oder andere mobile Geräte mit an den Tisch gebracht werden. Durch immer unterschiedlichere Tagesabläufe und Arbeitszeiten, aber auch durch individualisierte Mediennutzung wird die gemeinsam verbrachte Zeit ohnehin immer kostbarer – die meisten modernen Familien sind schon froh, wenn es eine Mahlzeit pro Tag gibt, bei der alle gleichzeitig um den gleichen Tisch versammelt sind. Einigen Sie sich auch darauf, das Festnetztelefon klingeln zu lassen, wenn jemand während genau dieser Zeit anrufen sollte. Es ist dabei von Vorteil, wenn Sie keinen Anrufbeantworter besitzen, der auf lautes Mithören eingestellt ist. Denn sonst kann es passieren, dass die ganze Familie mit anhören muss, wie sich ein junger Verehrer der Tochter um Kopf und Kragen stammelt – oder der Scheidungsanwalt um einen Rückruf bittet, von dem die Eltern natürlich noch niemandem etwas erzählt haben.

Technikfreies Schlafzimmer: Dass ein Fernseher im Schlafzimmer schlecht für das Sexualleben und damit oft für die gesamte Beziehung ist, hat sich inzwischen herumgesprochen – dass dasselbe auch für Smartphones gilt, scheinbar nicht. Denn von den über 1000 Nutzern sozialer Netzwerke, die im Rahmen einer Studie befragt wurden, gab rund die Hälfte an, ihre Neuigkeiten beispielsweise bei Facebook oder Twitter auch abends im Bett oder morgens direkt nach dem Aufstehen zu lesen. Dabei sollte doch das Letzte, was man abends sieht, und das Erste, worauf man morgens seine Aufmerksamkeit richtet, kein kleines LCD-Display sein, sondern der Mensch, mit dem man das Bett teilt. Und der trotzdem bei einem bleibt, auch wenn man als Ersatz für den Handywecker, den man bisher immer gestellt hat, einen von diesen Weckern kauft, der beim Klingeln unters Bett rollt oder als kleiner Plastikhubschrauber abhebt, damit man auch wirklich aus dem Bett kommt.

Nutzen Sie technische Hilfsmittel: Wenn Sie sich regelmäßig bei Internetrecherchen verzetteln, die eigentlich nur eine kurze Zeitspanne in Anspruch nehmen sollten, stellen Sie sich einen Küchenwecker. So verbringen Sie wirklich nur die Zeit damit, das ideale Apfelkuchenrezept oder ein Geschenk für Ihren Chef im Netz zu finden, die Sie auch wirklich damit verbringen wollen. Wenn Sie hingegen das Gefühl haben, generell zu viel Zeit auf für Sie im Grunde irrelevanten Seiten zu vertrödeln, und Sie es mögen, sich selbst ins Gewissen zu reden – dann überlisten Sie Hi-Tech mit Hi-Tech: Spezielle kostenlose Programme lassen sich so einstellen, dass beispielsweise alle 30 Minuten ein Pop-Up-Fenster erscheint, das Sie mit einer Frage konfrontiert, die Sie vorher selbst formuliert haben. Zum Beispiel: »Ist es das, womit ich meine Zeit verbringen will?«, »Tue ich gerade etwas Sinnvolles?« oder »Genug Farmville gespielt, leicht in Versuchung zu führender Nichtsnutz – zurück an die Arbeit!«

Freiwillige Fremdkontrolle: Sollten Sie sich regelmäßig auf Webseiten wiederfinden, die Sie nur heimlich und ohne das Wissen ihres Partners oder Ihrer Familie besuchen – wie zum Beispiel Pornographie oder Glücksspiel –, stellen Sie den Computer an einen zentralen, gut einsehbaren Ort in der Wohnung. Diese Form von sozialer Kontrolle kann gleichzeitig das Einhalten selbst festgelegter Offlinezeiten erleichtern. Sollten Sie merken, dass Sie Ihren Partner oder Ihre Familie belügen, um heimlich online sein zu können (mit dem Laptop im Keller, in Online-Cafés o.ä.), ziehen Sie in Erwägung, eine psychologische Beratungsstelle aufzusuchen. Wenn es sich um die heimliche Buchung eines Überraschungsausflugs dreht oder um ein kurzes Scannen der Bundesligaergebnisse, während die Schwiegereltern zu Besuch sind, ist natürlich noch keine Sorge angebracht.

Prioritäten setzen, nicht setzen lassen: Gewöhnen Sie sich vor allem an, Ihren Arbeitstag nicht mit dem Abrufen von Mails zu beginnen. Sie geraten sonst von der ersten Minute an in die unangenehme und defensive Position des reinen Reagierens, Abarbeitens, Wegbeantwortens. Verbringen Sie stattdessen erst ein oder zwei Stunden mit einer Aufgabe, die an diesem Tag für Sie wirklich wichtig und relevant ist – sei es ein Text, der bald fertigwerden muss, oder eine grundlegende Recherche, die für alle weiteren Schritte erforderlich ist. Erst wenn Sie einen Teil dessen erledigt haben, schauen Sie in Ihre E-Mail-Inbox und beschäftigen sich mit dem, was alle anderen von Ihnen wollen.

Dienst ist Dienst: Auch wenn es zunächst nach mehr Logistik und Kommunikationsaufwand klingt – schaffen Sie sich selbst ein »Diensthandy« an, wenn Sie beruflich häufig mobil angerufen werden und Ihnen (zum Beispiel als Freiberufler) kein Arbeitgeber ein Mobiltelefon stellt. Die Tarife sind inzwischen so günstig, dass die zusätzlichen Kosten kaum ins Gewicht fallen, wenn Sie sich für ein einfaches Gerät entscheiden. Trennen Sie daraufhin rigoros zwischen den beiden Telefonen – die Privatnummer erhalten nur wenige Menschen aus dem direkten privaten Umfeld, die berufliche alle anderen. (In den meisten Fällen ist es sinnvoller, die bisherige Nummer als berufliche Nummer weiterzuverwenden und die Nummer des neuen Handys als Privatnummer an eine Handvoll Menschen weiterzugeben, die Ihnen am Herzen liegen. Lassen Sie sich von ein paar spitzzüngigen Mitmenschen ruhig als »Pseudopromi mit Geheimnummer« verspotten – es sind dieselben, die Anfang der neunziger Jahre über Handybesitzer gelästert haben. Wenn Sie in einem amtsähnlichen Büro mit Telefonnebenstelle und Stechuhr arbeiten und auf ihrem Mobiltelefon ohnehin ausschließlich private Anrufe von Onkel Willi und den frechen Zwillingen eingehen, können Sie auf das Zweittelefon natürlich verzichten. Aber seien Sie gewahr, dass Sie zu einer aussterbenden Zunft gehören.

Und Schnaps ist Schnaps: Legen Sie Kernarbeits- und damit Kommunikationszeiten für sich fest und halten Sie sich daran – auch wenn Sie von Zuhause oder unterwegs arbeiten. Lassen Sie die Menschen, mit denen Sie beruflich zu tun haben, wissen, wann Sie erreichbar sind und wann eben nicht. Beinahe logisch: Schalten Sie das berufliche Telefon außerhalb Ihrer Kommunikationszeiten aus oder auf lautlos. Bald wird es hoffentlich möglich sein, von einem Gerät aus zwei Nummern zu verwalten und die »Dienstnummer« zeitweise zu deaktivieren – oder dies zum Beispiel am Wochenende vom Gerät automatisch erledigen zu lassen. Anrufe bei der Dienstnummer könnte man dann zwischen Freitag 18 und Montag 8 Uhr automatisch auf die Mailbox umleiten lassen.

Eilig ist es erst, wenn ich es sage: Lassen Sie sich nicht zu einer sofortigen Reaktion auf eine E-Mail zwingen, egal wie viele Ausrufezeichen jemand in seinen Text setzt oder ob er die Prioritätsstufe auf »extrem sehr superhoch« einstellt. Schlechtes Zeitmanagement und miserable Planung auf der anderen Seite müssen sich nicht sofort in einem akuten Notfall für Sie niederschlagen. Lernen Sie, geschäftige Formulierungen wie »ASAP« (as soon as possible, also so schnell wie möglich) oder »sofort beantworten!!!!« als Zeichen mangelhafter Organisation des Absenders zu lesen und nicht als in Stein gemeißeltes Gesetz. Stellen Sie, wenn möglich, Ihr eigenes Mailprogramm so ein, dass es nicht anzeigt, ob Mails mit der »Priorität hoch« oder »normal« oder sonst wie versendet wurden. Wie hoch die Priorität einer Mail für Sie als Empfänger ist, legen Sie immer noch selbst fest. Wenn Ihr Beruf eine wirklich ständige Erreichbarkeit in Notfällen verlangt, haben Sie in der Hälfte der Fälle sowieso einen Krankenhaus- oder Feuerwehr-Beeper. Falls nicht, erklären Sie Ihren beruflichen Kontakten, dass sie, statt eine »Priorität hoch, Achtung eilig!«-Mail zu schreiben, lieber direkt bei Ihnen anrufen sollen. Sollten Sie selbst aufgrund schlechter Planung oder widriger Umstände unter Zeitdruck sein, machen Sie es genauso: Rufen Sie die betreffende Person direkt an, statt ihr eine schludrige Eil-Mail zu schreiben und anschließend nägelkauend auf Antwort zu warten.

Ob zwei Mal oder sieben Mal – auf jeden Fall nicht dauernd: Rufen Sie Ihre E-Mails nur zu bestimmten Zeiten ab. Wann und wie häufig das am besten funktioniert, muss jeder individuell herausfinden. Dan Russell, Senior Manager bei IBM, schlägt vor, jeder solle seine Mails nur noch zwei Mal am Tag abrufen – Professor Ramesh Sharda von der Oklahoma State University hat in einer Studie vier Mal am Tag als ideales und produktivstes Maß herausgefunden. Für welchen Rhythmus Sie sich auch immer entscheiden: Halten Sie sich daran. Rufen Sie Ihre Mails ab, beantworten Sie die wichtigen sofort und am Stück und schließen Sie danach das Mailprogramm (oder die entsprechende Webseite) wieder. Wenn Sie extrem viele Mails bekommen, extrem mutig und nicht gerade extrem knapp bei Kasse sind, können Sie es auch so machen wie der US-Autor und Internetguru Timothy Ferriss: Der Autor des vollmundigen Bestsellers »Die 4-Stunden-Woche: Mehr Zeit, mehr Geld, mehr Leben« lässt all seine Mails von preiswerten Assistenten in

Indien lesen, bekommt einmal am Tag in einem zehnminütigen Anruf die wichtigen Nachrichten mitgeteilt und entscheidet, wie darauf zu antworten ist. Für den Anfang reicht es aber auch, wenn Sie statt einer massiven Outsourcing-Extravaganz einfach aufhören, alle fünf Minuten nachzusehen, ob eine neue Mail gekommen ist.

Nicht auf Autopilot schalten: Beantworten Sie nicht automatisch jede Mail mit einer Mail. Fragen Sie sich stattdessen, was der beste Weg ist: Es kann ein kurzer Anruf beim Absender sein, gerade wenn es um emotionale Themen oder heikle Situationen geht, in denen Feingefühl nötig ist. Ein Anruf lohnt sich auch dann, wenn Sie selbst eine schnelle Reaktion wünschen. Wer eine Mail schickt und nach fünf Minuten anruft: »Hast du meine Mail schon gelesen?«, kann auch gleich anrufen und diese Frage stellen. Manchmal kann der beste Weg, zu reagieren, auch eine Handlung sein. Statt sieben Mal hin und her zu mailen, wer jetzt den Konferenzraum »Alpenglühen« reservieren soll, tun Sie es einfach. Sehr häufig kann der beste Weg, auf eine Mail zu antworten, auch ganz einfach sein: gar nichts zu tun. Achtung, dies gilt nicht für Mails von Ihrem Chef mit der Betreffzeile »Dritte und letzte Warnung« oder für Mails von der Praktikantin mit der Betreffzeile »Abschiedstorte in der Teeküche«. In diesen Fällen ist ein diplomatischer Anruf oder beherztes Handeln gefragt.

Betreff: Betreff: Versuchen Sie, die Betreffzeile bei E-Mails sorgfältig und sinnvoll zu formulieren. Es mag drei Sekunden mehr kosten, als nur »Hallo« oder gar nichts reinzuschreiben – aber nur durch ein vernünftig ausgefülltes Betreffsfeld kann der Empfänger erkennen, ob er die Mail sofort lesen und bearbeiten muss oder nicht.

Auch hier die Technik nutzen: Stellen Sie Ihr Mailprogramm so ein, dass es nicht alle fünf Minuten neue Mails abruft, sondern nur einmal pro Stunde. So verhindern Sie, dass Sie, während Sie eine Reihe von Mails beantworten, schon wieder von neu ankommenden unterbrochen werden. Auch wenn es darum geht, beim Abrufen und Beantworten von Mails die Zeit nicht aus den Augen zu verlieren, kann eine Eieruhr gute Dienste leisten. Eine Zeitbegrenzung beim Beantworten von Mails mag sich anfühlen, als würde man am Fließband arbeiten, hilft aber ungemein, bei den Antworten auf den Punkt zu kommen, sich auf die Kernfrage zu konzentrieren – und unwichtige Mails, die keiner zwingenden Antwort bedürfen, sondern nur informieren sollen, eben auch unbeantwortet zu lassen.

Unter Freunden

Nicht heimlich grollen: Sagen Sie es einfach, wenn Sie es als unhöflich empfinden, dass ein Freund ein Gespräch mit Ihnen mehrfach für ein Handytelefonat unterbricht oder seinen Blackberry auf eingegangene Nachrichten hin untersucht. Das mag die momentane Stimmung nicht unbedingt heben, ist aber besser, als sich heimlich den Rest des Tages darüber aufzuregen. Schlechte Angewohnheiten schleichen sich schnell und unbemerkt ein, und der andere ist in vielen Fällen sogar dankbar, wenn ihn mal jemand auf seine Unachtsamkeit aufmerksam macht.

Nahgespräch schlägt Ferngespräch: Schalten Sie Ihr Handy auf lautlos oder aus, wenn Sie sich mit einem Freund für ein Gespräch treffen. Falls Sie einen wirklich dringenden Anruf erwarten, erklären Sie das kurz zu Beginn und schalten Sie

Ihr Mobiltelefon dann aus, wenn dieser eine wichtige erledigt ist.

Nicht paranoid werden: Wenn ein Freund, den Sie auf dem Handy anrufen, Sie wegdrückt – also Ihren Anruf nicht annimmt, sondern nach dem ersten Klingeln ein Besetztzeichen sendet – heißt das nicht, dass Sie die nächste Stunde darüber grübeln müssen, ob Sie seine Gefühle verletzt haben und warum er Ihnen die Freundschaft gekündigt hat. Denn es bedeutet zunächst einmal nur, dass die Person gerade keine Zeit oder Lust hat, ein Telefongespräch anzunehmen. Das ist auch ihr gutes Recht – wer Leute auf dem Handy anruft, muss damit rechnen, manchmal ungelegen zu kommen. In der Regel wird die angerufene Person sich melden, da sie ja sehen konnte, wer angerufen hat. Andernfalls können Sie es später noch einmal versuchen – aber bitte erst nach einer Weile. Wer sofort stumpf die Wahlwiederholung benutzt, nachdem er »weggedrückt« wurde, beweist nicht etwa Zielstrebigkeit und Dringlichkeit, sondern vor allem Dummheit und fehlendes Taktgefühl.

Kleine Gesten erhalten die Freundschaft: Wenn ein Freund, Familienmitglied oder ein Kollege, den sie nicht hassen, von Angesicht zu Angesicht mit Ihnen spricht, während Sie am Computer sitzen – nehmen Sie die Hände von Maus oder Tastatur und die Augen vom Bildschirm, während Sie antworten. Es mag wertvolle Sekunden im alltäglichen E-Mail-Kampf kosten – aber in Zeiten, in denen immer mehr Menschen weitertippen, während sie eine gedankenlose Antwort murmeln, drückt ein überlegter Satz mit Blickkontakt und einem freundlichen Lächeln ungefähr so viel Wertschätzung aus, wie in den achtziger Jahren ein ganzer Strauß Blumen.

Anruf nach Plan: Wenn Sie darunter leiden, dass Sie ein permanent schlechtes Gewissen quält, weil Sie sich schon wieder viel zu lange nicht bei Ihrer allein lebenden Mutter oder Ihrem besten Freund gemeldet haben – legen Sie eine Zeit für einen regelmäßigen Anruf fest, der gut in Ihren Rhythmus passt. Sei es Sonntagmittag oder Donnerstagmorgen. Durch diese Routine entfallen Selbstvorwürfe und ständiges Aufschieben – und die betreffende Person weiß, dass sie sich auf diesen Anruf verlassen kann, und macht Ihnen keine Vorwürfe. Falls doch, können Sie diese dann zumindest ein wenig gelassener ertragen.

Im Urlaub

Sich richtig verabschieden: Wenn Sie in den Urlaub fahren, formulieren Sie Ihre Abwesenheitsmail klar und eindeutig. Sie sind für diesen Zeitraum nicht zu erreichen, ganz einfach. Eventuell können Sie auf eine andere Person, einen Stellvertreter oder Kollegen verweisen – falls das nicht möglich ist, muss sich der Absender eben gedulden. Die Welt wird aller bisherigen Erfahrung nach eher nicht untergehen. Hinterlassen Sie keine Handynummer »für Notfälle« und schreiben Sie nicht »Ich rufe meine Mails nur unregelmäßig ab«. Denn, wie Sie gleich lesen werden: Sie werden sie gar nicht abrufen – Sie sind schließlich im Urlaub.

Mit leichtem Gepäck reisen: Lassen Sie Ihr Laptop, Ihr Netbook, Ihr iPad, Ihren Blackberry oder alle sonstigen technischen Gadgets zuhause, die Sie nur an die Arbeit erinnern. Schon klar, Internet bedeutet ja nicht nur Arbeit. Aber wollen Sie wirklich derjenige sein, der am Fuße des Kilimandscharo den Tchibo-Newsletter liest? Vertrauen Sie dem von einem Fleischhersteller gesponsorten »Grillwürstchen-Wetter« auf wetter.de wirklich mehr als dem erfahrenen Blick eines steinalten Einheimischen Richtung Himmel? Wollen Sie wirklich 20 Mal am Tag den Hotelsafe auf- und zuschließen, weil Sie »nur mal schnell online was nachschauen« wollen, sich aber auch nicht trauen, Ihr teures Macbook Pro auf dem Hotelbett liegenzulassen?

Die Freunde ruhig mal vergessen: Meiden Sie im Urlaub auch Internetcafés oder die Internet-Terminals in Hotellobbys oder auf Flughäfen. Selbst wenn Sie nur kurz die Freunde daheim mit Schilderungen von Temperatur und genauem Farbton des Meerwassers neidisch machen wollen – die Versuchung, beim Öffnen des E-Mail-Postfachs einen schnellen Blick auf die eingegangen Mails zu werfen und sich davon im Extremfall die Ferien verderben zu lassen, ist für die meisten Normalsterblichen einfach zu groß. Außerdem: Wenn Sie es wirklich nicht einmal zwei oder drei Wochen ohne die Leute zuhause aushalten, dann sparen Sie sich doch nächsten Sommer das Geld für die Reise und setzen Sie sich drei Wochen in deren Hobbykeller.

Tadellose Techniktricks: Wenn Sie im Urlaub unter keinen Umständen auf Ihr Mobiltelefon verzichten wollen – sei es, um Lösegeldübergaben zu arrangieren oder dem Hundesitter mit Kontrollanrufen den letzten Nerv zu rauben: Bitte, so sei es! Sollte es sich um ein Smartphone mit Internetzugang handeln, deaktivieren Sie jedoch das sogenannte Datenroaming, das Datenübertragung in ausländische Netze ermöglicht. Nicht nur wird Ihre Handyrechnung nach der Rückkehr um mehrere 100 Euro niedriger ausfallen – Sie vermeiden auch die weiter vorne beschriebene Tchibo-Falle. Stellen Sie außerdem Ihre Mailbox so ein, dass Anrufer erfahren, dass Sie im Urlaub sind und deshalb keine Nachrichten hinterlassen werden können. Oder wollen Sie wirklich aus der hawaiianischen Hängematte Ihren Bankberater zurückrufen, der eine aufgeregte Nachricht hinterließ, die Sie das Schlimmste befürchten lässt – als Sie ihn zurückrufen, aber trotzdem nur über »die grundsätzliche strategische Ausrichtung Ihrer Vermögensplanung und Altersvorsorge« sprechen möchte?

Am Telefon

Mit offenen Karten spielen: Wenn Sie nicht gerade Günther Wallraff sind und mit Theaterschminke im Gesicht in verdeckter Mission recherchieren – verzichten Sie bitte darauf, bei Ihrem Telefon die Rufnummernunterdrückung einzuschalten, also »anonym« bei anderen anzurufen. Eine angerufene Person, die wiederholt nicht ans Telefon geht, wenn Ihre Telefonnummer auf dem Display erscheint, wird vermutlich einen Grund dafür haben. Und die Chancen, dass ausgerechnet zu häufige Nervanrufe dieser Grund sind, stehen gar nicht mal so schlecht. Da man niemanden zur Kommunikation zwingen kann, verzichten Sie also auf die telekommunikative Tarnkappe der Nummernunterdrückung und hinterlassen Sie einfach eine (!) Rückrufbitte auf der Mailbox oder per SMS. Wenn die andere Person nicht zurückruft, heißt das ja nicht, dass sie damit nicht doch etwas sagt. Sie müssen nur lernen, genau hinzuhören.

Man muss auch loslassen können: Wenn Sie Ihr Mobiltelefon irgendwo zurücklassen, sei es im Spind einer Hallenbadumkleide oder auf Ihrem Schreibtisch im Großraumbüro, wenn Sie in ein Meeting gehen: Tun Sie der Menschheit einen Gefallen und schalten Sie es leise. Niemand will live miterleben, wie irgendjemand Sie fünf Mal hintereinander anruft – und jedes Mal eine polyphone Klangkaskade Ihres brandneuen Lady-Gaga-Klingeltons auslöst.

Nicht hin- und herspringen: Nicht nur ist es ein Akt der Höflichkeit, die sogenannte Makeln-Funktion (oder »Call Waiting«) an Ihrem Telefon auszuschalten – es schont auch Ihre eigenen Nerven. Und die Ihres Gesprächspartners, den Sie nicht ständig mit einem »Moment bitte, ich bekomme gerade einen Anruf auf der zweiten Leitung« unterbrechen müssen.

Kurz, aber wichtig: Schalten Sie die Tastentöne Ihres Mobiltelefons ab, damit es nicht bei jeder SMS, die Sie tippen, 160 Mal piepst – und Sie bei der nächsten S-Bahn-Fahrt zwischen dem 100. und dem 120. Zeichen von genervten Mitfahrern erdrosselt werden. Wenn Sie nicht wissen, wie man die Tastentöne abschaltet, fragen Sie Ihren Sohn, Ihre Enkelin oder irgendjemanden aus dem Freundes- oder Verwandtenkreis, der noch zur Schule geht. Die erledigen das unabhängig vom Handymodell in fünf bis zehn Sekunden.

Keine Marathon-Ansagen: Fassen Sie sich bei der Ansage auf Ihrer Handymailbox, aber auch beim heimischen Anrufbeantworter (falls Sie so etwas noch besitzen) so kurz wie möglich. Niemanden interessiert es, ob Sie den Anruf nicht annehmen können, weil Sie gerade nicht zu Hause oder »in einer Besprechung« sind, auf der anderen Leitung sprechen oder unter der Dusche stehen. Auch detaillierte Anleitungen, was der Anrufer alles zu hinterlassen hat, sind in der Regel überflüssig. Die meisten Menschen sind mit den Modalitäten einer Rückrufbitte inzwischen vertraut. Deshalb wird niemand statt Namen, Nummer und Anrufgrund den Namen des Bundestrainers, die Lottozahlen und eine mögliche Lösung für das Welthungerproblem aufsprechen. Und bestimmt wird heute auch niemand mehr anfangen zu reden, bevor der »Signalton« zu hören war – oder über Sachen wie »Hier ist der Blechdepp von XY«, gesungene Ansagen oder Stimmimitatoren auf Ihrer Mailbox lachen.

Nicht angeben: Schalten Sie die automatische Fußnote »Sent from my Blackberry« oder »Gesendet von meinem iPhone« aus, wenn Sie nicht wollen, dass alle Empfänger wissen, dass Sie dauernd erreichbar sind. Als Statussymbol zum Distinktionsgewinn funktioniert diese Schlussformel ohnehin nicht mehr – wenn auch zugegebenermaßen als plausible Erklärung, warum man 100 Tippfehler in drei Sätzen macht.

Im Netz

Vorurteile ablegen: Im Internet geht es doch nur um Sex – lautet die unterschwellige Befürchtung vieler Eltern und anderer besorgter Menschen. Doch auch, wenn es in den endlosen Weiten des World Wide Web so manchen Abgrund geben mag, in den man besser nicht starren möchte – die schönen Orte überwiegen: Laut einer Studie der US-Regierung sind genau 1,1 Prozent aller Internetseiten »sexuell explizit«. Erstens kommt da jeder abendliche Werbeblock im Privatfernsehen auf eine höhere Schmutzquote – und zweitens weiß man ja: Das, was die prüden Amerikaner als »sexuell explizit« brandmarken, geht im laxen Europa in mindestens der Hälfte aller Fälle noch als Kunst durch, weil es sich um das Foto eines Michelangelo-Werkes oder einen französischen Experimentalfilm handelt.

Die Unüberschaubarkeit akzeptieren: Freunden Sie sich mit der Erkenntnis an, dass es schon immer viel mehr Informationen gab, als ein Mensch je hätte verarbeiten können. Das ist nicht schlimm: Niemand muss alles lesen – lassen Sie andere die Hände über dem Kopf zusammenschlagen, wenn immer wieder neue Zahlen herauskommen, wie viele Terrabyte Informationen jedes Jahr neu auf den großen Berg an Informationen draufgekippt werden. Wie oft man mit dem Papierstapel bis zum Mond käme, wenn man das gesamte Internet endlich einmal ausdrucken würde – oder wie oft man Luxemburg damit abdecken könnte. Es ist ganz egal. Das einzig Interessante an all den Fantastilliarden Bytes, Seiten, Bildern und Videos: Je mehr Informationen es gibt, umso größer die Chance, dass auch genau diejenige existiert, die Sie gerade brauchen und suchen.

Nicht zurückblättern: Echtzeitdienste wie Twitter oder Google Buzz, aber auch der Newsfeed von Facebook zeigen einem in einem endlosen Strom, was andere Menschen gerade so tun. Aber ebenso wenig, wie man die Zeitung von gestern »aufholen« muss, wenn man nicht dazu kam, sie zu lesen, muss man bei Twitter und Konsorten nicht »zurückblättern«, wenn man mal eine Weile nicht hineingeschaut hat. Hier handelt es sich nicht um einen Roman, dessen Fortgang man nur verstehen kann, wenn man alle vorigen Ereignisse mitbekommen hat – es ist eher wie ein Fenster, aus dem man immer mal wieder schauen kann, aber das man eben auch mal eine Zeitlang sich selbst überlassen kann.

Die Angst ablegen: Ebenso wenig, wie man sich ständig dem kommunikativen Dauerfeuer des Internets aussetzen sollte, sollte man sich ihm zu sehr entziehen. Denn in vielen Fällen ist das Gefühl der Überforderung – das »Payback«-Autor und *FAZ*-Herausgeber Frank Schirrmacher und die Großmutter eint, die den Videorecorder verflucht, weil sie ihn nicht programmieren kann – eine Empfindung, die mit der simplen und verständlichen Angst einhergeht, Dinge nicht zu beherrschen. Wer sich also mit etwas Neuem auseinandersetzt, senkt automatisch die Chance, sich überfordert zu fühlen. Das bedeutet überhaupt nicht, dass jeder Mensch twittern muss, sich auf Facebook anmelden oder seine nächste Städtereise mit Google Street View vorbereiten sollte. Aber wer sich der ganzen Sache mit einer entspannten Haltung des Ausprobierens und Herumspielens nähert, wird manch positive Überraschung erleben – und im schlechtesten Falle merken, dass er zwar keinen »Social Bookmarking Service mit erweiterter Geotagging-Funktion« benötigt – dass es aber auch nichts ist, wovor man sich fürchten muss, weil es einem das Gehirn zersetzen könnte.

kapitel 9

»Facebook wirkt bei mir wir Kokain« – ein Interview mit dem US-Schriftsteller Douglas Coupland über Onlinesucht, unser Bedürfnis nach Vernetzung und den Moment, wenn nach der Landung alle Flugzeugpassagiere in derselben Sekunde ihre Telefone einschalten.

Vor zwanzig Jahren erschien Douglas Couplands wegweisender Roman »Generation X – Geschichten einer immer schneller werdenden Kultur«. Seit zehn Jahren war der Autor und Künstler, der 1961 als Sohn eines kanadischen Militärarztes auf einem Nato-Stützpunkt geboren wurde, nicht mehr in Deutschland. Das eigentliche Interview findet im Berliner Hotel Savoy statt, doch auch in den folgenden Tagen – nach seiner Lesung und bei einer Ausstellungseröffnung seiner Kunstwerke – ergibt sich immer wieder die Gelegenheit zum Gespräch.

Das folgende Interview ist also eine Montage mehrerer Unterhaltungen, die Ende August 2011 stattfinden.

Herr Coupland, Sie haben in einem Artikel prophezeit, dass die Vorstädte und die Mittelschicht dem Untergang geweiht sind. Sind Sie wirklich ein solcher Pessimist?

Es war eher eine Rolle, die ich testweise eingenommen habe. Ich wollte herausfinden, wo es hinführt, wenn man alles so pessimistisch wie möglich einschätzt. In den USA und Kanada gibt es eine unausgesprochene Verpflichtung, alles positiv zu sehen. So wirklich scheint uns das aber nicht weiterzubringen. Deshalb wollte ich einmal eine andere Taktik ausprobieren. Es war eine gute Übung, und ich kam dabei auf viele gute Ideen. Man darf nur nicht den Fehler machen und alles wörtlich nehmen.

Sie sagen unter anderem voraus: »Alles zu wissen, wird langweilig werden.« Wie ist das gemeint?
Ich habe mir die Quizshow der Zukunft vorgestellt, in der ein Musikstück angespielt wird und jeder Kandidat plötzlich sein iPhone herausholt, eine Musikerkennungs-App wie »Shazam« startet und sofort sagen kann, dass das Edvard Grieg ist, gespielt vom Sinfonieorchester Cincinnati. Dann stellt die Moderatorin plötzlich Fragen auf Ungarisch, aber natürlich haben alle ein Instant-Übersetzungsprogramm in ihren Smartphones. Am Ende gewinnt der, der den schnellsten Prozessor hat und sein Telefon am besten bedienen kann.

Wäre es denn besser, wenn derjenige gewänne, der die meisten Fakten auswendig gelernt hat?
Sie haben recht, in gewisser Weise macht das Smartphone alle Menschen gleich. Deutschland hat die höchste iPhone-Dichte auf der Welt. Jeder kann also alles wissen. Aber Allwissenheit ist eben gar nicht so interessant, wie man denkt: Man sitzt zusammen und stellt sich eine interessante Frage, und statt gemeinsam zu überlegen, holt inzwischen fast immer jemand sein Telefon raus und googelt schnell die Antwort.

Auch mit iPhone sind wir Deutschen sehr skeptisch, was neue Technologien betrifft. Sie sind in Baden-Baden geboren – haben Sie eine Erklärung, woher diese deutsche Skepsis kommt?
Die habe ich auch schon bemerkt. Die Deutschen waren zum Beispiel die Einzigen, die sich darüber aufregten, als Autos durch die Straßen fuhren und für Google Streetview Fotos von den Häuserfassaden machten. Ob das einen kulturellen Hintergrund hat? Keine Ahnung. Vielleicht sind viele Deutsche einfach deprimiert? Nein, das glaube ich nicht, im

Vergleich zu den Dänen seid ihr geradezu euphorisch. Andererseits muss man auch erkennen, dass ihr Deutsche immer alles zuerst habt. Ihr lebt in einer Kultur, die von Forschung und Technik angetrieben wird – es ist also ein bisschen so, als wäre Deutschland eine Art Testlabor.

Ein Testlabor für Vernetzung und die Allgegenwart des iPhones?
Ja, so wie die Teenager, die von Computerspielfirmen drei Dollar pro Stunde bekommen, damit sie deren neue Produkte probespielen und auf Fehler testen. Die Deutschen sind also so etwas wie die Probespieler für den Rest der Welt. Und bei jeder neuen technischen Entwicklung gibt es zunächst eine Achterbahnfahrt von übertriebener Glorifizierung und ebenso übertriebener Verurteilung. Nach einer Weile haben sich dann alle daran gewöhnt, es wird ganz normal, und keiner kann sich mehr daran erinnern, wie das Leben vorher war. Das war beim Buchdruck so, beim Fernsehen und beim Internet – und es wird bei allen weiteren Entwicklungen auch so sein.

Jetzt will ein deutscher Datenschützer Facebook das Einsammeln von Nutzerdaten auf Internetseiten durch den sogenannten »Gefällt mir«-Button verbieten. Was halten Sie davon?
Bill Gates, ein sehr kluger Mann und einer der reichsten der Welt Seine Freunde sind ebenfalls sehr reich und sehr klug, und sie treffen sich seit über zehn Jahren immer wieder in der Schweiz oder in den USA und schmeißen anderen klugen Leuten sehr viel Geld hinterher, damit diese neue Dinge erfinden. Aber haben sie Google erfunden? Oder Facebook?

Nein …

Natürlich nicht! Solche Dinge entstehen einfach, man kann Erfindungen nicht planen, anordnen oder bestellen. Und wenn nicht Larry Page und Sergej Brin Google erfunden hätten, hätten es kurz darauf zwei andere Typen an irgendeiner Uni getan. Die Zeit ist dann einfach reif für solche Ideen. Selbst während wir hier sitzen und reden, hat irgendwo jemand eine Idee, die uns in achtzehn Monaten erreichen wird. Und es gibt nichts, was wir tun könnten, um diese Idee aufzuhalten. Sie ist wie ein Komet, der auf die Erde zurast. Wir wissen nicht, was es ist, aber es kommt unaufhaltsam näher.
Entschuldigung, was war noch mal die Frage?

Was Sie von dem Kampf der Datenschützer gegen Facebook halten.

Solche kurzfristigen Debatten sind in ihrer Irrelevanz geradezu lustig. In ein paar Jahren wird es ein Speichermedium geben, auf dem die Vorlieben jedes Menschen gespeichert sind, das in die Hosentasche passt und in jedem Supermarkt für 79 Cent zu kaufen sein wird. Es wird so oder so passieren, das ist technologischer Determinismus. Es hat einen gewissen Charme zu glauben, dass man solche Dinge regulieren kann. Es ist so, als hätte man sich in den Fünfzigerjahren Gedanken darüber gemacht, wie groß eine Fernsehantenne auf dem Dach sein kann. Das sind Fragen, die sich ganz von selbst erledigen.

Sie sagen das relativ emotionslos.

In den letzten zehn Jahren hat sich so viel verändert – und das meine ich gar nicht in Bezug auf den 11. September 2001. Es wurden einfach so viele bahnbrechende Entwicklungen auf uns losgelassen, dass wir geistig immer noch nicht aufgeholt haben. Das Internet verändert die Politik, das iPhone verändert unser Zusammenleben. Es wäre interessant, wenn unsere Gesellschaft sich eine einjährige Pause von allen neuen Erfindungen verordnen könnte, damit wir erst mal Zeit haben, gesellschaftliche Konventionen für die Entwicklungen der letzten zehn Jahre zu finden. Doch diese Pause kann es natürlich nicht geben.

Wie können wir stattdessen mit dem neuen Tempo und all diesen neuen Anforderungen fertigwerden?
Ich habe gerade die Biografie des kanadischen Kommunikationstheoretikers Marshall McLuhan geschrieben. Ich kannte vorher nur seine beiden Slogans »The medium is the message« und sein Bild vom »globalen Dorf«. Dann habe ich gemerkt, wie präzise er schon vor fünfzig Jahren unsere heutige Welt vorhergesehen hat, inklusive Dinge wie eBay, PayPal, Twitter und so weiter. Er sagt, am besten komme man mit den Veränderungen durch eine neue Technik klar, indem man wiederkehrende Muster erkennt. Als Beispiel zieht er die Geschichte »Sturz in den Mahlstrom« von Edgar Allan Poe heran. Darin überlebt ein Seemann einen gewaltigen Strudel nur, weil er beobachtet, welchem Muster der Strudel folgt. Mein Trick, um heutzutage nicht verrückt zu werden, ist also, nach wiederkehrenden Mustern zu suchen – wie zum Beispiel der Achterbahnfahrt aus übertriebener Glorifizierung und übertriebener Vorsicht. Und selbst wenn man nicht immer Muster findet, so hält einen schon die Suche danach geistig gesund.

Stimmt es, dass Sie bei der Recherche für die McLuhan-Biografie herausgefunden haben, dass Sie beide verwandt sind?
Nein, wir sind nicht direkt verwandt, aber seine Familie und meine Familie stammen beide ursprünglich aus demselben

Ort in Irland. Und beide Familien sind später aus ähnlichen Gründen in den Osten Kanadas ausgewandert. Eine solche Analogie zu finden, hat mich sehr gefreut. Es ist ein bisschen so, wie wenn man im Internet auf jemanden stößt, der den gleichen Namen trägt wie man selbst. Oder durch diese neuen Bilderkennungsverfahren jemanden findet, der wie man selbst aussieht.

Sie glauben also nicht an Zufälle?
Ich glaube, dass Zufälle extrem selten sind. Das Universum arbeitet sehr hart daran, Zufälle zu vermeiden. Wenn also welche passieren, dann haben sie etwas zu bedeuten. Ich weiß noch nicht, was es zu bedeuten hat, dass Marshall McLuhan und ich eine ähnliche Familienhistorie haben – aber ich bin mir sicher, dass es kein Zufall ist.

Was haben Sie gelernt, als Sie sich mit dem Medientheoretiker beschäftigten?
Oh, eine ganze Menge! Es hat sich gezeigt, dass die Menschen immer häufiger und stärker verbunden sein möchten. Deswegen sind wir immer öfter und länger online. Kennen Sie diesen Moment, wenn das Flugzeug gelandet ist und alle Passagiere in derselben Sekunde in ihre Taschen greifen und ihre Mobiltelefone anschalten? Das ist unsere Welt von heute in einer einzigen Geste zusammengefasst.

Hätte es vor zweihundert Jahren schon Linienflüge gegeben, hätten sich vermutlich die meisten Menschen stattdessen bekreuzigt.
Das Verrückte ist ja: Die Nachrichten, die wir in solchen Momenten nach der Landung empfangen, lauten in der Regel: »Was willst du zum Abendessen? Mais oder Spinat?« Trotzdem würden wir um nichts in der Welt darauf verzich-

ten wollen. Wir können nicht mehr zurück. Ebenso wenig, wie man wieder auf einen langsameren Computer zurückwechseln kann, will man nicht mehr auf Twitter oder Facebook verzichten, wenn man sich einmal daran gewöhnt hat.

Sehnen Sie sich manchmal nach dem Jahr 1991, in dem Sie Ihr Debüt »Generation X« geschrieben haben und Internet und Smartphones noch weit weg waren?
Nein, um Gottes willen! Ich möchte nicht in diese Zeit zurückkehren. Rückblickend ist es lustig, wie meine ersten Bücher wahrgenommen wurden. Meine Protagonisten waren immer sehr unideologisch und vorwiegend an Oberfläche, an Popkultur und Konsum interessiert – und viele Menschen waren absolut entsetzt über diese Leere. Vor allem für die Linke war ich eine Zeit lang ein absolutes Feindbild. Wenn man »Generation X« heute liest, kommt es einem jedoch beinahe harmlos vor. Ich denke mir oft, ich hätte es viel mehr auf die Spitze treiben können.

Man hat der Jugend immer wieder vorgeworfen, dass sie so ist, wie Sie sie beschreiben: hedonistisch, konsumfixiert, ohne Ideale. In diesem Jahr erleben wir vom arabischen Frühling bis zu Aufständen in England, Spanien und Israel, wie die Jugend in der ganzen Welt auf die Straße geht. Welche Erklärung haben Sie dafür?
Sie hat uneingeschränkten Zugang zu Informationen und kann sich vernetzen. Das kann zu Ergebnissen führen, die wir begrüßen – wie in Ägypten, aber eben auch zu den Blackberry-Riots in England. Die immer schnelleren, einfacheren und billigeren Vernetzungsmöglichkeiten führen zu einer Tribalisierung, zur Bildung von Stämmen. Diese Stämme müssen nicht aggressiv sein, es können auch Leute aus aller Welt sein, die nichts gemeinsam haben, außer sich

für Lakritzstangen zu interessieren. Jede Form von Zusammenschluss wird durch die neuen Technologien vereinfacht und verstärkt.

Wohin wird diese Entwicklung führen?
Ich bin sehr neugierig auf die Welt in hundert Jahren, und es nervt mich extrem, dass ich sie nicht mehr erleben werde. Die Frage ist, ob der technologische Fortschritt in eine säkulare oder eine theologische Welt mündet.

Ihr Tipp?
Das ist noch nicht entschieden. Gerade wenn man denkt, Technologie bedeute Aufklärung, kommen religiöse Fanatiker und kapern die entsprechende Technologie. So wie gerade die »birthers«, diese Verschwörungstheoretiker, die anzweifeln, dass Barack Obama US-Staatsbürger ist. Was für Idioten! Wir neigen dazu anzunehmen, dass das Internet und andere Technologien automatisch die Demokratie fördern. Doch das stimmt nicht. In manchen Fällen mögen sie das tun – Menschen können Facebook und Twitter nutzen, um einen Aufstand gegen ein totalitäres Regime zu organisieren. Doch dasselbe Regime kann dieselben Werkzeuge benutzen, um die Dissidenten zu identifizieren.

Sind Sie bei Facebook angemeldet?
Es war ein bewusster Entschluss, mich dort nicht anzumelden. Ich war mein ganzes Leben noch nie auf Facebook – bis vor genau zwei Tagen. Es war fantastisch!

Was passierte da?
Ich saß mit drei Freunden zusammen, und einer von ihren wollte es mir zeigen. Also loggte er sich ein und zeigte mir seine Freundesliste. »Da, den kenne ich!«, sagte ich. »Ach,

der ist gerade in Urlaub? Oh, der ist ja mit dem anderen Typen befreundet, den ich auch kenne. Das ist ja spannend!« Mein Kopf fühlte sich kurz so an, als würde er gleich explodieren – es war genauso, wie sich das erste Mal eine Linie Kokain in die Nase zu ziehen. Ich habe in meinem Leben die meisten Drogen gemieden, einfach weil ich weiß, dass sie mir zu gut gefallen würden. Mit Facebook ist es das Gleiche: Wenn ich mich vorgestern selbst angemeldet hätte, würde ich jetzt immer noch davor sitzen.

Beim Mikrobloggingdienst Twitter sind Sie dafür ab und zu aktiv. Keine Suchtgefahr?
Ach, da schreibe ich ja nur ein Mal pro Woche was rein.

Ich habe ein paar Ihrer Meldungen mitgebracht, die Sie dort in der letzten Zeit geschrieben haben. Verraten Sie uns, was da jeweils los war?
Gerne, das klingt interessant.

Vom zwölften März gibt es einen solchen Tweet: »Moderne Autos schwimmen wirklich gut.«
Nein, das habe ich nicht geschrieben. Sie müssen sich verlesen haben Hat jemand mein Twitterkonto gehackt? Ich habe wirklich keine Ahnung, warum ich das Ah, jetzt fällt es mir wieder ein! Das war nach dem Tsunami in Japan. Auch wenn das vielleicht zynisch klingt – ich sah diese Autos wie Eiswürfel im Wasser treiben, und mein erster Gedanke war: »Moderne Autos schwimmen wirklich gut.«

Am dritten Juni schrieben Sie: »Man sollte keine Flugtickets kaufen, wenn man betrunken ist.«
O ja. Mein Gott. Was soll ich sagen? Es ist die Wahrheit – und es bleibt ein guter Ratschlag. Ich hatte betrunken Flug-

tickets im Internet bestellt und mit dem Datum nicht richtig aufgepasst. Als ich am nächsten Tag umbuchen wollte, ging es natürlich nicht, weil es sich um ein Sonderangebot gehandelt hatte.

Waren es Tickets für eine Urlaubsreise?
Ich mache nie Urlaub. Das Konzept von Urlaub bedeutet für mich, dass ich mit meinem normalen Leben unglücklich bin. Das bin ich nicht. Ich finde mein Leben prima. Ich war ein einziges Mal in meinem Leben im Urlaub: fünf Tage auf Hawaii. Ich lag im Pool, man brachte mir Wodka Tonic, und ich fühlte, wie mein Hirn langsam zu Matsch wurde. Es war toll, aber nach fünf Tagen wusste ich, wie sich Urlaub anfühlt, und flog wieder nach Hause.

Vor ungefähr zwei Wochen haben Sie getwittert: »Manchmal fühlt sich das Leben wirklich wie ein Brettspiel an.« Was war da los?
Es war zum Glück nur dieser eine Tag. Es fühlte sich alles so sinnlos an. Rücke drei Felder vor. Telefonanruf. Gehe ein Feld zurück. E-Mail. Ereigniskarte. Leiter rauf. Leiter runter. Ich glaube, jeder hat mal solche Tage.

Hilft es, sich den Frust dann bei Twitter in 140 Zeichen von der Seele zu schreiben?
Ich fände es toll, wenn es ein Twitter für Haiku gäbe. Keine Beschränkung auf 140 Zeichen, sondern auf den Rhythmus der Haiku-Dichtung: fünf Silben, sieben Silben, fünf Silben. Das wäre ein wundervoll elitärer Haufen! Sind Sie oft auf Twitter unterwegs?

Beinahe täglich, würde ich sagen …
Es macht ja auch viel Spaß. Aber der Name ist so bescheuert! Er klingt einfach albern. Wenn sie es »Mindnotes« oder »Notex« genannt hätten, wäre es sicher noch erfolgreicher gewesen.

Glauben Sie? Ich denke ja, dass der durchaus alberne Name extrem viel dazu beigetragen hat, dass darüber geredet und berichtet wurde. Außerdem ist Google ja auch nicht gerade ein seriöser Name – und trotzdem eine der erfolgreichsten Firmen der letzten Dekade …
Na gut, aber warum hat man bei Twitter ausgerechnet 140 Zeichen zur Verfügung? Was soll das? Wer denkt sich so etwas aus?

Ich glaube, es hat etwas damit zu tun, dass am Anfang noch viel per SMS getwittert wurde. Eine SMS hat 160 Zeichen, und 20 Zeichen brauchten sie vielleicht für Metadaten wie den Absender oder so etwas?
Das kann sein. Vielleicht ist es aber auch die perfekte Länge, um uns süchtig zu machen. Eine Art magische Grenze. Stellen Sie sich nur mal vor, es gäbe »Twitter Professional« mit einem Limit von 500 oder 5000 Zeichen. Niemand würde es lesen wollen – denn dafür gibt es ja schon E-Mails oder Blogs. Die perfekte Länge einen Popsongs ist 3 Minuten 30 Sekunden. Exakt so lange will ein Popsong sein. Vielleicht ist Twitter deshalb so erfolgreich, weil sie mit den 140 Zeichen genau so eine Marke getroffen haben.

Nun ist Twitter aber auch nicht mehr das allerneueste Ding. Welches futuristische Online-Projekt begeistert Sie derzeit?
Ich habe vor Kurzem erfahren, dass Google einen neuen Dienst plant, der »Google Ambient« heißen soll. Man schal-

tet sein Laptop ein, aktiviert den Dienst, und im Lauf des Tages nimmt das Computermikrofon Ihre Unterhaltungen auf, verwandelt sie in Text, durchsucht das Internet nach passenden Inhalten und zeigt sie uns auf unserem Bildschirm an. Wir müssen also gar nicht mehr eine Suchanfrage bei Google eingeben. Wenn wir uns über einen Film unterhalten, zeigt es uns automatisch an, wo und wann er in unserer Nähe im Kino gezeigt wird. Oder wenn wir uns darüber unterhalten, dass wir ein neues Handy brauchen, kann Google uns anzeigen, wo wir online eins bestellen können.

Als offizieller Chronist unseres Konsumzeitalters: Was haben Sie zuletzt online gekauft?
Ein paar Eishockeymasken aus weißem Plastik für ein Kunstprojekt. Ich will sie in der Art ausstellen, wie man sonst Masken von Ureinwohnern in einem Museum ausstellt. Ich habe sie bei eBay ersteigert, ich hoffe, sie sind schon da, wenn ich nach Vancouver zurückkomme.

Wie viel Zeit verbringen Sie generell im Internet?
Ganz unterschiedlich, aber weniger, als Sie vermutlich denken. Ich lese zum Beispiel fast keine Blogs.

Sie schreiben mit fünfzig immer noch oft über Menschen in den Zwanzigern – aber es wirkt nie anbiedernd, sondern immer sehr authentisch. Wo recherchieren Sie?
Mein Buch »The Gum Thief« spielt in einem »Staples« in Nord-Vancouver. Dieser Laden für Bürobedarf an der Ecke Capilano and Marine Drive ist für mich der langweiligste Ort der Welt – das sehe ich als wissenschaftlich erwiesen an. Die Herausforderung ist also, dort eine spannende Geschichte spielen zu lassen. Ich kaufe dort nur meine Druckerpatronen und Büroklammern wie alle anderen auch und sehe mir

dabei die Leute an, die dort arbeiten. Doch das Schöne an Roman ist ja, dass man sich so viel ausdenken kann, man muss gar nicht so viel recherchieren.

Machen Sie sich Notizen?
Ich habe mir fünfzehn Jahre lang sehr akribisch Notizen gemacht – möglichst in Druckbuchstaben. Alles, was ich in Schreibschrift schreibe, lese ich später nicht mehr, selbst wenn es der beste Gedanke der Welt ist. Ebenso wenig wie alle Notizen, die ich in mein Handy speichere. Irgendwann habe ich dann jedoch ganz aufgehört, mir Dinge zu notieren.

Warum?
Ich wusste, wie es geht, sich eine Notiz zu machen, also konnte ich mir auch welche ausdenken. Bisher scheint es ganz gut zu funktionieren.

Wie haben sich Ihre Schreibgewohnheiten noch geändert, seit sie vor zwanzig Jahren »Generation X« geschrieben haben?
Ich war früher eine echte Nachteule und habe alles zwischen Mitternacht und zwei Uhr morgens geschrieben. Vor acht Jahren dann: Zack! Jetzt schreibe ich nur noch morgens. Morgens heißt für mich aber etwa zwölf Uhr mittags. Dann habe ich zwei Stunden, um etwas hinzukriegen. Wenn es dann nicht passiert, passiert es gar nicht mehr. Nachmittags arbeite ich dann lieber noch an meinen Bildern und Skulpturen. Schreiben Sie Bücher?

Ja, aber keine Romane. Bisher habe ich nur zwei Sachbücher geschrieben.
Wovon handelt das letzte?

Ich habe sechs Wochen ohne Internet und Handy verbracht und anschließend über diesen Selbstversuch geschrieben.
O mein Gott! Das könnte ich nie aushalten! Vergessen wir mal meine Bücher und reden über Sie und diesen Versuch. Wie hat sich das angefühlt?

Am Anfang hatte ich dieses »Phantomvibrieren«. Können Sie sich vorstellen, was ich damit meine?
Wenn man denkt, das Mobiltelefon vibriert in der Hosentasche, dabei tut es das gar nicht? Das kenne ich – allerdings von meinem Klingelton, den ich zu hören glaube, dabei läuft nur irgendwo Musik. Aber ich habe sowieso ein Problem mit meinem Gehör und kann Geräusche nur ganz schlecht orten. Hatten Sie noch andere Entzugserscheinungen?

Ja, vor allem weil ich anfangs oft nicht wusste, wohin mit meiner Zeit. Der Teil meines Tages, den ich mit E-Mails und Twitter verbringe und damit, Texte online zu lesen, ist mittlerweile so groß, dass ich mich erst mal komplett nutzlos und abgeschnitten fühlte, als das alles von einem Tag auf den anderen wegbrach …
Das kann ich mir gut vorstellen. Ich habe oft das Gefühl, meine halbes Leben findet online statt. Wenn nicht sogar mein ganzes. Die letzten Wochen habe ich mich damit rumgeplagt, meine Webseite zu überarbeiten. Es ist so wahnsinnig langweilig, seine eigene Webseite zu gestalten! Ich frage mich oft auch, zu welchem Zweck. Vor zehn Jahren machte das noch Sinn, aber heute steht doch alles bei Wikipedia. Wer alte Interviews mit mir lesen will, kann sie einfach googlen. Über meine Bücher findet man alles bei Amazon. Haben Sie eine eigene Webseite?

Ja, ein Blog mit meinen Texten, die ich online stelle, nachdem sie gedruckt erschienen sind.
Das hat ja noch Sinn – auch wenn die Magazine und Zeitungen sie ja vermutlich auch online stellen. Aber eine Sache interessiert mich noch: Wie viele E-Mails hatten Sie eigentlich in Ihrem Posteingang, als Sie nach Ihrem Selbstversuch wieder in die Onlinewelt zurückkehrten?

Genau 1024. Ein skurriler Zufall …
Stimmt, das ist zwei hoch irgendwas Lassen Sie mich rechnen. 2, 4, 8,16,32 … 64, 128, 256 … 512, 1024! Genau zwei hoch zehn! Sie wissen ja: Ich glaube nicht an Zufälle, dahinter steckt bestimmt auch eine Botschaft. Ich weiß nur noch nicht, welche.

Ich war vor allem erst mal enttäuscht, dass es so wenige waren.
Haha, Sie sind ja verrückt! Ich bin froh über jede Mail weniger, die ich bekomme!

Ich hatte einfach mit mehr gerechnet. Da ich gewöhnlich etwa hundert E-Mails am Tag bekomme, rechnete ich nach vierzig Tagen logischerweise mit viertausend. Aber ich hatte nicht bedacht, dass jemand, der keine E-Mails mehr schreibt, auch immer weniger bekommt.
Stimmt, allein weil diese ewigen Mailwechsel entfallen, die einen so ermüden, weil es zehnmal hin und her geht, bis endlich eine kleine Sache entschieden ist. Würden Sie denn den Versuch noch einmal machen?

Ich denke schon. Aber eher für eine Woche oder zwei – so als eine Art Mini-Sabbatical. Aber eigentlich wollte ich ja Sie interviewen und nicht umgekehrt.
Ich bin froh, wenn ich auch mal ein paar Fragen stellen darf, statt immer nur Antworten geben zu müssen.

Lassen Sie uns am Ende über Ihre Skulpturen sprechen: Eines Ihrer Kunstwerke – ein großes rotes Kanu, das Sie in Toronto aufgestellt haben – ist gerade in die Top Ten der besten Plätze gewählt worden, an denen man in Toronto Sex haben kann. Freuen Sie sich darüber?
Und wie! Ich bin stolz darauf, denn das Ding steht in der Nähe des Gardiner Expressway – und immer wenn die Leute jetzt diese Stadtautobahn entlangfahren, denken sie an Sex.

Haben Sie das geahnt, als Sie die Skulptur entworfen haben?
Absolut. Mir war immer klar, dass es die Leute für diesen Zweck nutzen würden. Ich habe mich ehrlich gesagt gewundert, dass die Stadt Toronto es aufgestellt hat.

Auf Ihrer Lesung in Berlin hat der Moderator erzählt, dass Sie Flaschen von deutschen und japanischen Waschmitteln sammeln. Wie kam es dazu?
Sammeln Sie gar nichts?

Bücher, Schallplatten und Schuhe – aber nicht ambitioniert genug.
Fangen Sie sofort an, etwas zu sammeln! Heute noch! Denken Sie nicht zu lange drüber nach, was es ist! Machen Sie es einfach! In zehn Jahren schauen Sie sich dann an, was Sie gesammelt haben, und ich verspreche Ihnen, Sie werden etwas über sich selbst erfahren.

Was haben Sie durch das Sammeln von Waschmitteln über sich erfahren?
Ich habe gelernt, dass ich sie nicht alle auf einmal in die Dusche eines Hotelzimmers entleeren sollte, wie ich es vor zehn Jahren in Hamburg gemacht habe. Ich hatte einen halben Supermarkt leergekauft und vor dem Heimflug alles ausgeleert – leider kam kurz darauf Schaum aus sämtlichen Waschbecken im ganzen Hotel.

Von Douglas Coupland sind in Deutschland zuletzt die Bücher »jPod«, »Generation A« und »Marshall McLuhan« erschienen. In »jPod« geht es um ein Team von Computerspielprogrammierern, die E-Mails an Ronald McDonald schreiben und versuchen, sich selbst bei eBay zu versteigern. »Generation A« ist gewissermaßen eine Fortsetzung von Couplands Debüt »Generation X« und erzählt von der großen Einsamkeit in unserem digitalen Zeitalter. Mit »Marshall McLuhan« legt Coupland schließlich die Biografie des kanadischen Medientheoretikers und Visionärs vor und beschreibt, wie dieser bereits vor rund fünfzig Jahren das Internet und dessen massive Auswirkungen auf unser Leben vorhersah.

Literatur

Abelson, Hal & Ken Ledeen & Harry Lewis (2008): Blown to Bits. Your Life, Liberty, and Happiness After the Digital Explosion. Amsterdam: Addison-Wesley Longman.

Anderson, Chris (2009): The Long Tail – Nischenprodukte statt Massenmarkt. Das Geschäft der Zukunft. München: Deutscher Taschenbuch Verlag.

Anderson, Chris (2009): Free. The Future of a Radical Price. New York: Hyperion Books.

Anderson, Sam (2009): In Defense of Distraction. In: New York Magazine, 17. Mai 2009.

Babauta, Leo (2009): The Power of Less. The Fine Art of Limiting Yourself to the Essential. New York: Hyperion.

Benkler, Yochai (2006): The Wealth of Networks. How Social Production Transforms Markets and Freedom. New Haven: Yale University Press.

boyd, danah m. & Nicole B. Ellison (2008): Social Network Sites: Definition, History and Scholarship. In: Journal of Computer-Mediated Communication. Nr. 13, S. 210–230.

Carr, Nicholas (2009): The Big Switch. Der große Wandel. Die Vernetzung der Welt von Edison bis Google. Heidelberg: Redline.

Christakis, Nicholas A. & James H. Fowler (2010): Connected. Die Macht sozialer Netzwerke und warum Glück ansteckend ist. Frankfurt: S. Fischer.

Davis, R.A. (2001): A Cognitive-Behavioral Model of Pathological Internet Use. In: Computers in Human Behavior 17, S. 187–195.

Doidge, Norman (2008): Neustart im Kopf. Wie sich unser Gehirn selbst repariert. Frankfurt: Campus Verlag.

Döring, N. (2002): 1x Brot, Wurst, 5 Sack Äpfel, I.L.D. Kommunikative Funktionen von Kurzmitteilungen (SMS) In: Zeitschrift für Medienpsychologie, Volume 14, Nr. 3, S. 118–128.

Dunbar, Robin (2010): How Many Friends Does One Person Need? Dunbar's Number and Other Evolutionary Quirks. London: Faber & Faber.

Farke, Gabriele (2003): Onlinesucht. Wenn Mailen und Chatten zum Zwang werden. Stuttgart: Kreuz Verlag.

Friebe, Holm & Sascha Lobo (2006): Wir nennen es Arbeit. Die digitale Bohème oder intelligentes Leben jenseits der Festanstellung. München: Heyne Verlag.

Gasser, Urs & John Palfrey (2008): Generation Internet. Die Digital Natives. Wie sie leben, was sie denken, wie sie arbeiten. München: Carl Hanser Verlag.

Gidding, Joshua (2007): Failure. An Autobiography. New York: Cyan Books.

Gleick, James (2000): Schneller. Eine Zeitreise durch die Turbogesellschaft. München: Deutsche Verlags-Anstalt.

Hallowell, Edward (2007): CrazyBusy. Overstretched, Overbooked and About to Snap. Strategies for Coping in a World Gone ADD. New York: Ballantine Books.

Izuma, K. & D. Saito & N. Sadato (2008): Processing of Social and Monetary Rewards in the Human Striatum. In: Neuron, Volume 58, Nr. 2, S. 284–294.

Johnson, Steven (2006): Die neue Intelligenz. Warum wir durch Computerspiele und TV klüger werden. Köln: Kiepenheuer & Witsch.

Kraybill, Donald B. (2001): The Riddle of Amish Culture. Baltimore: John Hopkins University Press.

Kunz, Andreas (2010): Leben ohne Facebook. In: Weltwoche, Nr. 4.10 vom 28. Januar 2010, S. 24–29.

Lanier, Jaron (2009): You Are Not A Gadget. A Manifesto. New York: Alfred A. Knopf.

Lessig, Lawrence (2006): Freie Kultur. Wesen und Zukunft der Kreativität. München: Open Source Press.

Levine, Robert (1998): Eine Landkarte der Zeit. Wie Kulturen mit Zeit umgehen. München: Piper Verlag.

Lobo, Sascha & Kathrin Passig (2008): Dinge geregelt kriegen. Ohne einen Funken Selbstdisziplin. Berlin: Rowohlt Verlag, S. 30–43.

Meckel, Miriam (2007): Das Glück der Unerreichbarkeit. Wege aus der Kommunikationsfalle. Hamburg: Murmann Verlag.

Monk, Andrew, J. Carroll, S. Parker & M. Blythe (2004): Why Are Mobile Phones Annoying? In: Behaviour and Information Technology, Vol. 23, S. 33–41.

Montague, Read (2007): Your Brain Is (Almost) Perfect. How We Make Decisions. London: Penguin.

Moser, Klaus (2002): Steigende Informationsflut am Arbeitplatz. Belastungsgünstiger Umgang mit elektronischen Medien. Bremerhaven: Verlag für Neue Wissenschaften.

N.N. (2010): A World of Connections. A Special Report on Social Networking. In: The Economist, 30.1.2010, S. 1–20.

Panksepp, Jaak & Joseph Moskal (2008): Dopamine and Seeking. Subcortical Reward Systems and Appetitive Urges. In: Andrew J. Elliott (Hg.): Handbook of Approach and Avoidance Motivation. S. 67–87.

Pashler, H. (1992): Attentional Limitations in Doing Two Tasks at the Same Time. In: Current Directions in Psychological Science, Volume 1, S. 44–50.

Pashler, H. & J. C. Johnston & E. Ruthruff: Attention and Performance. In: Annual Review of Psychology, Volume 52, S. 629–651.

Passig, Kathrin (2009): Internetkolumne. Standardsituationen der Technologiekritik. In: Merkur, Nr. 727, S. 1144–1150.

Rheingold, Howard (2002): Smart Mobs. The Next Social Revolution. Cambridge: Perseus.

Ries, Marc, Hildegard Fraueneder & Karin Mairitsch (Hg.) (2007): dating.21. Liebesorganisation und Verabredungskulturen. Bielefeld: transcript Verlag.

Rock, David (2009): Your Brain At Work. Strategies for Overcoming Distraction, Regaining Focus, and Working Smarter All Day Long. New York: HarperCollins Publishers.

Schirrmacher, Frank (2009): Payback. Warum wir im Informationszeitalter gezwungen sind zu tun, was wir nicht tun wollen, und wie wir die Kontrolle über unser Denken zurückgewinnen. München: Karl Blessing Verlag.

Schwartz, Barry (2004): The Paradox of Choice. Why More is Less. New York: HarperCollins. S. 47–75.

Shipley, David & Will Schwalbe (2007): Send. The Essential Guide to Email for Office and Home. New York: Alfred A. Knopf.

Shirky, Clay (2008): Here Comes Everybody. The Power of Organizing Without Organizations. New York: Penguin Books.

Stibel, Jeffrey M. (2009): Wired for Thought. How the Brain Is Shaping the Future of the Internet. Boston: Harvard Business Press.

Strom, G. (2002): Mobile Devices as Props in Daily Role Playing. In: Personal and Ubiquitous Computing, Volume 6, Nr. 4, S. 307–310.

Sunstein, Cass R. (2006): Infotopia. How Many Minds Produce Knowledge. New York: Oxford University Press.

Surowiecki, James (2005): Die Weisheit der Vielen. Warum Gruppen klüger sind als Einzelne. München: C. Bertelsmann Verlag.

Sutherland-Smith, Wendy (2002): Weaving the Literacy Web: Changes in Reading From Page to Screen. In: The Reading Teacher, Vol. 55, Nr. 7, S. 662–669.

Tapscott, Don & Anthony D. Williams (2007): Wikinomics. Die Revolution im Netz. München: Hanser Verlag.

Tapscott, Don (2009): Grown Up Digital. How the Net Generation Is Changing Your World. New York: McGraw-Hill Books.

Weinberger, David (2007): Everything is Miscellaneous. The Power of the New Digital Disorder. New York: Holt.

Yee, Nick & Jeremy Bailenson (2007): The Proteus Effect: The Effect of Transformed Self-Representation on Behavior. In: Human Communication Research, Nr. 33, S. 271–290.

Zimmermann Umble, Diana (2000): Holding the Line. The Telephone in Old Order Mennonite and Amish Life. Baltimore: John Hopkins University Press.

Zittrain, Jonathan (2008): The Future of the Internet. And How to Stop It. London: Penguin Books.

Danksagung

Mein Dank gilt meinem Vater und Katharina – für ihre immerwährende Unterstützung und einen entspannten Umgang mit Internet und Handy, an dem man sich jederzeit ein Beispiel nehmen kann.

Meine Literaturagenten Michael Gaeb und Eva Semitzidou haben an mich und das Buch geglaubt und es durch ihre ausgezeichnete Arbeit überhaupt erst möglich gemacht.

Nicola Bartels vom Blanvalet-Verlag und Catharina Oerke danke ich für ihr Vertrauen und ihr Lektorat, das aus meinen wirren Gedanken erst ein richtiges Buch machte. Vielen Dank auch an Berit Böhm, Inge Kunzelmann, Brigitte Nunner und alle anderen hilfreichen Menschen bei Blanvalet.

Sven Haase, Andreas Bernard, Cathy Earnshaw, Alexander Hüppop, Vera Schroeder, Matthias Kalle, Benedikt Köhler, Daniel Erk, Mathias Irle, Till Erdmann, JD (jdsmenstories.net) und vielen anderen (die es nicht alle in dieses Buch geschafft haben) danke ich von Herzen dafür, dass sie mit mir ihre persönlichen Erlebnisse mit und ohne Handy und Internet geteilt haben, mich auf wertvolle Ideen brachten – oder einfach nur zum Lachen.

Götz Mundle, Rabbiner Ehrenberg, Robert Levine, Joshua Gidding, James Surowiecki, Jaak Panksepp, Robin Dunbar, Gordon Hempton, Mark Zuckerberg, Keith Ulrich, Sascha Lobo, Anke Quack und Kai Müller sowie der Amish-Gemeinde von Jamesport, Missouri möchte ich für ihre aufschlussreichen und spannenden Interviews danken, die sie mir gewährten.

Urban Zintel hat es tatsächlich geschafft, Fotos von mir zu machen, auf denen ich die Augen geöffnet habe. Danke!

Meinen Chefredakteuren bei *NEON*, Michael Ebert und Timm Klotzek, danke ich dafür, dass sie verstanden haben, wie gerne ich dieses Buch schreiben wollte –, und mich ließen. Auftraggeber wie *brand eins* oder das *DT Magazin* haben in meiner internetlosen Zeit die Nerven behalten und meine handschriftlichen Notizen per Brieftaube ertragen, worüber ich ebenfalls sehr froh bin.

Am meisten und ganz besonders danke ich Jessica – ohne die ich es nie im Leben 40 Tage aushalten würde.

Hinweis des Autors

An manchen Stellen habe ich die Ereignisse der Lesbarkeit zuliebe in eine andere Reihenfolge gebracht. Einige Privatpersonen, die in dem Buch vorkommen, tragen außerdem nicht ihre realen Namen. An den Tagen, die keinen eigenen Eintrag bekommen haben, war ich selbstverständlich auch offline, es gab nur nicht jeden Tag etwas zu erzählen.